江上鹽都契約文書

金小平 萬仕國 輯校

廣陵書社

土地契約 房產契約 借貸契約 經營契約

析產契約 稅收契票 鹽運契約 鹽照

圖書在版編目（CIP）數據

江上鹽都契約文書 / 金小平，萬仕國輯校. -- 揚州：廣陵書社，2024.5
ISBN 978-7-5554-2317-1

Ⅰ. ①江… Ⅱ. ①金… ②萬… Ⅲ. ①制鹽工業—契約—文書—彙編—中國 Ⅳ. ①D923.69

中國國家版本館CIP數據核字(2024)第091488號

書　　名　江上鹽都契約文書
輯　　校　金小平　萬仕國
責任編輯　王　麗

出版發行　廣陵書社
揚州市四望亭路 2-4 號　郵編　225001
(0514)85228081(總編辦)　85228088(發行部)
http://www.yzglpub.com　E-mail:yzglss@163.com

印　　刷　揚州皓宇圖文印刷有限公司

開　　本　787 毫米 × 1092 毫米　1/16
印　　張　20
字　　數　262 千字
版　　次　2024 年 5 月第 1 版
印　　次　2024 年 5 月第 1 次印刷
標準書號　ISBN 978-7-5554-2317-1
定　　價　230.00 元

前 言

一

契約文書，是前人社會生活過程中遺留下來的寶貴資料，是今人瞭解和研究古代社會生活最直接、最可靠的資料。近年來，隨着對契約文書的認識不斷加深，學界研究成果日益豐富。先后出版的資料彙編，有沙知《敦煌契約文書輯校》（1998，江蘇古籍出版社），田濤等《田藏契約文書粹編》（2001，中華書局），王萬盈《清代寧波契約文書輯校》（2008，天津古籍出版社），孫兆霞等《吉昌契約文書彙編》（2010，社會科學文獻出版社），張介人《清代浙東契約文書輯選》（2011，浙江大學出版社），胡開全等《成都龍泉驛百年契約文書：1754—1949》（2012，巴蜀書社），黄志繁等《清至民國婺源縣村落契約文書輯録》（2014，商務印書館），李琳琦《安徽師範大學館藏千年徽州契約文書集萃》（2014，安徽師範大學出版社），汪文學《道真契約文書彙編》（2015，中央編譯出版社），安尊華、潘志成《土地契約文書校釋》（2016，貴州民族出版社），趙敏、王偉《大理民間契約文書輯録》（2018，雲南大學出版社），章均立《慈溪契約文書》（2018，寧波出版社），郝平《清代山西民間契約文書選編》（2019，商務印書館，13 册），李艷玲、青格力《土默特蒙古金氏家族契約文書整理新編》（2018，中國社會科學出版社），吴曉亮、賈志偉《騰沖契約文書資料整理與彙編》（2019，人民出版社），安尊華《清水江流域民間借貸契約文書校釋》（2021，光明日報出版社），刁統菊、王藝璇《德國巴伐利亞州立圖書館藏中國契約文書》（2021，陝西師範大學出版社），《首都博物館藏清代契約文書》（2015，國家圖書館出版社）等；專著則有楊國楨《明清土地契約文書研究》（2009，中國人民大學出版社），乜小紅《俄藏敦煌契約文書研究》（2009，上海古籍出版社），陳曉强《敦煌契約文書語言研究》（2012，人民出版社），張新民等《民間契約文書與鄉土中國社會》（2014，江蘇人民出版社），張藴芬、姬脉利《北京西山大覺寺藏清代契約文書整理及研究》（2014，北京燕山出版社），侯文昌《敦煌吐蕃文契約文書研究》（2015，法律出版社），盧慶全《貴州契約文書詞彙研究》（2019，中國社會科學出版社），安尊華《清水江流域土地契約文書研究》（2019，科學出版社），曹樹基《契約文書分類與釋讀》（2021，廣東人民出版社），王斐弘《敦煌契約文書研究》（2021，商務印書館），張麗、儲小旵《宋至民國契約文書詞彙研究》（2021，安徽教育出版社），儲小旵、張麗《宋元以來契約文書俗字研究》（2021，人民出版社）等，推動了契約文書及古代社會生活史的研究。

二

本書收録的契約文書共計114件,全部來自江蘇省儀徵市十二圩地區。根據其内容,可分爲八類,分别是:

(一)土地契約

土地契約包括土地買賣、租賃、抵押過程中形成的民間契約和官給契紙,是證明土地交易過程合法性的文書。其土地,既有可以耕種的民有粮田和蘆課荒地,也有爲修建墳墓而購買的陰地。由于中國古代實行地丁租制,人丁和土地都是官府課税的主體,因此,土地契約中涉及土地所有權轉移(杜賣)、土地使用權轉移(租賃)、土地使用權抵押(質押)時,同時涉及土地税負(錢糧)關係的轉移。由于土地買賣行爲廣泛持久地存在,土地與納税人的關係十分複雜。有土地錢糧均在本户名下者,有土地在本户名下、錢糧在他户名下者,有土地杜斷、受業完納錢糧者(更名過户),有土地杜賣、原業代納錢糧者(如陰地),有土地出租、租户完納錢糧者,有土地出租、原業代納錢糧者,有土地質押、受業承擔錢糧者,有土地質押、原業代納錢糧者。

(二)房産契約

房産契約是在房屋産權形成、使用、轉移過程中形成的民間契約和官給契紙。房屋産權形成過程中的契約主要是房基買賣契約。這類契約雖然涉及的對象是土地所有權與使用權轉移,但與生産經營的田地契約不同,地基買賣的目的是建造房屋,其結果是形成永久的房屋産權。房屋産權使用過程中的契約主要是房屋使用權的讓渡(如頂首)。房屋産權轉移的主要形式是杜賣,即房基連同房屋及其他附着物的徹底賣斷。

(三)借貸契約

借貸契約指立約雙方圍繞金錢借貸而産生的契約,包括借貸文契、支條。田地質押借貸,亦屬借貸契約,只是以田地爲質押物而已。民間交易交往中形成的收條,因借貸關係而起,是完成某一借貸關係的憑據,所以列入此類之中。

民間借貸關係中,有兩種特殊的情形。一是“找價”。即土地出讓人在田地買賣交易完成多年後,因生活困難、家庭重大變故等由,向受業方提出在原交易價格之外,另給付原出讓方一筆金錢(找補差價)。二是“情借”,即由受業方借給出讓方一筆金錢,這筆借款通常是無息的,并且約定待出讓方今後興隆發達時方有還款義務。事實上,“情借”款在立契之時,即無還款可能,而契約中如此寫明出讓方的或有義務,只是表明受業方并非没有追討的權利,似乎有意杜絶或減少類似“情借”現象的發生。因土地契約中,有“不得找價”的明文約定,情借只是較少發生的情形。如本書收錄的《民國十五年陳玉才情借文約》即是一例。陳玉才家早年將圩課田七畝五分杜賣盛氏,銀契本已交兑兩清。1926年陳玉才因“家中生計不敷,請中説合,情借銅元四仟”,盛氏給予了同情。同年,又因“先祖病故西遊,家内無法”,再次“央中與盛姓情借”,聲明不得“再有異見生枝"。最終,盛氏又"情借大洋拾元",並立下字據。

(四)經營契約

經營契約指雙方或多方因店鋪押租、轉讓經營權、合股經營而訂立的契約,其中有店鋪押租契約、作坊轉讓經營契約、合股經營合同等。

(五)析産契約

兄弟間析分遺産而産生的契約,又稱"分書"或"分家書"。析産契約作爲遺産分割文書,涉及田地權益、房産分割、債權處置、債務歸屬、贍養關係等家庭内部事務内容。析産後,對原有債務關係進行調整的契約,其本質上仍因析産而起,所以附見于此類。

(六)税收契票

包括官府在徵税過程中給付納税人的通知(包括版串)、完税憑證(收據)等。此類收條票據,是告知收受方需要在某期限内完成特定義務,或證明收受方已經如期完成其特定義務。

土地交易結束後,單獨就納税主體進行調整的"推糧"契,屬于土地契約以外的税收契約,因此推糧契約列入本類中。

(七)鹽運契約

儀徵十二圩是晚清時期淮鹽運銷的重要節點,這種狀態直到輪船海運的出現而有所改變。本書所收録的7件契約文書,涉及光緒末年的河南官鹽發票、鹽運承攬及民國初年鹽工協議增加工價,堆工推舉代表和代表酬勞提成。其中《民國十一年鹽工承認增資契約(一)》與《民國十一年鹽工承認增資契約(二)》爲同一契約,是因不同的收執者而形成的不同抄件。《民國十三年焦永康等提成合同》與《民國十三年朱兆熙等提成合同》,雖與之相類,但前者規定爲"六股"均分,後者規定爲"五股四"非均分,兩件在分配比例上不同,或爲訂立過程中有所修正。

(八)監照

清代捐納監生的文書。

三

本書收録的契約文書,最早爲《乾隆五十五年周正夫杜賣民田文約》,最晚則爲《一九五六年王有才等杜賣陰地文約》,前後橫跨166年,經歷清朝、民國和新中國三個歷史階段,是中國社會變革最激烈的時期。透過這些契約文書,可以窺見當時社會生活的許多細節,也可以觀察歷史發展中的巨大變化。

一是封建時代借貸盤剥非常嚴重。借貸契約文書顯示,當時的民間借貸利息,通常是"照典行息",即按照典當行利息計算。據《〔道光〕重修儀徵縣志》卷十八《學校志·書院》記載,嘉慶二年(1797),儀徵縣學將一百兩銀存于旌德會館,每年利銀十八兩,即年息爲18%。而儀徵訓導董永攀所作《记》稱之爲:“將銀存于典鋪,稍生微息。”[1]可見嘉慶時期的典息水平。在借款人還本十分困難時,也曾出現过出借人只求還本、免其還息的現象。如光緒三十三年(1907)九月至宣統元年(1909)七月,王鴻德由王殿美作憑中,先後龍洋借得一百七十七圓,約定“照典行息”。至民國四年(1915)農曆四月三十日,僅歸還大洋八圓,並由馬春林、汪筱齋、馬德、楊家和四人作“憑證保”,重新商定當年歸還四十七圓,次年歸還三十圓,民國七年歸還十圓,“利息全無”。這只能視爲出借人爲求本金安全而採取的不得已措施,不可視作借貸常例。事實上,在“照典行息”之外,高利貸盤剥現象更爲普遍,而且更加嚴重。《民國十四年張恒富借洋約》借夏某大洋十圓,“憑中言明,利息每月三分”;《民國十六年雎成如借洋約》載雎成如當年九月借洋二十圓,次年麥季歸還,言明的利息也是“每月三分”,而《民國二十一年張鴻發、焦永康經營合同》記載的是“官利八厘”。月息三分的盤剥,必然促使更多的貧民迅速跌入債務黑洞而無力自拔,必然進一步加劇貧富分化和社會對立。

二是找價情借成爲一種特殊借貸關係。找價通常是土地出讓人因生活無法維持,請中人出面,以當年出讓價格過低爲由,希望受讓方找補差價。情借則多是因以前曾有土地交易等事,現因生活困難,請承受人出于同情,給予經濟上的無償幫助。就名義上説,找價是補貼過去交易的差價,情借則是一種借貸關係。儘管情借的款項,借款人實際上無力歸還,但在情借契約中,通常都會注明今後如果家業興旺發達,借款人有歸還的義務。因此從法律關係上説,“情借”與“找價”是有所區別的。如1939年,陳薛氏與兒子陳世和,“將祖遺己份高沙田拾畝整”杜賣給盛錫純名下,當下銀契兩交,並訂立《民國二十八年陳薛氏杜賣田地文契》,言明“嗣後不得增找分文”。1943年,陳薛氏與兒子陳世和生活困難,不得已“向盛姓在該拾畝争找田價國幣壹仟元外,情借壹仟元,無利,隨後興隆發達,照還”。這裏的“争找”屬“找價”,與“隨後興隆發達,照還”的情借壹仟元,明確分爲二事,因而雙方訂立的憑帖[2]載明是“找價暨情借憑帖”,將“找價”與“情借”明確分開。1946年陳世和因爲母親陳薛氏去世,“用費無着”,再次向承受人盛氏“情商義借”,最終情借“得國幣拾萬元整”,並在憑帖中再次載明:“一俟興隆發達,準於如數歸還,無得異説。”[3]盛錫純不可能不清楚,陳世和是没有可能歸還這些“情借”款項的,但合同裏依然需要作如此表述。當然,民間契約文書不可能完全按照法律規範行事,也有將“情借”與“找價”視爲一事的。如1924年,陳學銀攜孫陳玉才,將七畝五分蘆課民圩田杜賣給田地相鄰的盛永華名下。[4]兩年後,“家中生計不敷”,向盛

1〔清〕劉文淇纂,萬仕國點校:《〔道光〕重修儀徵縣志》卷十八,廣陵書社,2013年,第309頁。

2 參見本書《民國三十二年陳薛氏找價暨情借憑帖》。

3 參見本書《民國三十五年陳世和情借憑帖》。

4 參見本書《民國十三年陳學銀杜賣田地文契》。

氏“情借銅元四仟”；同年，陳學銀去世，“家内無法”，其孫陳玉才向盛氏“情借大洋拾元”，言明“再有異見生枝，將原洋憑中歸還，無得異言”，雙方立情借一紙爲據，而這份“情借文約”的開頭，卻是“憑立找價文約人陳玉才”，文約末尾所署也是“借找加文約人”，[1]可見代書人並未將“情借”與“找價”嚴格區分開來。

三是反映了社會動盪中的政治現象。民國初年，袁世凱假藉民意，謀求將民主共和制國體變更爲君主立憲制，演了一齣帝制鬧劇。1915 年 12 月 31 日，袁世凱申令，從 1916 年 1 月 1 日起，不再使用“中華民國”年號，改元“洪憲”。由于事出倉促，加上民衆抵制，“洪憲”年號並未得到實行，除官方公報外，報紙、書籍、合同、簿册等仍然使用“中華民國”字樣。1916 年 1 月，袁世凱政府謀劃强制使用“洪憲”年號。據同年 1 月 21 日《時事新報》所載《登極聲中之軼聞・迫用洪憲年號》稱：“昨聞政府會議，以新紀元年號已確定爲洪憲元年，頒布多日，深恐各省仍有尚未實行遵章者，于國體前途殊多妨礙，應即責成各地方官長嚴查所屬商民，所有印刷物、合同、契約、賬簿、折據等項，應一律遵章。倘有妄行歧異，以别種名義混雜者，不惟在法律上不能發生效力，並須懲以違背國體之罪云。”本書收録 1916 年 3 月 13 日《民國五年陳學銀典出田地文契》，契紙所書爲“民國伍年正月”，紅字官戳則是“洪憲〇年〇月〇日 / 清理儀徵沙田局驗訖”，墨筆填寫“元年三月十三日”。《洪憲元年居金玉倒换部照憑單》中，印刷的是“中華民國〇年〇月〇日給”字樣，而用墨筆點去“中華民國”，填爲“洪憲元年三月十三日”。此兩件均可窺見時局的變化。

四是展現鹽工的思想變化。十二圩鹽工作爲一個特殊的群體，他們因鹽而集聚，共同的生產勞動，促使他們最早產生團結共存的意識。面對火輪運輸的衝擊，轉運數量急劇下降，鹽工生活困難。他們開始感到“因雜乱無章，與事忙無頭緒”的現狀必須改變。民國十年（1921）農曆五月，十二圩鹽棧三十七名堆工，推舉“能言公正”者八人作爲代表，維護堆工利益，于是訂立文書，由“内務收執”。很明顯，此時在堆工中已經有了類似工會的組織。民國十一年（1922）農曆六月，蕭長壽、孔憲芝、朱兆喜、焦永康、丁有林五人，代表堆工兩次向場、運兩方交涉，濟南上堆、船交同意每千引各加給工價七千文。黄守誠、朱兆鑾、謝廣和代表堆工，以文書形式約定分配辦法。民國十三年（1924）農曆十一月，因焦永康等人奔走有功，决定從增加的工價中拿出部分，獎勵六人。這些合同，無一不反映出當時鹽工思想裏出現的新變化。

五是反映十二圩經濟社會發展狀態。《民國二十二年彭晋唐、焦永康經營合同》中稱：“立合同文約人彭晋唐、焦永康，情因晋唐在本圩電燈廠南首，開設萬順機器米廠，歷有年所。”由此可知，一是作爲一個市鎮，1933 年時，十二圩電廠已經建成使用；二是彭晋康開設的“萬順機器米廠”是“機器米”，其生產方式不是依靠畜力，應當是使用了

1　參見本書《民國十五年陳玉才情借文約》。

十二圩電廠的電力作爲動力；三是萬順機器米廠經營已經“歷有年所”，則十二圩電廠的建成時間應當更早。這些都印證了《儀徵市志》關于十二圩私營大新電燈公司創建于1920年的記載是可靠的。據説揚州工業展覽館中的德國西門子發電機，原即十二圩電廠所有。抗日戰争時期，爲防止日軍擄掠，拆除後運往泰州，後搬至揚州。《道光十二年凌永仁山田旱塌典契》上有鋼筆注文兩行：“7斗种，每担种6.3么，计4.41畝。”提供了儀徵地區當時担、斗、畝之間的换算關係，也是今人通常所不熟悉的知識。其實，從書寫工具、筆跡與用字習慣來説，書寫者應爲民國以後之人，或者新中國建立初期之人；其批注的目的，很可能書寫者自己對此换算關係也不十分明瞭，所以記之備忘。“牙人”是古代對職業經紀人的稱謂，有“官牙”“私牙”之别。其資格得到官府認同的官牙，對交易的真實性、合法性負責，因而由縣令頒給戳記，具有法律效力。所以土地交易契約文書，“無官戳，不准掛號”。縣令變更，官牙戳記自當重新頒領。但官牙又非官府人員，所以其戳記只能是墨戳，不得用硃色。

六是保留了一些方言詞彙。契約文書雖是具有法律效力的文書，除了使用一些俗字外，也無法迴避方言詞彙滲入其中。如土地契約中經常使用的“官用”，即本地方言，指兩方以上共同使用，“官”字只是方音，與“官府”義項無關。又如《光緒二十四年蕭福沅房基租約》中稱：“地基加損，挑土高五寸。”此指在原地基上墊土加高五寸，以防潮防濕，使房屋更加亢爽。“損”字音讀如“槓”，也是擬音，意即墊土增高。

四

本書整理時，採取左圖片、右釋文的形式，以便觀照；釋文分繁體與簡體，繁體横排居右，簡體版統一附于書後，以便閲讀。原文中空缺文字，用“○”表示。部分字形殘損、依稀可辨的，字外加方框。闕失文字，用“□”表示；闕失較多，且不能確定字數時，則用“……”表示。原文脱漏、顛倒文字等，在釋文中直接改正，不出校記。根據文義臆補的闕失文字，加“〔　〕”以示區别。原文誤字加“(　)”，改正之字加“〔　〕”。原文俗體字，仍其舊。契約文書中的官私印章、硃墨戳記，可辨識者，附注于釋文中。各文書中的字詞，均不加注釋。

囿于學識，誤釋、誤讀之處，敬請批評指正。

金小平　萬仕國

二〇二三年八月

目 録

土地契約

房産契約

借貸契約

經營契約

析產契約

税收契票

鹽運契約

監　照

土地契約

立杜絶賣出民高田地人周正大同姪明遠、國文，姪孫壽山今將祖遺公産田一處坐落西门外周家營地方洪姓坟前山邊高地撥出高田大小五坵，公同商議，因每年高田並無籽食，情愿央中説合賣出到黄名下爲業，以作陰地應用。當日言明，眼同估值，公得受價銀叁拾壹兩整。其田錢籽俱係賣主正大等同己分田一樣自納，不與買主相干。其銀契下兩交明白，並無懸欠。今欲有憑，立此賣出民田文約存照。

乾隆五十五年九月　　日立賣出民田文約人周正大　十

同　姪周明遠　十

周國文　十

姪孫周壽山　十

憑　中周文贊　十

周正山　十

孫右李　十

吳漢雲　十

王昆宜　十

陳登雲　十

正契

001 乾隆五十五年(1790)周正夫杜賣民田文約

立杜絶賣出民高田地人周正夫,同姪明遠、國文,姪孫壽山,今將祖遺公産田一處,坐落西门外周家營地方、/洪姓坟前山邊高地,撥出高田大小五坵,公同商議,因每年高田並無粮食,情愿央中説合,賣出到/黄名下爲業,以作陰地應用。當日言明,眼同估值,公得受價銀叁拾壹兩整。其田錢粮,俱係賣主正/夫等同己分田一様自納,不與買主相干。其銀契下兩交明白,並無懸欠。今欲有憑,立此賣出民田/文約存照。/

乾隆五十五年九月〇日

立賣出民田文約人:周正夫(十),/同姪周明遠(十)/周國文(十),/姪孫周寿山(十)/

憑中:周文贊(十)/周正山(十)/孫右李(十)/吴漢雲(十)/王昆宜(十)/陳登雲/

正契/

【硃印】儀徵縣印(滿漢雙文)

塘邊神路文契

立賣荒山塘邊餘地文契人張熙壽胞弟熙福，今將自己祖遺受分荒地乙處，坐落西門外石碑山後周家墓地，方其地東
至塘邊為界，西至田邊為界，南至田邊為界，北至水溝為界，四至踹交明白，今憑親中立契賣與
黄　名下永遠廢除風水，所賣空地上有土墩阻塞神路，有碍風水，循情憑中挑墩平地，俟後永不得阻塞神路。當日三面
言明，得受地價工銀弍拾叔足兑銀伍兩整，俟即一平收楚，自賣之後，聽憑買主在山開神路、挑塘栽樹等情，倘有山主親族
隣堉重復典賣以及一切人等爭論異說，俱係出筆人一面承管，與買主毫無涉。此係兩廂情愿，並非强逼成交，今欲有
憑，立此永遠存照。

再批言明：誠恐日後挑塘餘土不得在上堆存，又照。

嘉慶拾次年　三月　日立賣荒地文契人張熙壽
熙福
親
中　張有山
周裕豐
周興祥
王曉升

002 嘉慶十九年(1814)張照壽等杜賣陰地文約

立杜賣荒山塘邊餘地文契人張照壽、胞弟照福,今將自己祖遺受分荒地乙處,坐落西門外石碑山後周家茔地方,其地東/至塘邊爲界,西至田邊爲界,南至田邊爲界,北至水溝爲界。四至踹交明白。今憑親、中立契,賣與/黄〇〇名,永遠獲蔭風水。所賣空地,上有土墩,阻塞神路,有碍風水,願情憑中挑墩平地,俟後永不得阻塞神路。當日三面/言明,得受地價工銀,牙砝双足,兑銀拾兩整,彼即一平收楚。自賣之後,聽憑買主在山開神路,挑塘栽樹等情。倘有山主親族/鄰墳、重復盗賣以及一切人等争論異説,俱係出筆人一面承管,與買(私)〔絲〕毫無涉。此係兩廂情愿,並非强屈成交。今欲有/憑,立此永遠存照。/

再批:言明,誠恐日後挑塘,餘土不得在上堆存。又照。/

嘉慶拾玖年三月〇日

立賣荒地文契人:張照壽(十)/張照福(十)/

親中:張有山(十)/周裕豊(花押)/周興祥(十)/王曉升(花押)/

塘邊神路文契/

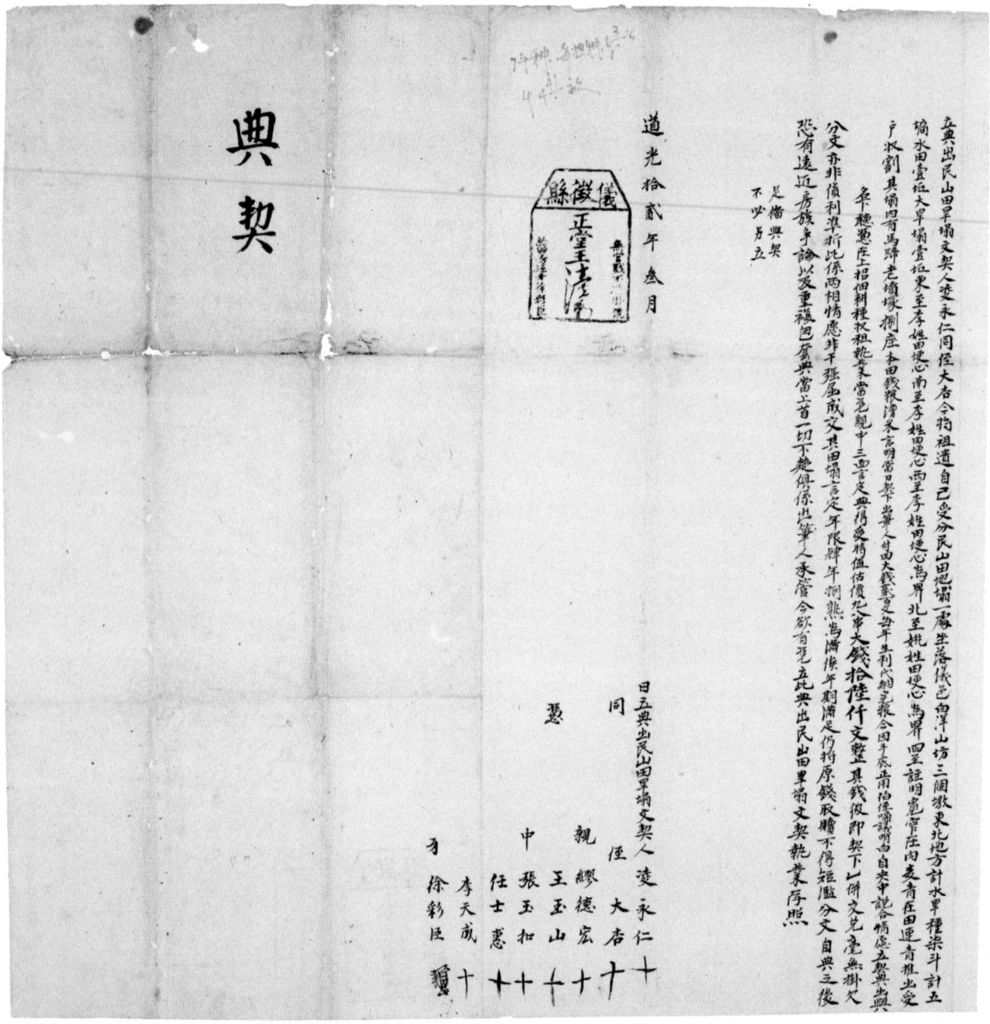

典契

立典出民山田旱塆文契人婁永仁同侄大启今將祖遺自己受分民山田地塆一處坐落儀邑白洋山坊三個墩東北地方計水旱種柒斗計五
塆水田壹坵大旱塆壹坵東至李姓田埂心南至李姓田埂心西至李姓田埂心為界北至姚姓田埂心為界四至註明寬窄在內麦青在田連青推出受
戶收割具塆內有馬蹄老墳塚捌座本田錢糧漕米言明當日契下出筆人付田大錢貳百文每年生利代納完粮今因手乏無辦請凭中說合情愿立契典出典
與蕭憲庄上招佃耕種收租執業當憑親中三面言定典得受時值估價九八串大錢拾陸仟文整其錢彼即契下一併交足毫無掛欠
分文亦非債利準折此係兩相情愿非干强屈成交其田塆言定年限肆年捌熟為滿俟年期滿足仍將原錢取贖不得短欠分文自典之後
恐有遠近房族爭論以及重複包套典當上首一切不楚俱係出筆人承管今欲有凭立此典出民山田旱塆文契執業存照

是備典契
不少另立

儀徵縣
正堂王

道光拾貳年叁月　日立典出民山田旱塆文契人　婁永仁　十

同　侄　大启　十

憑　親　繆德宏　十

王玉山　十

中　張玉扣　十

任士憲　十

李天成　十

書　徐彩臣

003 道光十二年(1832)凌永仁山田旱塌典契

立典出民山田旱塌文契人凌永仁同侄大杏,今将祖遺自己受分民山田地塌一處,坐落儀邑白洋山坊三個墩東北地方,計:水旱種柒斗,計五/墒;水田壹坵,大旱塌壹坵,東至李姓田埂心,南至李姓田埂心,西至李姓田埂心爲界,北至姚姓田埂心爲界。四至注明,寬窄在内。麦青在田,連青推出,受/户收割。其塌内有馬蹄老墳塚捌座。本田錢粮漕米,言明當日契下出筆人付回大錢貳百文,每年生利,代納完粮。今因手底正用,伯侄商議明白,自央中説合,情愿立契典出,與/○○○名下,聽憑在上招佃耕種,收租執業。當憑親、中三面言定,典得受時值估價九八串大錢拾陸仟文整,其錢彼即契下乙併交兑,毫無掛欠/分文,亦非貨利準折。此係兩相情愿,非干强屈成交。其田塌言定年限肆年,捌熟爲滿。俟年期滿足,仍將原錢取贖,不得短濫分文。自典之後,/恐有遠近房族争論,以及重複包套、典當,上首一切不楚,俱係出筆人承管。今欲有憑,立此典出民山田旱塌文契,執業存照。/

足備與契,/不必另立/

道光拾貳年叁月○日

立典出民山田旱塌文契人:凌永仁(十)/同侄大杏(十)/

親:繆德宏(十)/

憑 中:王玉山(十)/張玉扣(十)/任士惠(十)/李天成(十)/

牙:徐彩臣(花押)/

典契/

【墨戳】儀徵縣正堂王(花押),/無官戳不准掛號,/給田坊經牙徐彩臣/

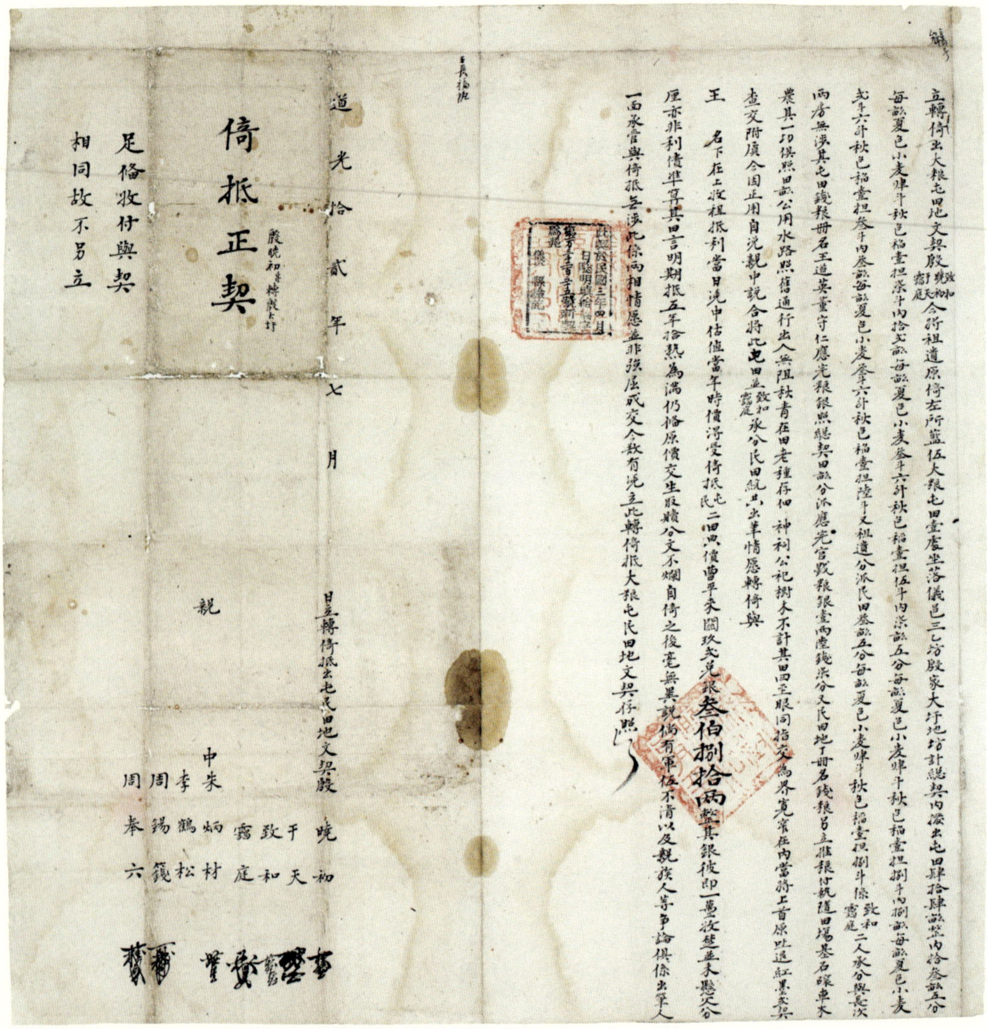
立轉倚出大粮屯田地文契殷晚初、致和、露庭，今將祖遺原倚左所藍伍大粮屯田壹處，坐落儀邑三乙坊殷家大圩地，均計總契內撥出屯田肆拾肆畝整，內拾叁畝五分每畝夏邑小麥肆斗，秋邑稻壹担柒斗；內拾叁畝每畝夏邑小麥叁斗六升，秋邑稻壹担伍斗；內柒畝五分每畝夏邑小麥肆斗，秋邑稻壹担捌斗；內捌畝每畝夏邑小麥叁斗六升，秋邑稻壹担叁斗；內叁畝每畝夏邑小麥叁斗六升，秋邑稻壹担陸斗。又祖遺分派民田叁畝五分，每畝夏邑小麥肆斗，秋邑稻壹担捌斗，係致和、露庭二人承分，與長次兩房無涉。其屯田錢粮冊名王道英、董守仁，應完粮銀照總契田畝分派，應完官戥粮銀壹兩壹錢柒分；又民田地丁冊名錢粮另立推粮付執。隨田坍塌基石塚車木農具一切，俱照田畝公用，水路照舊通行，出入無阻，秋青在田，老種存佃，神祠公祀樹木不計。其田四至眼同指交為界，寬窄在內，當將上首原吐退紅黑文契查交附廣。今因正用，自浼親中說合，將此屯田並致和、露庭承分民田統共出筆，情愿轉倚與

王　名下在上收租抵利。當日浼中估值當年時價，淨受倚抵屯民二田典價曹平來關玖光足銀叁伯捌拾兩整，其銀彼即一並收楚，並未懸欠分厘，亦非利債準算。其田言明期抵五年拾熟為滿，仍備原價交生取贖，分文不爛。自倚之後，毫無異說，倘有軍伍不清以及親族人等爭論，俱係出筆人一面承當，與倚抵無涉。此係兩相情愿，並非強屈成交，今欲有憑，立此轉倚抵大粮屯民田地文契存照。

王長福批

道光拾貳年七月　日立轉倚抵屯民田地文契殷晚初、于天、致和、露庭

中　朱炳村、李鶴松、周錫籛、周奉六

親

倚抵正契

足備收付與契相同，故不另立

004 道光十二年(1832)殷曉初倚抵正契

王長福執/

殷曉初等轉殷大圩/

倚抵正契/

足備收付,與契/相同,故不另立/

立轉倚出大粮屯田地文契殷曉初、殷于天、殷致和、殷靄庭,今將祖遺原倚左所藍伍大粮屯田壹處,坐落儀邑三乙坊殷家大圩地坊,計總契内撥出屯田肆拾肆畝整。内拾叁畝五分,/每畝夏包小麦肆斗,秋包稻壹担柒斗;内拾式畝,每畝夏包小麦叁斗六升,秋包稻壹担伍斗;内柒畝五分,每畝夏包小麦肆斗,秋包稻壹担捌斗;内捌畝,每畝夏包小麦/式斗六升,秋包稻壹担叁斗;内叁畝,每畝夏包小麦叁斗六升,秋包稻壹担陸斗。又祖遺分派民田叁畝五分,每畝夏包小麦肆斗,秋包稻壹担捌斗,係致和、靄庭二人承分,與長、次/两房無涉。其屯田錢粮册名王道英、董守仁,應完粮銀,照総契田畝分派,應完官戥粮銀壹两陸錢柒分;又民田地丁册名錢粮,另立推粮付執。隨田塲基、石磙、車木、/農具,一切俱照田畝公用。水路照舊通行,出入無阻。秋青在田,老種存佃,神祠公祀樹木不計。其田四至,眼同指交爲界,寬窄在内。當將上首原吐退紅、墨式契,/查交附質。今因正用,自浼親、中説合,將此屯田並致和、靄庭承分民田,統共出筆,情愿轉倚與/王〇〇名下,在上收租抵利。當日憑中估值,當年時價,得受倚抵屯、民二田典價曹平來關玖式兑銀叁伯捌拾两整。其銀彼即一蕫收楚,並未懸欠分/厘,亦非利債準算。其田言明期抵五年拾熟爲滿,仍備原價,交生取贖,分文不爛。自倚之後,毫無異説。倘有軍伍不清以及親族人等争論,俱係出筆人/一面承管,與倚抵無涉。此係兩相情愿,並非强屈成交。今欲有憑,立此轉倚抵大粮屯民田地文契存照。/

道光拾貳年七月〇日

立轉倚抵出屯民田地文契:殷曉初(花押)/殷于天(花押)/殷致和(花押)/殷靄庭(花押)/

親中:朱炳材(花押)/李鶴松/周錫籛(花押)/周奉六(花押)/

【硃印】儀徵縣知事印(兩方)

【墨戳】此契於民國三年四月/〇日驗明,填給儀字/第一万三千二百五十五號新契/爲憑。/儀徵縣驗訖/

立撥賣出文約人陳德興彝興士興今將祖遺北新洲開墾[illegible]田六[illegible]畝玖畝肆分其田西至吳姓為田邊為界東至[illegible]
為界南至江埂外腳為界北至坐身埂割心為界照册推出與買主完納正銀[illegible]錢陸分玖厘憑中撥賣出與
丁
名下當日得受價銀九八錢貳拾貳[illegible]陸拾文整其錢一平兌楚自賣之後聽憑買主耕種毋得異說倘[illegible]
今立此撥賣文約永遠存照
再批東截埂照畝公挑公修又照

道光十四年九月

日立撥賣出文約人陳德興彝興
大周
陳[illegible]
啟純標
榮貴年
十十[illegible]十

正契

005 道光十四年(1834)陳德興等撥賣田地文約

立撥賣出文約人陳德興、陳鼎興、陳大興,今將祖遺北薪洲開墾□四段六圩洲田玖畝肆分,其田西至吴姓田邊爲界,東至□□□□/爲界,南至江埂外脚爲界,北至坐身埂划心爲界。□照册推出與買主完納,正銀□錢陸分玖厘。憑中撥賣出與/丁○○名下,當日得受價銀九八錢貳拾貳〔仟〕陸拾文整。其錢一平兑楚。自賣之後,聽憑買主耕種,毋得異説。倘恐〔無憑〕,/今立此撥賣文約,永遠存照。/

再批:東戧埂,照畝公执公脩。又照。/

道光十四年九月○日

立撥賣出文約人:陳德興(花押)/陳鼎興(十)/陳大興(花押)/

〔憑中〕:□□周(花押)/□□培(花押)/□□□(花押)/□□年(花押)/□標(花押)/李純貴(十)/陳啓荣(十)/

正契/

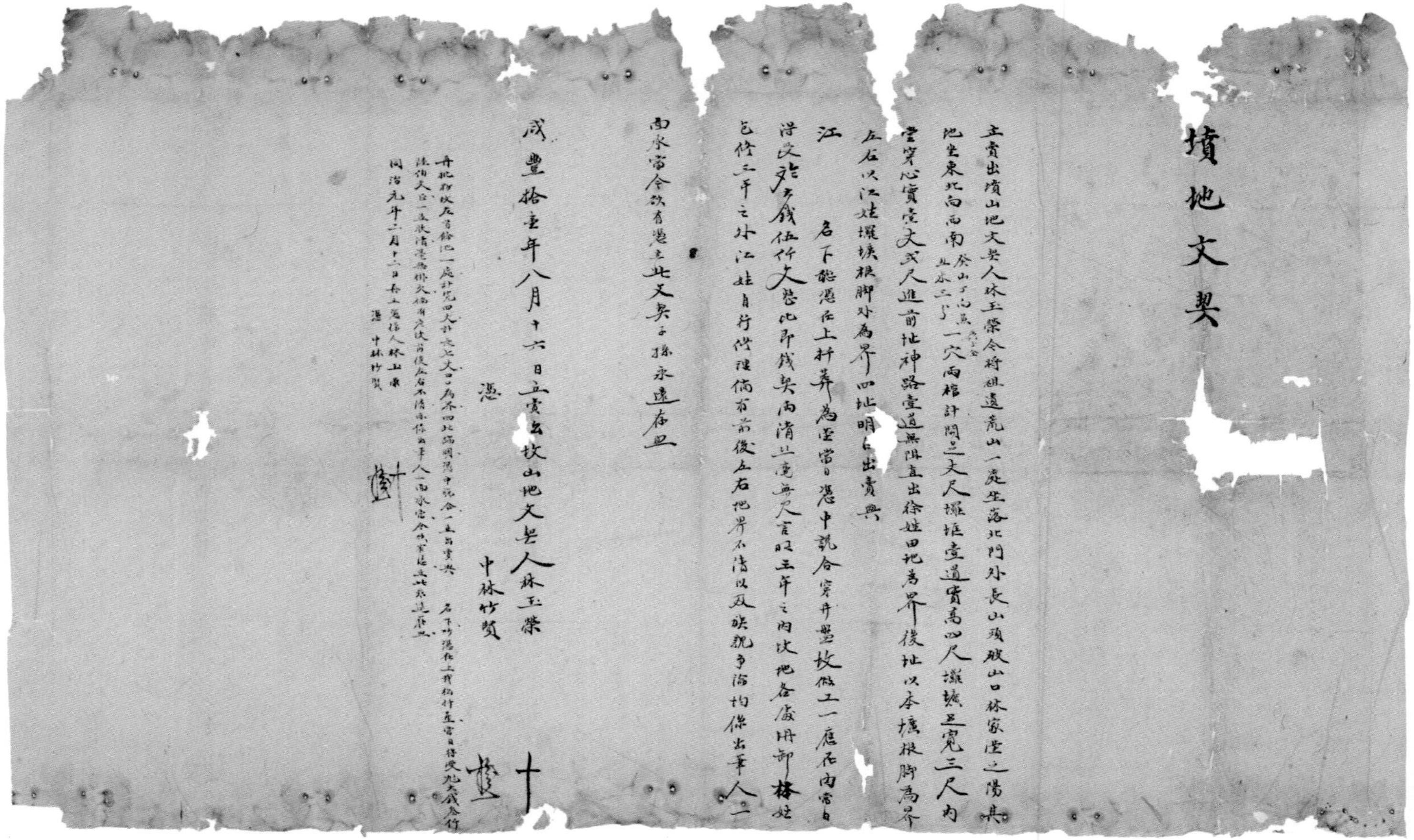

墳地文契

立賣出墳山地文契人林玉榮今將祖遺荒山一處坐落北門外長山頭破山口林家塋之陽其地坐東北向西南（癸山丁向兼丑未三分）一穴兩棺計開豎丈尺擺拒壹道貴高四尺擺號三寬三尺內管穿心實賣文武尺進前址神路壹道無阻直出徐姓田地為界後址以本壙根脚為界左右以江姓擺墳根脚外為界四址明白出賣與

江　名下耕憑在上扦葬為坐當日憑中說合賣出墳做工一應在內當日得受時價錢伍仟文整比即錢契兩清此憑無欠言明五年之內此地各處田卸林姓包修五年之外江姓自行修理倘有前後左右地界不清以及族親爭論均係出筆人一面承當今欲有憑立此文契子孫永遠存照

咸豐拾壹年八月十六日立賣出坟山地文契人林玉榮

憑　中林竹賢　十

再批於坟左首餘地一處計寬四丈計長七丈四尺為界四址端明憑中說合一並出賣與　名下修憑在上得價錢伍仟文當日得受九七大錢叁仟文整錢契清楚無拖欠倘有坟前後左右不清亦係出筆人一面承當今欲有憑立此永遠存照

同治元年二月十二日再立憑據人林玉榮

憑　中林竹賢

006 咸豐十一年（1861）林玉榮賣出陰地文契

墳地文契/

立賣出墳山地文契人林玉榮，今將祖遺荒山一處，坐落北門外長山頭破山口林家茔之陽，其/地坐東北，向西南，癸山丁向，兼丑未三分。一穴兩棺，計開足丈尺攞垙壹道，實高四尺，攞壙足寬三尺，内/堂穿心實壹丈式尺，進前址神路壹道無阻，直出徐姓田地爲界，後址以本壙根脚爲界，/左右以江姓攞壙根脚外爲界，四址明白，出賣與/江〇〇名下，聽憑在上扦葬爲茔。當日憑中説合，穿井、盤坟、做工，一應在内，當日/得受九八大錢伍仟文整。比即錢契兩清，丝毫無欠。言明三年之内，坟地各處坍卸，林姓/包修。三年之外，江姓自行修理。倘有前後左右地界不清，以及族親争論，均係出筆人一/面承當。今欲有憑，立此文契，子孫永遠存照。/

咸豐拾壹年八月十六日

立賣出坟山地文契人：林玉榮（十）/

憑中：林竹賢（花押）/

再批：新坟左首餘地一處，計寬四丈，计長七丈，田口爲界，四址踹明。憑中説合，一並出賣與〇〇〇名下，听憑在上栽松扦葬。當日得受九八大錢叁仟/陸伯文正，一並收清，毫無掛欠。倘有老坟前後左右不清，亦係出筆人一面承當。今欲有憑，立此永遠存照。/

同治元年二月十二日。再立憑據人：林玉荣（十）/

憑中：林竹賢（花押）/

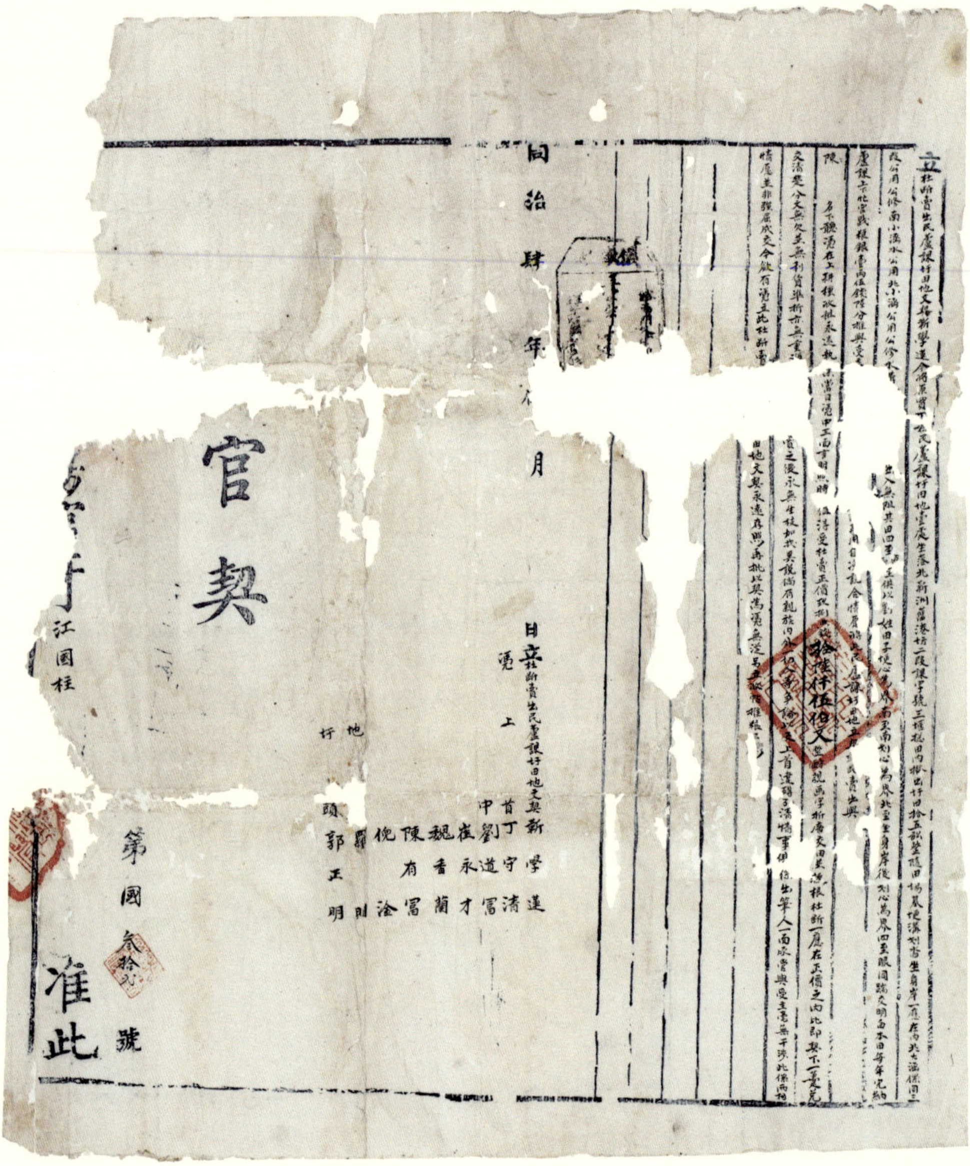
立杜斷賣出民產課圩田地文契新學蓮今將原買

官契

同治肆年　月　日立杜斷賣出民產課圩田地文契新學蓮

憑上

首丁守清

中劉道富

崔永才

魏香蘭

陳有富

倪淦

羅則

地圩頭郭正明

第國參拾貳號

准此

江國柱

007 同治四年(1865)靳學蓮杜賣圩田官契

立杜断賣出民蘆課圩田地文契靳學蓮，今將原買[丁]姓民蘆課圩田地壹處，坐落北薪洲舊港坊二段課字號三垺總田内，撥出圩田拾五畝整，隨田場基、埂溝划沓、坐身岸，一應在内，北大涵係同三/段公用公修，南小涵水公用，北小涵公用公修，水[溝]……出入無阻。其田四至，東、西至俱以劉姓田子埂心爲界，南至南划心爲界，北至坐身岸後划心爲界。四至眼同踹交明白。本田每年完納/蘆課上下忙官戥粮銀壹兩伍錢陸分，推與受[主]……〔今因正〕用，自浼説合，情愿將此民蘆課圩田地，立契〔杜〕[断]賣出與/陳〇〇名下，聽憑在上耕種收租，永遠執[業]。當日憑中，三面言明，照時口值，得受杜賣正價玖捌典錢拾陸仟伍佰文整。酧親、画字折席，交田，並拔根杜断，一應在正價之内。比即契下，一蔓兑/交清楚，分文無欠，並無利貨準折，亦無重[複]……賣之後，永無生枝加找異説。倘有親族内外一切人等争論，以及上首違碍不清情事，[俱係]出筆人一面承管，與受主毫無干涉。此係兩相/情愿，並非强屈成交。今欲有憑，立此杜斷賣〔出民蘆課圩〕[田]地文契，永遠存照。再批：以契爲憑，無從另立收帖推粮〔存照〕。/

同治肆年伍月〇日

立杜断賣出民蘆課圩田地文契：靳學蓮/

憑
- 上首：丁守清/
- 中：劉道富/崔永才/魏香蘭/陳有富/倪淦/
- 地〔保〕：羅則/
- 圩頭：郭正明/

官契/

第國叁拾弍號/

〔儀徵縣正堂給田房〕[官牙]江國柱准此

【硃印】儀徵縣印(滿漢雙文)

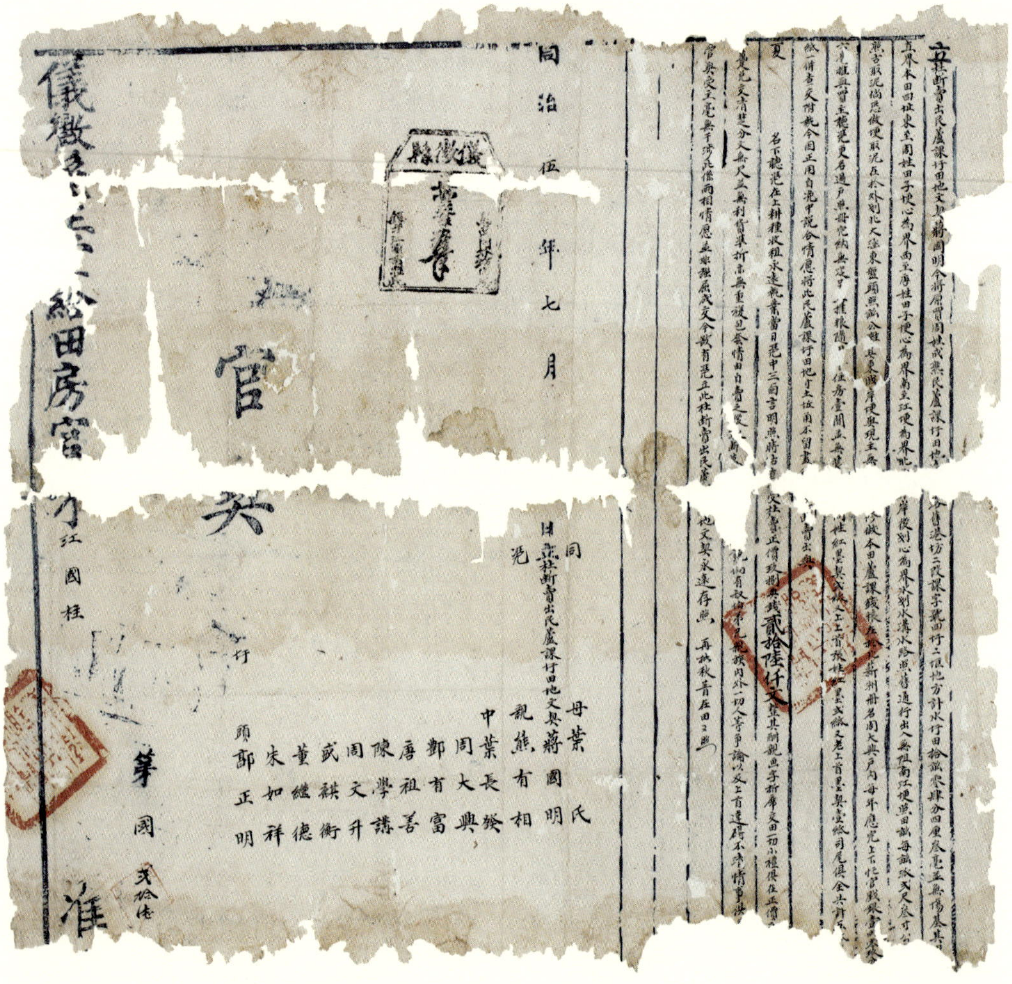
立杜斷賣出民蘆課圩田地文契蔣國明今將原買周姓戎業民蘆課圩田[illegible]坐落港坊二段課字號田圩二號地方計水圩田拾畝零肆分四厘叁毫五絲陸忽其

其界本田四址東至周姓田子埂心為界西至唐姓田子埂心為界南至江埂為界北[illegible]岸後划心為界水划水溝水路照舊通行出入無阻南江埂並田畝每畝水弍尺叁寸公

照古取泥倘然做埂取泥在於外划北大塗東盤頭照議公推其東角岸埂與現主無[illegible]分撥本田蘆課錢糧在於新洲冊名周大興戶內每年應完上下忙官錢糧當[illegible]

[illegible]推收隨[illegible]任憑方壹閘五無[illegible]姓紅墨契式紙又上首[illegible]姓紅墨式紙又老上首墨契[illegible]司尾俱全共計[illegible]

紙一併查交附執今因正用自愿中說合情愿將此民蘆課圩田地寸土垃角不留盡[illegible]日賣出與

[illegible]名下聽憑在上耕種收租永遠執業當日憑中三面言明照時古[illegible]文杜賣正價玖捌典錢貳拾陸仟文整其酬親無字折席交田一切小禮俱在正價[illegible]

賣之後悉從分大無大並無利債準折亦無重複包套情由自賣之後[illegible]斷吏[illegible]執納有收此賣之後親族內外一切人等爭論以及上首違礙不涉[illegible]情事具

賣與受主毫無干涉此係兩相情愿並非逼勒成交今欲有憑立此杜斷賣出民蘆地文契永遠存照 再批秋青在田之照

同治伍年七月 日立杜斷賣出民蘆課圩田地文契蔣國明

同 母葉氏

憑 親熊有相

中 葉長發 周大興 鄭有富 唐祖善 陳學講 周文升 武祺衡 董繼德 宋如祥

頭 鄧正明

儀徵縣 [illegible]

官 契

儀徵[illegible]納田房官[illegible]

江國柱

第 國 字拾[illegible]

准

008 同治五年（1866）蔣國明等杜賣田地官契

立杜断賣出民蘆課圩田地文契蔣國明，今將原買周姓成熟民蘆課圩田地壹□，〔坐〕落舊港坊二段課字號四圩二埵地方，計水圩田拾畝零肆分四厘叁毫，並無場基。其田□□／直界。本田四址：東至周姓田子埂心爲界，西至唐姓田子埂心爲界，南至江埂爲界，北至□身岸後划心爲界。水划、水溝、水路，照舊通行，出入無阻。南江埂照田畝每畝派弍尺叁寸，公□□□／照古取泥。倘恐做埂取泥，在於外划。北大涵東盤頭，照畝公攤，其東戕岸埂，與現主無□，□□修做。本田蘆課錢粮，在於北薪洲册名周大興户内。每年應完上下忙官戥銀壹兩零玖分□□／六毫，推與買主，聽憑更名過户，照册完納，無從另□推粮。隨田□住房壹間，並無裝□□□周姓紅、墨契式紙，又上上首張姓紅、墨式紙，又老上首墨契壹紙，司尾俱全，共計五紙。……／紙，一併查交附執。今因正用，自浼中説合，情愿將此民蘆課圩田地，寸土垳角不留，盡行□□斷賣出與／夏〇〇名下，聽憑在上耕種收租，永遠執業。當日憑中，三面言明，照時估值，得受杜賣正價玖捌典錢貳拾陸仟文整。其酬親、画字折席，交田一切小禮，俱在正價之……／一薹兑交清楚，分文無欠。並無利貨準折，亦無重複包套情由。自賣之後，永断葛……説。倘有叔伯弟兄、親族内外，一切人等争論，以及上首違碍不清情事，俱係……／管，與受主毫無干涉。此係兩相情愿，並非强屈成交。今欲有憑，立此杜断賣出民蘆〔課圩田〕地文契，永遠存照。再批：秋菁在田。又照。／

同治伍年七月〇日

立杜断賣出民蘆課圩田地文契：蔣國明／同母葉氏／

親：熊有相／

憑 中：葉長發／周大興／酆有富／唐祖善／陳學講／周文升／盛麒衡／董繼德／朱如祥／

圩頭：郭正明／

官契／

第國弍拾陸／

儀徵縣〔正堂〕給田房官牙江國柱准此／

【硃印】儀徵縣印（滿漢雙文）

【墨戳】儀徵縣／正堂秦（花押），／給南門外坊田房／經牙江國柱准此

立賣山地文約人林玉春今將祖遺荒山一處坐落儀邑北門外陳公塘坊破山口徐家營地坊其地東西寬陸尺南北長柒丈係合裁尺

東至本山為界西至江姓祖塋為界北至族兄玉榮荒山為界眼仝腳踏踪交清楚今因正用央中說合情願出賣與

江　　名下聽憑在上開山安葬栽培樹木當日憑中三面言明得受正價扗錢壹仟伍伯文整比即錢據兩交分厘無欠倘有上

首不清以及親族人等爭論俱係出筆人一面承管無得異說今欲有憑立此杜斷文約存照

同治五年十月　日立杜賣荒山坟地文約人林玉春　十

憑中　叔　林鳳周　十

兄　林玉榮　十

009 同治五年(1866)林玉春杜賣陰地文約

立賣山地文約人林玉春,今將祖遺荒山一處,坐落儀邑北門外陳公塘坊破山口徐家營地坊。其地東西寬陸尺,南北長柒丈,俱合裁尺。/東至本山爲界,西至江姓祖塋爲界,北至族兄玉榮荒山爲界。眼仝脚踏,踹交清楚。今因正用,央中說合,情願出賣與/江〇〇名下,聽憑在上開山安葬,栽培樹木。當日憑中,三面言明,得受正價九六錢壹仟伍伯文整。比即錢據兩交,分厘無欠。倘有上/首不清以及親族人等争論,俱係出筆人一面承管,無得異説。今欲有憑,立此杜断文約存照。/

同治五年十月〇日

立杜賣荒山坟地文約人:林玉春(十)/

憑中:叔林鳳周(十)/兄林玉榮(十)/

立杜賣斷民圩下脚田地文契人朱兆麟，今將祖遺承分內原餘郭　主人水田乙处，坐落儀邑三乙坊毛滕庄大圩地
坊，計下脚田肆畝，每畝夏季小麦〇斗，秋季私稻壹担捌斗，隨田脚車一部，公用水路照舊通行，出入無阻，老種自
備。情因九年拾月將此田推與郭　主人倚抵欠陳祖在者郭　主人諭佃戶王春和所種，不料本年朱兆麟难
以度日，在三親自到門，央請保戰中人向王春和母子商議，將此田寸土埂角盡行不留，杜賣斷出與
王　名下在上耕種色租，子孫永遠為業。當日憑中三面言明，當年時值估價，得受業主九六錢拾壹仟文整，
比時錢帋兩交，親手一并兑楚，毫無掛欠分文。因楊姓上首老契兵亂之時失落無存，未便查交，今立新斷
契為憑。倘日以後查出老帋，均皆以作廢帋無用。其田倘有親族內外人等爭論，俱係出筆人一面承管，與
受業人毫無干涉。再者加找等情，俱係郭　老板一面承管，亦非貨物利債準折，此係兩相情愿，非中强屋
成交。今欲有憑，立此杜賣斷民圩下脚田地文契，子孫永遠存照。

同治拾年拾壹月　日立杜賣斷民圩下脚田地文契人朱兆麟 十

族 朱兆貴 十

憑

中 王玉珍 十
王玉山 十
黄恒緗 十
張永森 十
殷執喜 十

庄頭 周永虎 十
殷永鎖 十
黄葉移 押

杜斷正契

010 同治十年(1871)朱兆麟杜賣田地文契

立杜賣断民圩下脚田地文契人朱兆麟，今將祖遺承分内原領郭〇〇主人水田乙处，坐落儀邑三乙坊毛臉庄大圩地/坊，計下脚田肆畝，每畝夏季小麦四斗，秋季籼稻壹担捌斗，隨田脚車一部，公用水路，照旧通行，出入無阻，老種自/備。情因九年拾月，將此田推與郭〇〇主人，倚抵欠陳租在者。郭〇〇主人諭佃户王春和所種。不料本年朱兆麟难/以度日，(在)〔再〕三親自到門，央請保夥、中人，向王春和母子商議，將此田寸土坵角，尽行不留，杜賣斷出，與/王〇〇名下，在上耕種包租，子孫永远爲業。當日憑中，三面言明，当年時值估價，得受糞本九八大錢拾壹仟文整。/比時錢帋兩交，親手一等兑楚，毫無掛欠分文。因楊姓上首老契，兵乱之時，失落無存，未便查交，今立新断契爲憑。倘日以後查出老帋，均皆以作廢帋無用。其田倘有親族内外人等争論，俱係出筆人一面承管，與/受業人毫無干涉。再者，加找等情，俱係郭老板一面承管，亦非貨物利債準折。此係两相情愿，非中强屈/成交。今欲有憑，立此杜賣断民圩下脚田地文契，子孫永遠存照。/

同治拾年拾壹月〇日

立杜賣斷民圩下脚田地文契人：朱兆麟(十)/

憑
族：朱兆貴(十)/
中：王玉珍(十)/王玉山(十)/
庄頭：黄恒緗(十)/張永桃(十)/殷執喜(十)/周永虎(十)/殷永鎖(十)/黄藻衫(花押)/

杜断正契/

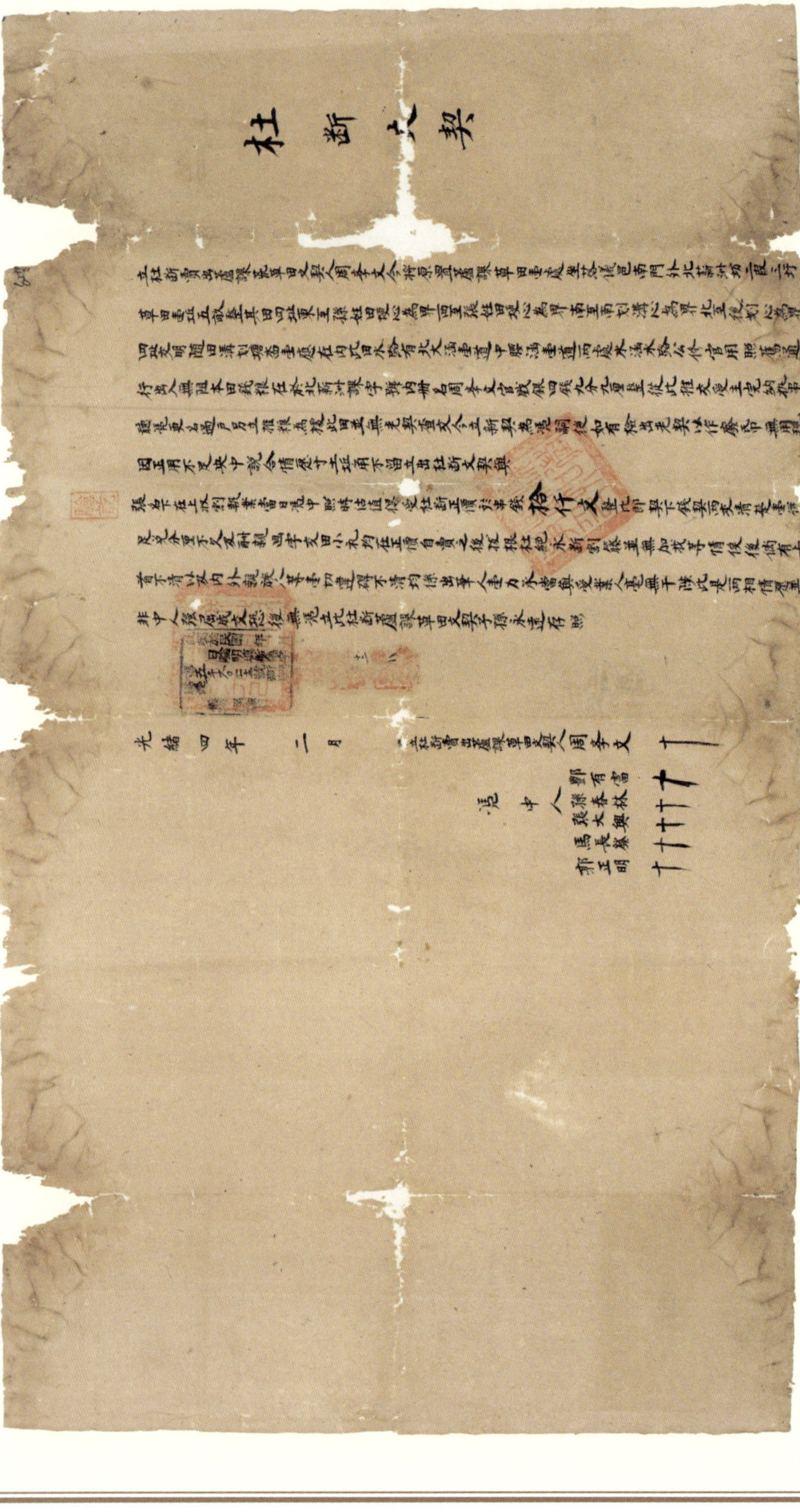
杜斷文契

光緒四年　二月

011 光緒四年(1878)周學文杜賣田地文契

杜断文契/

立杜断賣出蘆課荒草田文契人周學文,今將原置蘆課草田壹處,坐落儀邑南門外北薪洲坊二段三圩/草田壹坵,五畝整。其田四址:東至孫姓田埂心爲界,西至張姓田埂心爲界,南至南划溝心爲界,北至後划心爲界。/四址交明,随田溝划塘沓,壹應在内。此田水路,有北大涵壹道,中腰涵壹道。兩處水涵水路,公修官用,照舊通/行,出入無阻。本田錢粮在於北薪洲課字號内,册名周學文,官戥銀四錢九分九厘整。從此推交受主完納,執串/聽憑更名過户,另立推粮爲據。此田並無老契查交,今立新契爲憑。嗣後如有檢出老契,以作廢帋無用。現/因正用不足,央中説合,情愿寸土坵角不留,立出杜断文契,與/張名下,在上收割執業。當日憑中照時估值,得受杜断正價九八串錢拾仟文整。比即契下,錢契兩交清楚,壹併/足兑,分厘不欠。及酬親、画字、交田小礼,均在正價。自賣之後,拔根杜絶,永断割籐,並無加找等情。倘後倘有上/首不清,以及内外親族人等,壹切違碍不清,均係出筆人壹力承當,與受業人毫無干(陟)〔涉〕。此是兩相情愿,並/非中人强屈成交。恐後無憑,立此杜断蘆課草田文契,子孫永遠存照。/

光緒四年二月〇〇日

立杜断賣出蘆課荒草田文契人:周學文(十)/

憑中人:酆有富(十)/孫春林(十)/張大興(十)/馬長發(十)/郭正明(十)/

【硃印】儀徵縣知事印(两方)

【硃戳】驗訖/

民國四年十二□八□/清理儀徵沙田局驗訖/

【墨戳】此契於民國〇年〇月/〇日驗明,填給儀字/第五千六〇二十二號新契/爲憑。/儀徵縣驗訖/

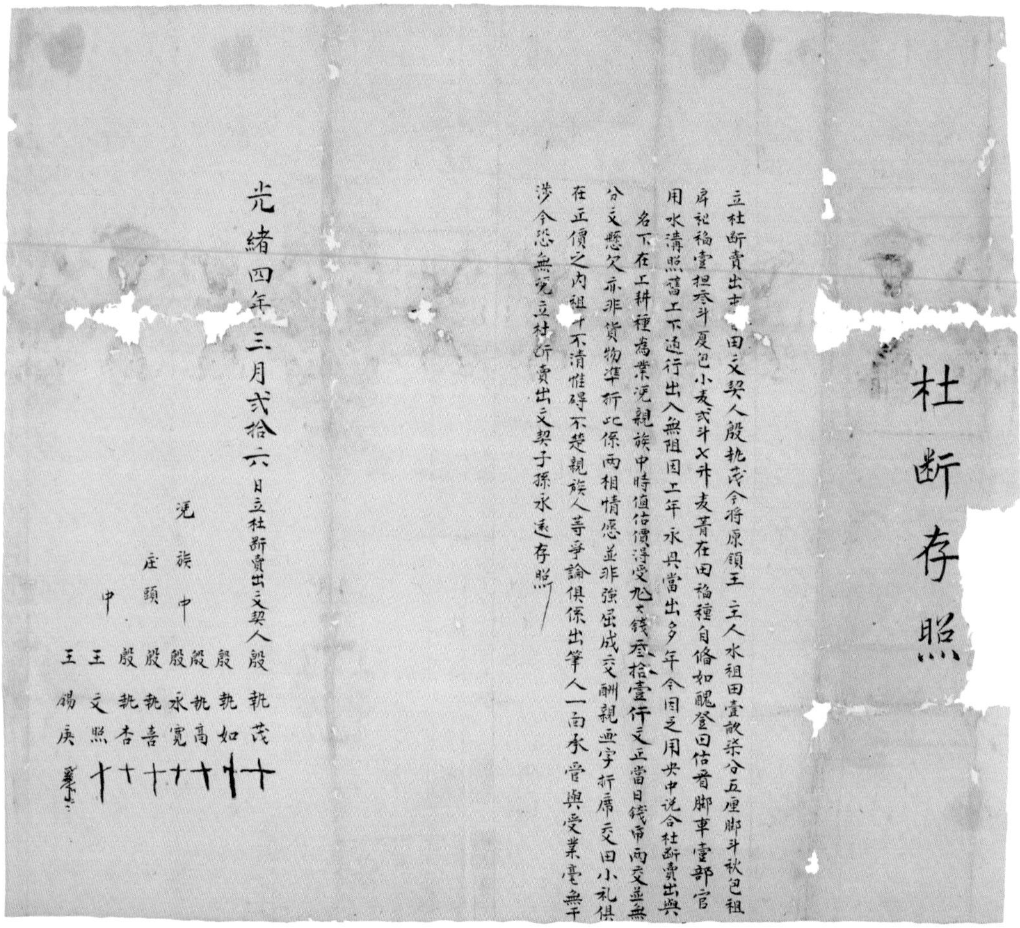

杜断存照

立杜断賣出[illegible]田文契人殷執茂，今將原領王 主人水祖田壹畝柒分五厘，脚斗秋包租席税稻壹担叁斗，夏包小麦弍斗弌升，麦青在田，稻種自偹，如醜登田估看，脚車壹部，官用水清照舊，工下通行出入無阻。因工年 水旦當出多年，今因之用，央中說合，杜断賣出與
名下在工耕種爲業，凭親族中時値估價，得受九七錢叁拾壹仟文正，當日錢帛兩交，並無分文懸欠，亦非貨物準折，此係兩相情愿，並非强屈成交。酬親画字折席交田小礼，俱在正價之内。祖十不清，惟碍不楚，親族人等爭論，俱係出筆人一面承管，與受業毫無干涉。今恐無凭，立杜断賣出文契，子孫永遠存照。

光緒四年三月弍拾六日立杜断賣出文契人殷執茂 十

凭族中 殷執如 十

殷執高 十

殷永寬 十

庄頭 殷執喜 十

殷執杏 十

中 王文照 十

王錫庚 [押]

012 光緒四年（1878）殷執茂杜賣水田文契

杜断存照/

立杜断賣出屯〔粮〕田文契人殷執茂，今將原領王〇〇主人水租田壹畝柒分五厘，脚斗秋包租/戽籼稻壹担叁斗，夏包小麦弍斗七升，麦菁在田，稻種自備如醜。登田估看，脚車壹部官/用，水溝照舊，上下通行，出入無阻。因上年永興當出多年，今因乏用，央中説合，杜断賣出，與/〇〇〇名下，在上耕種爲業。憑親、族、中，時值估價，得受九八大錢叁拾壹仟文正，當日錢帋兩交，並無/分文懸欠，亦非貨物凖折。此係兩相情愿，並非强屈成交。酬親、画字折席，交田小礼，俱/在正價之内。租斗不清，（惟）〔違〕碍不楚，親族人等争論，俱係出筆人一面承管，與受業毫無干/涉。今恐無憑，立杜断賣出文契，子孫永遠存照。/

光緒四年三月弍拾六日

立杜断賣出文契人：殷執茂（十）/

族中：殷執如（十）/殷執高（十）/殷永寛（十）/

憑 庄頭：殷執喜（十）/

中：殷執杏（十）/王文照（十）/王錫庚（花押）/

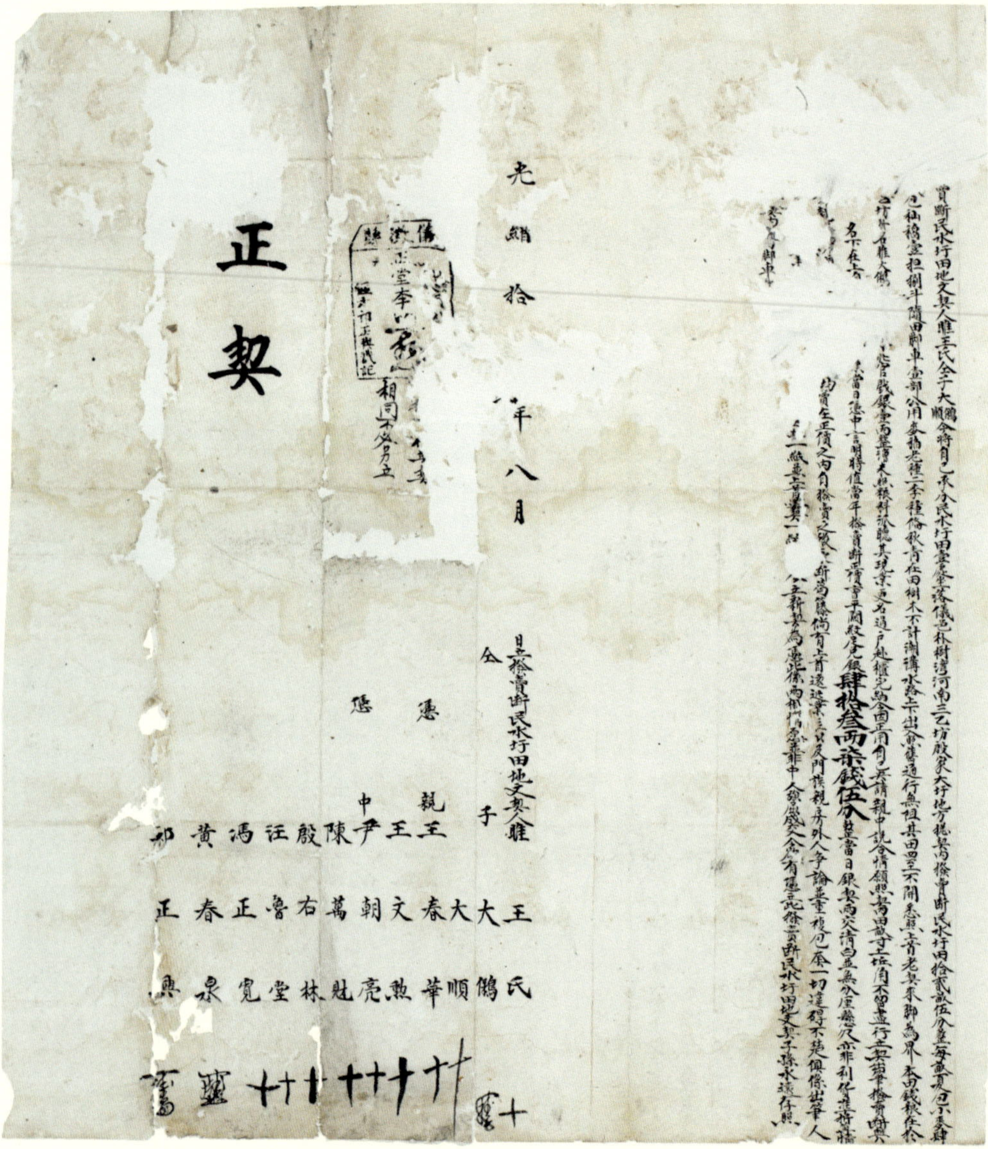

立賣斷民水圩田地文契人王氏仝子大鶴……

……肆拾叁兩柒錢伍分……

正契

光緒拾　年八月

立賣斷民水圩田地文契人王氏十

仝　子　大鶴　十

憑　親　王大順

王春華

王文懃

中　王朝亮

尹萬財

陳右林

殷魯堂

汪正寬

馮春泉

黃正典

祁

013 光緒十二年(1886)睢王氏撥賣水圩田地文契

□□賣斷民水圩田地文契人睢王氏仝子大偁、大順，今將自己承分民水圩田壹處，坐落儀邑朴樹灣河南三乙坊殷家大圩地方總契内，撥賣断民水圩田拾貳畝伍分整，每畝夏包小麥肆/□□□，秋包籼稻壹担捌斗，隨田脚車壹部公用。麥稻老種，二季種備，秋青在田，樹木不計，潮溝水路，上下出入照舊，通行無阻。其田四至不開，悉照上首老契來脚爲界。本田錢粮在於/□乙坊册名睢大偁□□，□下忙官戥銀壹兩整，漕米照粮科派。聽其現業更名過户，赴櫃完納。今因正用，自己央請親中説合，情願照契内田畝，寸土坵角不留，盡行立契出筆，撥賣断與/□〇〇名下，在上自……業。當日憑中言明時值，當年撥賣断正價曹平關紋足兑銀肆拾叁兩柒錢伍分整。當日銀契兩交清白，並無分厘懸欠，亦非利貨準折等情/……均賣在正價之内。自撥賣之後，永断葛籐。倘有上首遠近業主，以及門族親房、外人争論，並重複包套，一切違碍不楚，俱係出筆人/……一紙，並上首墨契一紙□□。今立新契爲憑。此係兩相情愿，並非中人强屈成交。今欲有憑，立此撥賣断民水圩田地文契，子孫永遠存照。/……契内□□脚車……/

光緒拾弍年八月〇日

立撥賣断民水圩田地文契人：睢王氏(十)/仝子大偁(花押)/大順(十)/

憑親：王春華(十)/王文勳(十)/

憑中：尹朝亮(十)/陳萬財(十)/殷右林(十)/汪魯堂(十)/馮正寬(十)/黄春泉(花押)/祁正興(花押)/

正契/

【墨戳】儀徵縣正堂李(花押)，/□□□□□□□，/經牙祁正興戳記/

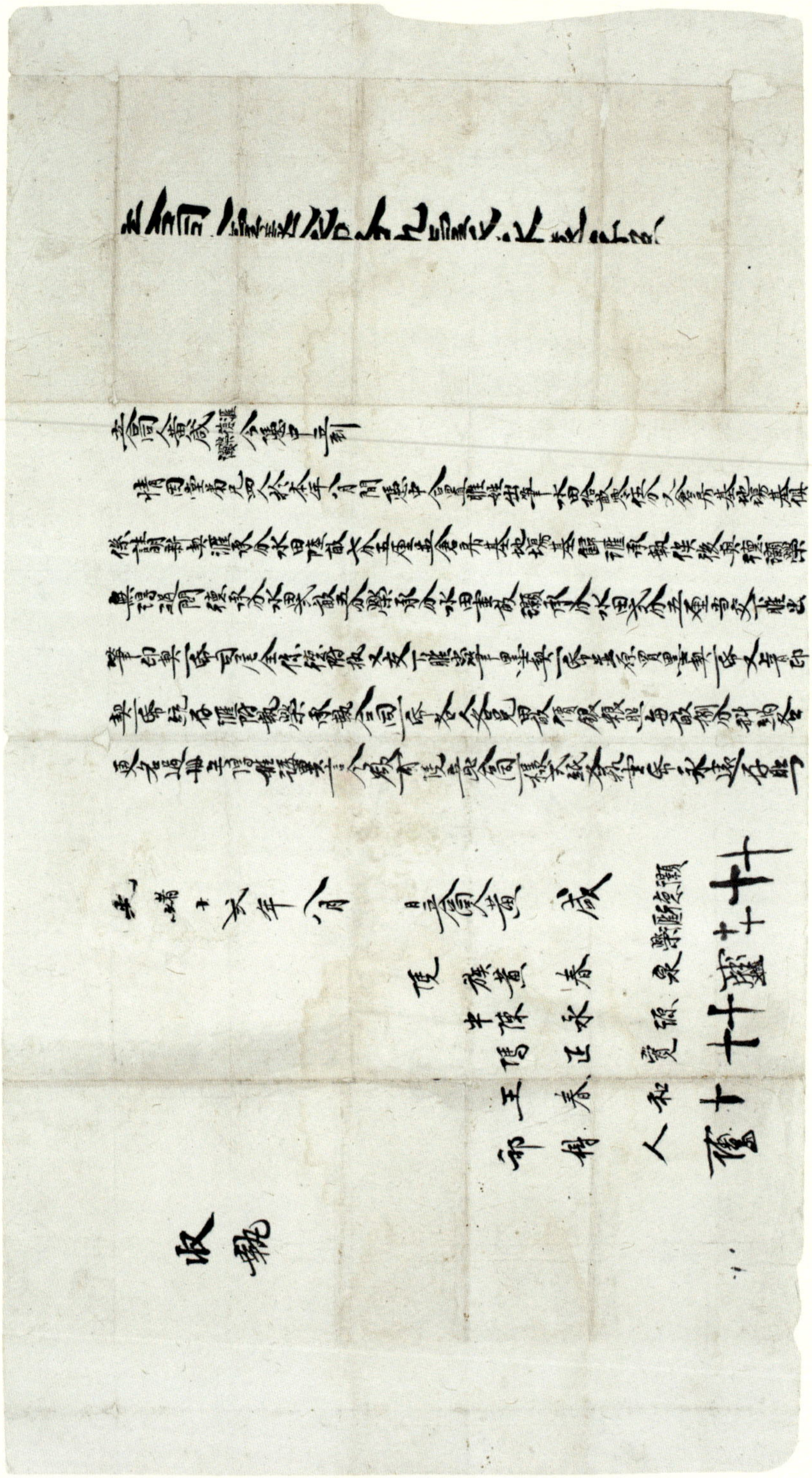

立合同人黄成灝德滙榮今憑中立到

情因堂弟兄四人於本年八月間憑中合買異姓出筆水田拾畝零伍分八合房基地場基俱

係請新契滙承分水田陸畝六分五厘五合房基地場基歸滙承執，侯後與德、灝榮

無得過問。德承分水田叁畝五分，榮承分水田壹畝，灝承分水田叁分五厘。當交下賬出

筆印契一紙、司尾全俱，德附執。又交下賬出筆異姓契一紙，并存買異姓契一紙，又上首印

契一紙，統存滙附執。榮承執合同一紙。各人各照田畝價銀粮照每畝劃分科納，各

更名過冊，立後毋得異言。今欲有憑，立此合同一樣式紙，各執壹紙，永遠存照。

光緒十六年八月　日立合同人黄成灝德滙榮　十　十　十　十

憑族　黄春泉　十

中　陳永源　十

馮正寬

王春和　十

邵得人

收執

014 光緒十二年(1886)黄咸德等析田合同

立合同人壹樣式帋,各執壹紙,永遠存照/

立合同人黄咸德、黄咸榮、黄咸匯、黄咸灝,今憑中立到,/情因堂弟兄四人,於本年八月間憑中合置睢姓出筆水田拾畝零伍分,又倉房基地、塲基,俱/係注明新契。匯承分水田陸畝七分五厘,並倉房基地、塲基歸匯承執,俟後與德、灝、榮/無得過問。德承分水田弍畝五分,榮承分水田壹畝,灝承分水田弍分五厘,当交下睢出/筆印契一帋,司尾全係德附執。又交下睢出筆墨契一帋,並原買墨契一帋,又上首印/契一帋,統存匯附執。榮承執合同一帋,各人各兑田畝價銀,粮照每畝捌分科納,各/更名過册,無得推諉異言。今欲有憑,立此合同一樣式紙,各執壹帋,永遠存照。/

光緒十弍年八月〇日

立合同人:黄咸德(十)/黄咸匯(十)/黄咸灝(十)/黄咸榮(十)/

憑 族:黄春泉(花押)/

憑 中:陳永源(十)/馮正寬(十)/王春和(十)/祁得人(花押)/

收執/

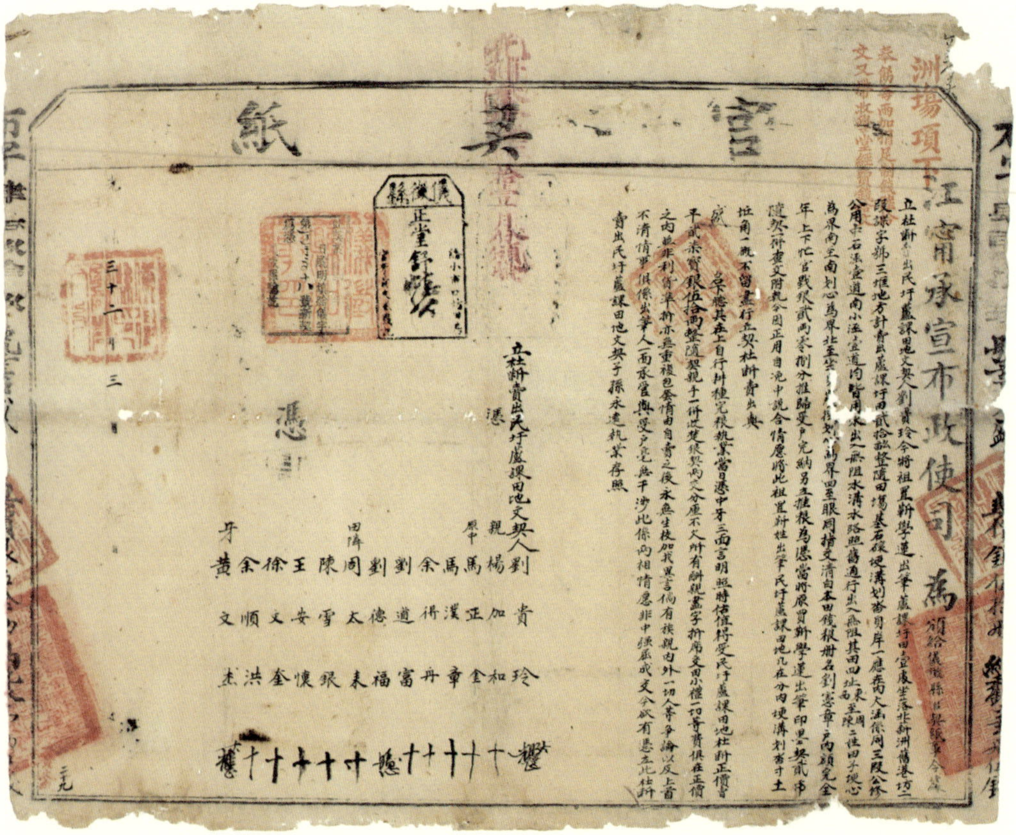

官契紙

江甯承宣布政使司為

立杜斷賣出民圩蘆課田地文契人劉貴玲今將祖置新學蓮出筆蘆課圩田宣處坐落北新洲藕港坊二段課字號三坵地方計賣出蘆課圩田貳拾畝整隨田塲基石碌硬溝划蓄圩岸一應在內大溛佃同三股公分公用南至石渠官道南小溛官道內皆用水出入無阻水清水路照舊通行出入無阻其田四址東至陳三性田子埂心為界西至南划心為界北至為界四至眼同指交清白本田錢粮冊名劉憲章戶內頭完全年上下忙首戰銀貳兩叁分推歸受戶完納另立推根為憑當將原買新學蓮出筆印照契貳帋隨契一併盡交附執今因正用自愿中說合情愿將此祖置新姓出筆民圩蘆課田地凡在分內埂溝划蓄寸土灶角一概不留盡行立契杜斷賣出與

戚　名下爲業其在上自行耕種完粮執業當日憑中言三面言明照時估值得受民圩蘆課田地杜斷正價曹平貳赤寶銀伍拾兩整隨契親手一併收楚銀契兩交分厘不欠所有覲畫字折席交田小禮一切等費俱在正價之內並非利債准折亦無重複包套情由自賣之後永無生枝加找異言倘有族親內外一切人等爭論以及上首不清情事俱係出筆人一面承當與受戶毫無干涉此係兩相情愿非中强壓成交今欲有憑立此杜斷賣出民圩蘆課田地文契子孫永遠執業存照

立杜斷賣出民圩蘆課田地文契人　劉貴玲

憑

親　楊加和

原中　馬正金

馬漢章

余衍舟

劉道富

劉德福

田隣　周太來

陳雪銀

王安懷

徐文奎

余順洪

牙　黃文杰

憑

三十二年　月　三

015 光緒三十二年(1906)劉貴玲杜賣蘆課田地官契

官契紙

布字肆百玖拾玖號

江甯承宣布政使司爲頒給儀徵縣官契紙事。今據/

立杜斷賣出民圩蘆課田地文契人劉貴玲,今將祖置靳學蓮出筆蘆課圩田壹處,坐落北薪洲舊港坊二/段課字號三壙地方,計賣出蘆課圩田貳拾畝整,隨田場基、石磙、埂溝、划沓、身岸,一應在内。大涵係同三段公修/公用,中石涵壹道、南小涵壹道,均皆用水出入無阻。水溝水路,照舊通行,出入無阻。其田四址:東西至周、陳二姓田子埂心/爲界,南至南划心爲界,北至坐身岸後划心爲界。四至眼同指交清白。本田錢粮册名劉憲章户内,額完全/年上下忙官戥銀貳兩零捌分,推歸受户完納,另立推粮爲憑。當將原買靳學蓮出筆印墨契貳帋,/隨契一併查交附執。今因正用,自浼中説合,情愿將此祖置靳姓出筆民圩蘆課田地,凡在分内,埂溝划沓,寸土/坵角,一概不留,盡行立契杜断賣出,與/盛〇〇名下,聽其在上自行耕種,完粮執業。當日憑中、牙,三面言明,照時估值,得受民圩蘆課田地杜斷正價曹/平貳柒寶銀伍拾兩整,隨契親手一併收楚,銀契兩交,分厘不欠。所有酬親、畫字折席,交田小禮,一切等費,俱在正價/之内,並非利貨準折,亦無重複包套情由。自賣之後,永無生枝、加找異言。倘有族親内外一切人等争論,以及上首/不清情事,俱係出筆人一面承管,與受户毫無干涉。此係兩相情愿,非中强屈成交。今欲有憑,立此杜断/賣出民圩蘆課田地文契,子孫永遠執業存照。/

立杜断賣出民圩蘆課田地文契人:劉貴玲(花押)/

親:楊加和(十)/

憑 原中:馬正金(十)/馬漢章(十)/余得舟(十)/劉道富(十)/劉德福(花押)/

四鄰:周太來(十)/陳雪銀(十)/王安懷(十)/徐文奎(十)/余順洪(十)/

牙:黄文杰(花押)/

光緒三十二年三月〇日

【硃印】儀徵縣印(滿漢雙文,兩方)　　儀徵縣知事印

【硃戳】洲場項下:/奉飭每兩加捐足制錢陸拾/文,又帶收學堂經費錢拾文/

光緒叁拾貳年拾壹月八日頒收/

【墨戳】儀徵縣正堂舒/給小市口坊田房/官牙黄文杰戳記/

此契于民國〇年〇月/〇日騐明,填給儀字/第一万一千三百十八號新契/爲憑。/儀徵縣騐訖/

推件

立推並田地文約人盛永林，情因乏手，家承田叁
伍畝一分，推值價四十四元，壹股永林無力承認，情愿將
條三村沐六畝七分盡推出與長房、二房、三房挑業耕種，
此價均歸於二房三房，修理於二房無涉，嗣後二房若
要收田回頭，辦四十四元一並付出於長房三房，洋不起利，因
之推租此係兩相情愿，無得一言，恐口無憑，今欲有憑，立此
推並田地文約存照。

光緒三拾貳年四月二十四日立推約人盛永林押

憑中 在啓

存照

016 光緒三十四年（1908）盛永林推併田地文約

推併/

立推並田地文約人盛永林，情因分家派田拾/伍畝一分，攤倩四十四元壹股，永林無力承認，情愿將/後三圩派六畝七分整推出，與長房、三房執業耕種。/此倩均归於長房、三房償还，於二房無涉。嗣後二房若/要收田回頭，將四十四元一並付出於長房、三房，洋不起利，田/不起租。此係兩相情愿，無得一言反悔。今欲有憑，立此/推並田地文約存照。/

光緒叁拾肆年四月二十四日

立推併人：盛永林（拾）/

憑中在齊。/

存照/

典契存执

立典出民圩蘆課田地文契人李文財今將祖遺坐落儀邑東門外北薪洲圩二段四恒丁圩高沙田拾四畝整其
田四址東至李姓田埂心為界南至大埂外三弓為界西至官田埂心為界北至大路北划心為界四址交明水
涵水路照舊通行無阻本田錢粮從今推出受主照李彭貴册完納此田言明白當白贖今因正用不
足央中說合情愿立出典契與
陳名下在上耕種執業當日憑中言明照時估值得受典價英洋肆拾圓整即日席下銀契兩
交明白並無掛欠分厘其田期限三年六熟為滿滿後銀到取贖並無短爛分文此田亦無種複包
套等情自典之後倘有親族隣友來切為碍俱係出筆人承管與受主毫無干涉此係兩相情愿並
非中人强壓成交恐後無憑立此典契壹紙存照

宣統元年二月　日　立典出民圩蘆課田地文契人李文財　十

同　子　李興茂　十

田　隣　李傳之　十　李傳教　十

憑　中　周太來　十　雎恒松　十　樊長福　十

代　章生　十

017 宣統元年(1909)李文財出典田地文契

典契存執/

立典出民圩蘆課田地文契人李文財,今將祖遺坐落儀邑南門外北薪洲坊二段四垊丁圩高沙田拾四畝整,其/田四址:東至李姓田埂心爲界,南至大埂外三弓爲界,西至官田埂心爲界,北至大路北划心爲界。四址交明,水/涵水路,照古通行無阻。本田錢粮,從今推出,受主照李彭貴册完納。此田言明,自當自贖。今因正用不/足,央中説合,情愿立出典契,與/陳名下,在上耕種执業。當日憑中言明,照時估值,得受典價英洋肆拾圓整。即日席下,銀契兩/交明白,並無掛欠分厘。其田期限,三年六熟爲滿。俟後銀到取贖,並無短爛分文。此田亦無重複包/套等情。自典之後,倘有親族鄰友壹切爲碍,俱係出筆人承管,與受主毫無干(陟)〔涉〕。此係兩相情愿,並/非中人强屈成交。恐後無憑,立此典契豐收存照。/

宣統元年二月〇日

立典出民圩蘆課田地文契人:李文財(十)/同子李興發(十)/

田鄰:李傳芝(十)/李傳教(十)/

憑中:周太來(十)/睢恒松(十)/樊長福(十)/代章生(十)/

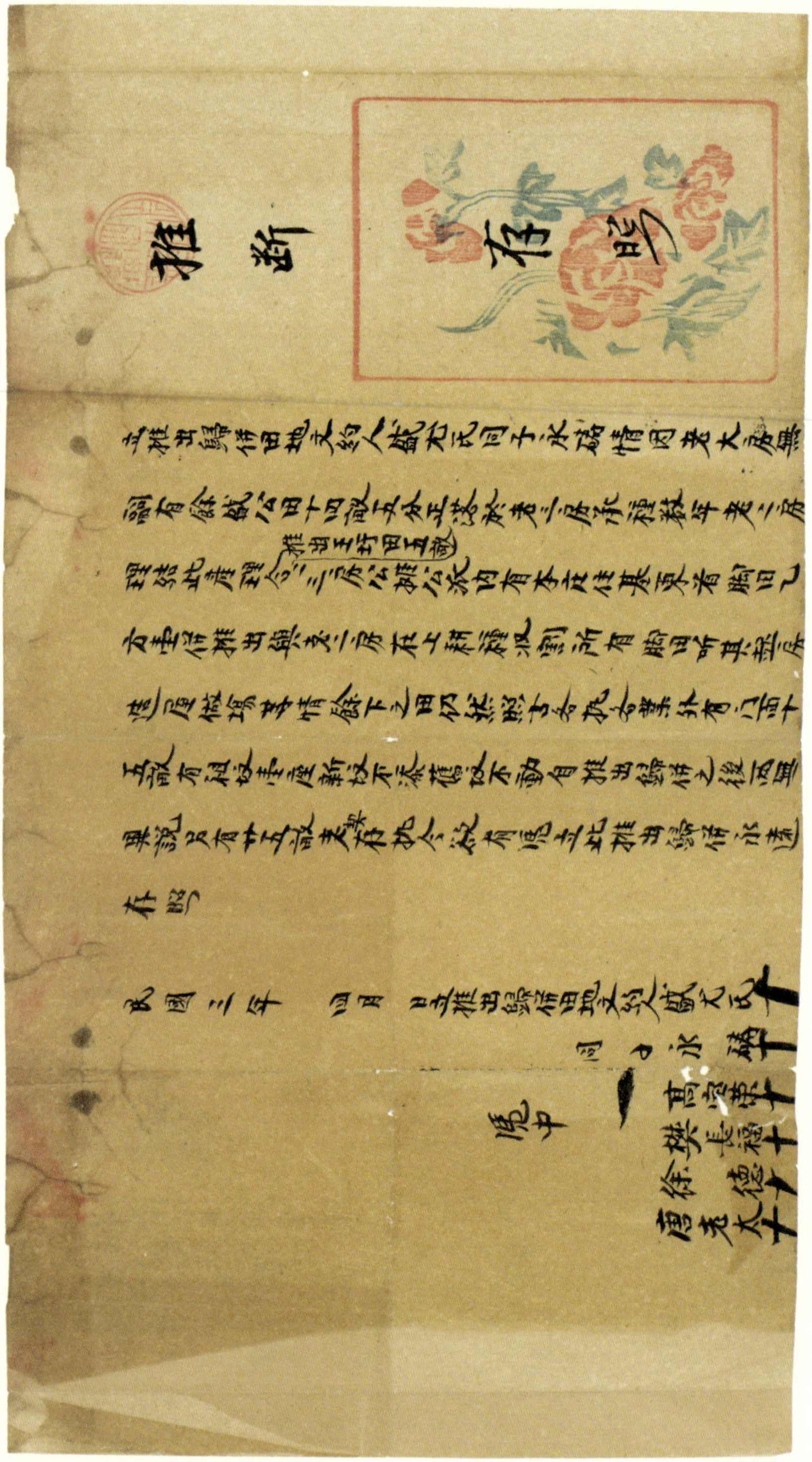

存照

推斷

立推出歸併田地文約人盛尤氏同子永鎬，情因先夫房無嗣，有盛姓公田十四畝五分，立達於先三房承祧，孫子先二房理結此產，理令（推出王坊田五畝）三房公推公派，內有李莊往其子孫看贍田乙方，全併推出與先三房在上耕種，後劉姓有贍田，以其無房造屋樣場等情，餘下之田仍照民國元年九月筆據，所有八畝十五畝，有租以立據，新以不添，舊以不動，自推出歸併之後，再無異說，只有廿五畝，先人業存於今，恐口無憑，立此推出歸併永遠存照。

民國三年　四月　日立推出歸併田地文約人盛尤氏十

同子　永鎬十

憑中　高宗東十　樊長福十　徐德本十　唐先太十

018 民國三年(1914)盛尤氏推出歸併田地文約

推断存照/

立推出歸併田地文約人盛尤氏同子永磚,情因老大房無/嗣,有餘盛公田十四畝五分正,落於老三房承種數年。老二房/理結此産,理合推出王圩田五畝,二、三房公攤公派。内有本庄住基東首脚田乙/方,壹併推出,與老二房在上耕種收割,所有脚田,听其起房/造屋、做塲等情。餘下之田,仍然照古,各執各業。外有门面十/五畝,有祖坟壹座,新坟不添,舊坟不動。自推出歸併之後,两無/異説。另有廿五畝,老契存执。今欲有憑,立此推出歸併,永遠/存照。/

民國三年四月〇日

立推出歸併田地文約人:盛尤氏(十)/同子永磚(十)/

憑中:高宝荣(十)/樊長福(十)/徐德(十)/唐老太(十)

信字第壹萬叁千貳百五拾伍號

江蘇省新契紙

國稅廳籌備處印發

儀徵縣東 區 市/鄉 所有者 王姓 抵契

不動產要項	
地目	屯圩田
位置	三乙坊殷家大圩
面積	肆拾肆畝

取得原由	
金額	銀叁百捌拾兩
年月	道光十二年

稅銀	
呈憑驗證	抵契壹紙
區分種類	
驗明登註冊籍號次	壹萬叁千弍百五十五號

四至界限	
東	戴契
南	仝上
西	仝上
北	仝上

原有者	殷曉初等
居間者	朱炳材
繳納年月	
沿革摘要	殷致和、曉初、于天、靄庭抵與王姓

手數料	
紙價	壹元
註冊費	壹角

縣知事 郝炳章

中華民國叁年四月 日

儀字第壹萬叁千貳百五拾伍號

019 民國三年(1914)王某殷家大圩新契紙

江蘇省新契紙

國税廳籌備處印發

儀字第壹萬叁千貳百伍拾伍號

儀徵縣東區市鄉,所有者王姓,抵契

不動産要項:

地目:屯圩田

位置:三乙坊殷家大圩

面積:肆拾肆畝

四至界限:

東:載契

南:仝上

西:仝上

北:仝上

取得原由:

金額:銀叁百捌拾兩

年月:道光十二年

原有者:殷曉初等

居間者:朱炳材

税銀:〇

繳納年月:〇

呈驗憑證:抵契壹紙

沿革摘要:殷曉初、殷于天、殷致和、殷靄庭,抵與王姓

區分種類:〇

驗明登注册籍號次:壹萬叁千弍百五十五號

手數料:

紙價:壹元

注册費:壹角

縣知事:郝炳章

中華民國叁年四月〇日

【硃印】江蘇國税廳籌備處印發關防　儀徵縣知事印

江蘇省新契紙

國稅廳籌備處印發

儀字第壹萬 號

儀徵縣 市鄉 所有者 徐

不動產要項

地目	位置	面積
廿戶圩洋田		

取得原由

金額	年月
四十七千五百文	同治

稅銀

呈憑驗證 印契

區分種類

驗明登註冊籍號次 一万百十八号

四至界限

東	南	西	北
	本契		

原有者 周良谷

居間者 全芳餘

繳納年月

沿革摘要 周良賣與徐

手數料

紙價	註冊費
一之	一角

儀徵縣知事 郝炳

中華民國 年 月 日

020 民國□年徐某蘆圩課田新契紙

江蘇省新契紙

國税廳籌備處印發

儀字第壹萬陸百拾捌號

儀徵縣〇〇市鄉,所有者:徐

不動産要項:

　　地目:芦圩課田

　　位置:〇

　　面積:〇

四至界限:

　　東:在契

　　南:在契

　　西:在契

　　北:在契

取得原由:

　　金額:四十七千五百文

　　年月:同治

原有者:周夏谷

居間者:金芳餘

税銀:〇

繳納年月:〇

呈驗憑證:印契

區分種類:〇

沿革摘要:周夏賣與徐

驗明登注册籍號次:一万六百十八号

手數料:

　　紙價:一元

　　注册費:一角

儀徵縣知事:郝炳章

中華民國〇年〇月〇日

【硃印】儀徵縣知事印

江蘇省新契紙

國稅廳籌備處印發

儀字第叁仟三百貳拾捌號

儀徵縣 市鄉 所有者 吳

不動產要項
- 地目：圩田
- 位置：北薪洲
- 面積：拾畝

取得原由
- 金額：拾六千文
- 年月：同治三年

四至界限
- 東 南 西 北：載契

原有者：蔣蔣氏

居間者：楊起發

[illegible]年月：六年三月八日

草契要：蔣蔣氏賣吳

價：免收

[紙]價：乙角

稅銀：

呈驗憑證：墨契

區分種類：丙

驗明登註冊籍號次：叁仟三百二十八

儀[徵縣]知事 郝炳章

中華民國　年　月　日

021 民國□年吴某圩田新契紙

江蘇省新契紙
國税廳籌備處印發
儀字第叁千叁百貳拾捌號
儀徵縣〇〇市鄉所有者：吴
不動産要項：
地目：圩田
位置：北薪洲
面積：拾畝
四至界限：
東：載契
南：載契
西：載契
北：載契
取得原由：
金額：拾六千文
年月：同治三年
原有者：蔣蔣氏
居間者：楊起發
税銀：〇
繳納年月：〇
呈驗憑證：墨契
區分種類：丙
沿革摘要：蔣蔣氏賣吴
驗明登注册籍號次：叁仟三百二十八〔號〕
手數料：
紙價：免收
注册費：乙角
儀徵縣知事：郝炳章
中華民國〇年〇月〇日
【硃印】儀徵縣知事印
【硃戳】民國六年三月八日/清理儀徵沙田局驗/

民塘文契

立杜倒斷民塘文約人陳萬祥，今將祖遺承分派定儀邑東門外三乙前坊汪大圩潮水溝地方，東至黃翠峯埂邊為界，西至忠保溝埂边讓三尺為界，南至油北殷忠林大埧基心捌丈材尺為界，四址註明，今因正用，央中說合，情愿立筆倒斷於王名下聽其在上另造塘畫，車魚栽菱，一切應用執業，憑中言明其塘正價英洋蚨肆圓叁角又作畫元，貼與陳姓行利每年菱租先說此時洋錢一并交清，分厘不欠，亦非貨物準折等情，其塘上上首祖業未清，一再重複包賣一切違碍不楚，俱是出筆人一面承認，與受業人毫無干涉，兩下情愿，非中压成，恐後無憑，立此杜倒斷民塘文約存照。

中華民國三年陰歷三月　日立杜倒斷民塘文約人陳萬祥 十

憑中人 朱恒隆 十 陳其立 十 殷忠保 十 殷得定 十 殷忠林 十 黃翠林 押

永遠存照

022 民國三年(1914)陳萬祥杜賣民塘文約

民塘文契/

立杜倒断民塘文約人陳萬祥,今將祖遺承分派定儀邑東門外三乙前坊汪/大圩潮水溝地方,東至黄翠峰埂邊爲界,西至忠保溝埂邊讓三尺爲界,/南至油北殷忠林大垻基心捌丈材尺爲界,四趾注明。今因正用,央中説合,情愿/立筆倒断於/王名下,聽其在上罱泥塘糞、車魚栽菱,一切應用执業。憑中言明,其塘正/價英洋蚨肆圓整。又大洋壹元,貼與陳姓行利。每年菱租完訖。比時/洋、帋一並交清,分厘不欠,亦非貨物準折等情。其塘上上首租斗不/清,(一)〔以〕及重複包套、一切違碍不楚,俱是出筆人一面承認,與受業人/毫無干涉。兩下情愿,非中屈成。恐後無憑,立此杜倒断民塘文約存照。/

中華民國三年陰歷三月〇日

立杜倒断民塘文約人:陳萬祥(十)/

憑中人:朱恒隆(十)/陳其立(十)/殷忠保(十)/殷得定(十)/殷忠林(十)/黄翠林(花押)/

永遠存照/

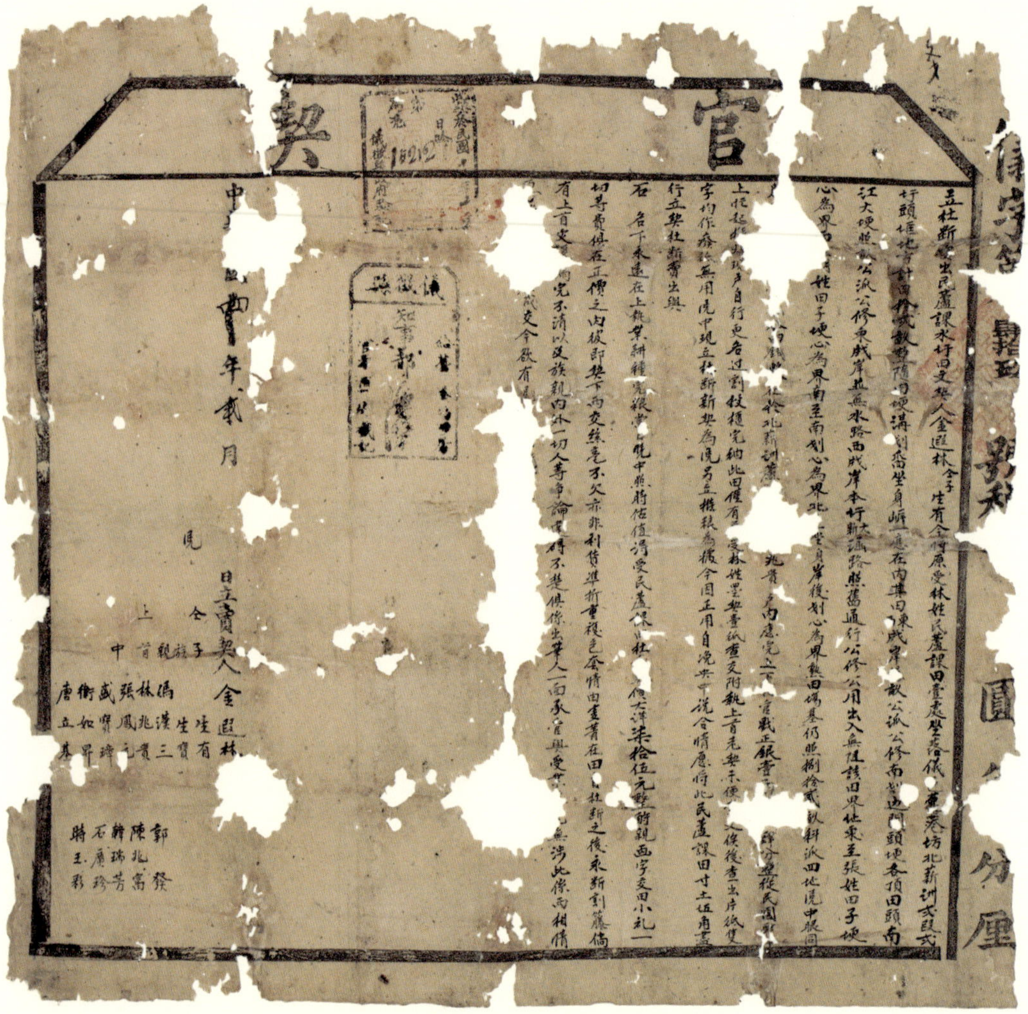

官契

立杜斷[illegible]出民產課水圩田文契人金還林仝子生有仝[illegible]原受林姓民產課田壹處坐落依[illegible]亦卷坊北薪訓弍段弍
圩頭堰地字[illegible]田拾貳畝整隨田埂溝[illegible]坐身峪[illegible]在內其田東戤岸[illegible]畝公派公修南[illegible]邊門頭埂各頂田頭南
江大埂照[illegible]公派公修東戤岸並無水路西戤岸本圩新議路照舊通行公修公用出入無阻該田界址東至張姓田子埂
心為界[illegible]姓田子埂心為界南至南划心為界北[illegible]岸後划心為界熟田隅基仍照捌拾貳畝科派田比現中服同
[illegible]北薪訓[illegible]兆貴[illegible]內處凭立[illegible]戳正銀壹[illegible]從民國[illegible]
上抵起[illegible]戶自行更名过割杖糧完納此田僅有[illegible]林姓[illegible]契壹紙查交附執上首老契未便[illegible]候後查出片紙隻
字均作廢紙無用凭中現立杜斷新契為凭另立推粮為據今因正用自愿央中說合情愿將此民產課田寸土五角壹
行立契杜斷賣出與
石名下永遠在上執業耕種完粮當日凭中照時估值得受民產課田杜[illegible]價大洋柒拾伍元整的親画字交田小礼一
切等費俱在正價之內彼即契下兩交絲毫不欠亦非利貨準折重復已經情由書著在田[illegible]杜斷之後永斷割籐倘
有上首支[illegible]的完不清以及族親內外一切人等爭論[illegible]不楚俱係出筆人一面承[illegible]與受業[illegible]無涉此係兩相情
[illegible]成交今欲有[illegible]

中[illegible]民國[illegible]年貳月 日立賣契人金還林

仝子 生有 生貴

凭上中 親族 馮漢三 林兆貴 張鳳元 戴賢璋 衛如昇 唐立基 郭發 陳北富 韓瑞芳 石廣珍 時王彩

023 民國四年(1915)金遐林杜賣蘆課水田官契

官契/

儀字第肆拾玖號税□〇圓〇角〇分〇厘/

立杜断賣出蘆課水圩田文契人金遐林仝子生有,今將原受林姓民蘆課田壹處,坐落儀邑舊港坊北薪洲弍段弍/圩頭埡地方,計田拾弍畝整,隨田埂、溝划、沓坐、身岍,一應在内。其田,東西戕岸,照畝公派公修。南划边間,頭埂各頂田頭。南/江大埂,照畝公派公修。東戕岸並無水路,西戕岸本圩大、新涵路,照舊通行,公修公用,出入無阻。該田界址,東至張姓田子埂/心爲界,西至胡姓田子埂心爲界,南至南划心爲界,北至坐身岸後划心爲界。熟田塲基,仍照捌拾貳畝科派。四址憑中眼同/□□□□□□□□今田錢粮,在於北薪洲蘆□□□□兆貴户内,應完上下忙官戥正銀壹兩□〔錢〕肆分整。從民國肆年/上忙起,推歸現户自行更名过割,投櫃完納。此田僅有承受林姓墨契壹紙,查交附執。上首老契,未便查交。俟後查出片紙隻/字,均作癈紙無用。憑中現立杜断新契爲憑,另立推粮爲據。今因正用,自浼央中説合,情愿將此民蘆課田,寸土坵角,盡/行立契,杜断賣出,與/石〇名下,永遠在上執業耕種完粮。當日憑中,照時估值,得受民蘆課田杜賣正價大洋柒拾伍元整,酧親、畫字,交田小禮,一/切等費,俱在正價之内。彼即契下兩交,絲毫不欠,亦非利貨準折、重複包套情由。麦菁在田。自杜断之後,永断割籐。倘/有上首灾緩漏完不清,以及族親内外一切人等争論,違碍不楚,俱係出筆人一面承管,與受業□□無涉。此係兩相情/愿,並□□□□□成交。今欲有憑……/

中華民國四年貳月〇日

立賣契人:金遐林/仝子生有/

族:金生寶/

親:馮漢三/

憑 上首:林兆貴/

中:張鳳元/盛寶璋/衛如昇/唐立基/郭發/陳兆富/韓瑞芳/石廣珍/時玉彩/

【墨戳】儀徵縣/知事郝(花押)/給舊港坊田房/官牙□□□戳記/

此紙於民國十□年二月/〇〇日驗,給/第15212號/爲憑,儀徵縣政府驗訖

典契正據

立典出民圩蘆課荒熟田文契人陳學銀，今將祖遺蘆課田壹處，坐落儀邑南門外北薪洲二段三圩地方，其田
拾五畝整，東至盛姓田埂心為界，西至王姓田埂心為界，南至南划心為界，北至後划心為界，四址交明，其田水路
照右通行出入無阻，隨田溝划塘嵩塌基壹應在內，本田錢粮在於北薪洲陳有德戶內上下两忙官徵壹
两陆錢陆分玖厘，自此推歸受主完納，其田白當白贖，今因正用不足，央中說合，情愿立出典契與
居名下在上耕種收割柴薪，當日憑中照時估值得受典價英洋伍拾圓整，即席下壹併足兑
分厘絲毫不欠，其田期限叁年六熟為滿，年限之後銀到取贖，並無爛價分文，自典之後倘有上首
不清及親族內外人等爭論，壹切違碍不楚，均係出筆人壹面承當，與受主無涉，此田並非重複包套準
折貸利等情，此係兩愿，並非中人強屈成交，今恐無憑，立此典契壹紙存照。

洪憲元年三月十三日
清理儀徵沙田局驗訖

民國伍年正月　日立典出民圩芦課荒熟田文契人陳學銀　十

憑中人
徐文奎　十
余景和　十
王安懷　十
盛永華　十
盛寶璋　璹
周太来　十

024 民國五年(1916)陳學銀典出田地文契

典契正據/

立典出民圩蘆課荒熟田文契人陳學銀,今將祖遺蘆課田壹處,坐落儀邑南門外北薪洲二段三圩地方,其田/拾五畝整。東至盛姓田埂心爲界,西至王姓田埂心爲界,南至南划心爲界,北至後划心爲界。四址交明,其田水路/照(右)〔古〕通行,出入無阻。随田溝划、塘沓、場基,壹應在内。本田錢粮,在於北薪洲陳有德户内,上下兩忙官戥壹/两陸錢陸分玖厘。自此推歸受主完納,其田白當白贖。今因正用不足,央中説合,情愿立出典契,與/居名下,在上耕種,收割柴薪。當日憑中,照時估值,得受典價英洋伍拾圓整,即席下壹併足兑,/分厘絲毫不欠。其田期限,叁年六熟爲满。年限之後,銀到取贖,並無爛價分文。自典之後,倘有上首/不清及親族内外人等争論,壹切違碍不楚,均係出筆人壹面承當,與受主無(陟)〔涉〕。此田並非重複包套、準/折貨利等情。此係兩愿,並非中人强屈成交。今恐無憑,立此典契豐收存照。/

民國伍年正月〇日

立典出民圩芦課荒熟田文契人:陳學銀(十)/

憑中人:徐文奎(十)/余景和(十)/王安懷(十)/盛永華(十)/盛寶璋(花押)/周太來(十)。/

【硃戳】洪憲元年三月十三日/清理儀徵沙田局驗訖/

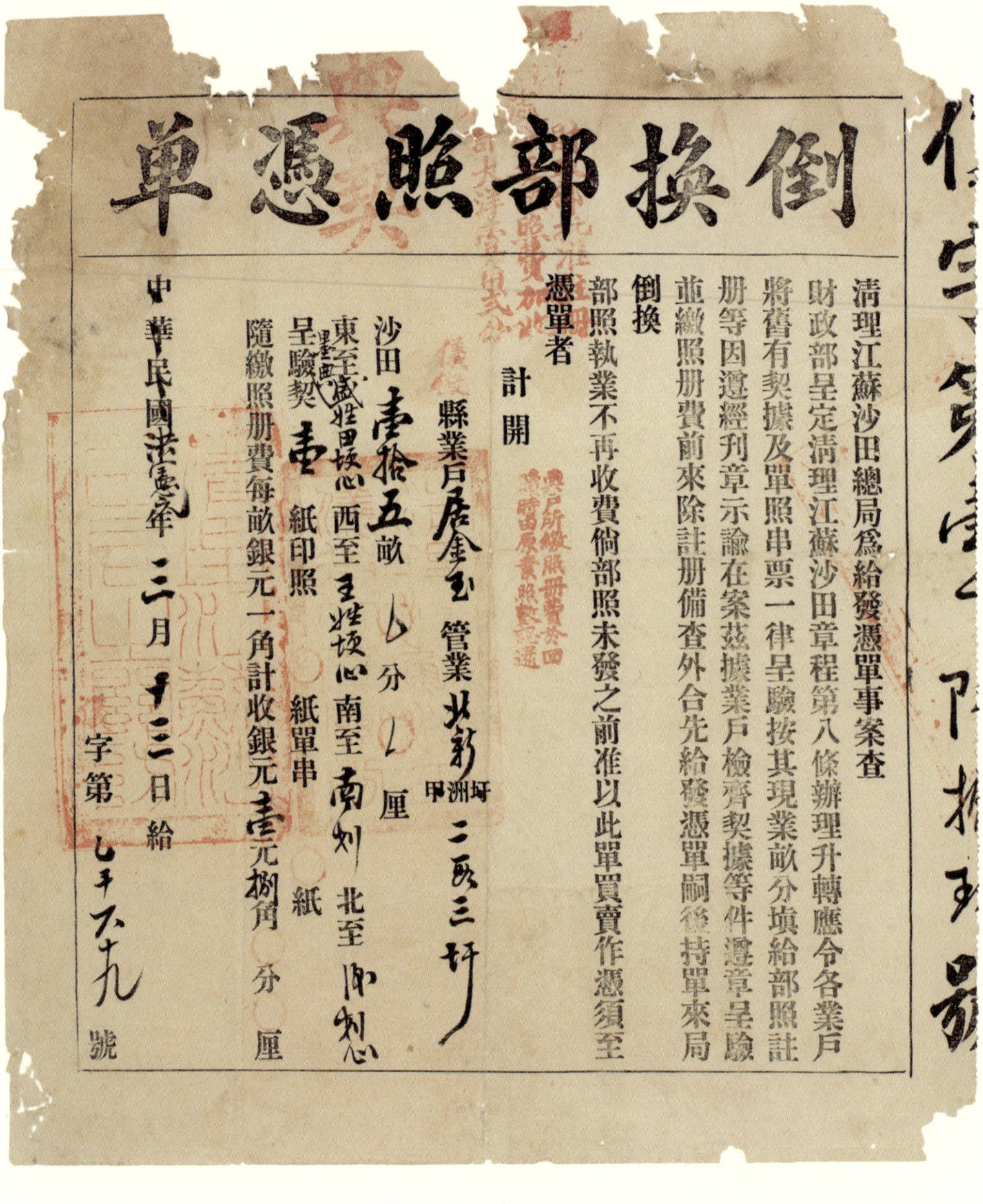

倒換部照憑單

清理江蘇沙田總局爲給發憑單事案查
財政部呈定清理江蘇沙田章程第八條辦理升轉應令各業戶
將舊有契據及單照串票一律呈驗按其現業畝分填給部照註
册等因遵經刊章示諭在案茲據業戶檢齊契據等件遵章呈驗
並繳照册費前來除註册備查外合先給發憑單嗣後持單來局
倒換
部照執業不再收費倘部照未發之前准以此單買賣作憑須至
憑單者

計開

縣業戶居金玉　管業北新圩甲洲二段三圩
沙田壹拾五畝六分八厘
東至盛姓田埂心　西至王姓埂心　南至南河　北至河埂心
呈驗契壹紙　印照　紙　單串　紙
隨繳照册費每畝銀元一角計收銀元壹元捌角　分　厘

中華民國十五年三月十三日給
字第七千六十九號

025 洪憲元年(1916)居金玉倒換部照憑單

倒換部照憑單

儀字第壹千陸拾玖號

清理江蘇沙田總局爲給發憑單事。案查/財政部呈定清理江蘇沙田章程第八條:辦理升轉,應令各業户/將舊有契據及單照、串票,一律呈驗,按其現業畝分,填給部照注/册,等因。遵經刊章示諭在案。兹據業户檢齊契據等件,遵章呈驗,/並繳照册費,前來。除注册備查外,合先給發憑單。嗣後持單來局,/倒换/部照執業,不再收費。倘部照未發之前,准以此單買賣作憑。須至憑單者。/

計開:/

儀徵縣業户居金玉管業北新洲二段三圩/沙田壹拾五畝〇分〇厘,/東至盛姓田埂心,西至王姓埂心,南至南划,北至後划心,/呈驗墨典契壹紙,印照〇紙,單串〇紙,/隨繳照册費每畝銀元一角,計收銀元壹元捌角〇分〇厘。/

洪憲元年三月十三日給/

字第乙千六十九號/

【硃印】清理江蘇沙田儀徵縣之關防　　清理江蘇沙田局之關防

【硃戳】財政部批准注册/處分,每執照費加收/合計大洋壹角弍分/

典契/

典户所繳照册費,於回/贖時,由原業照數認還/

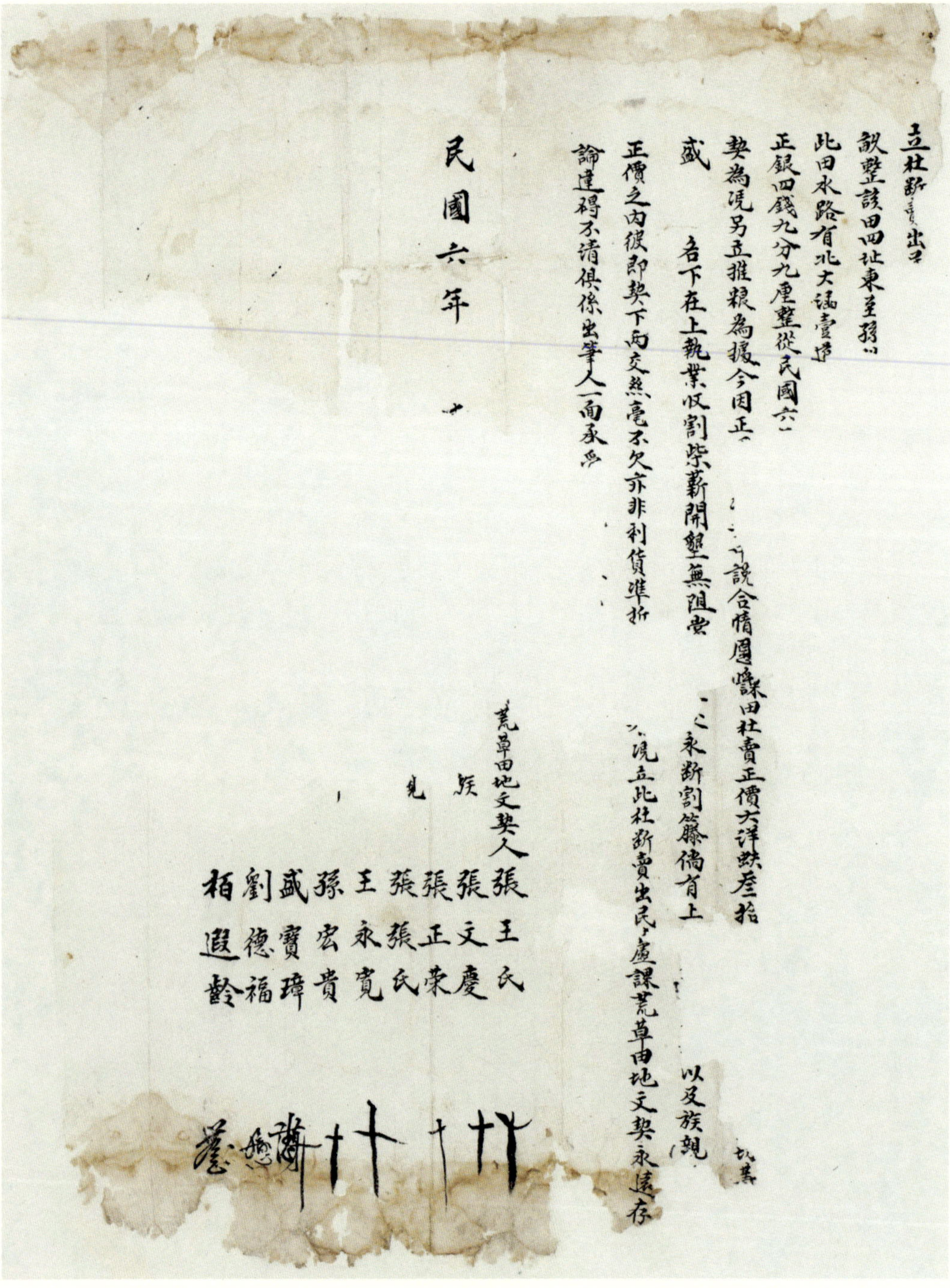

立杜斷賣出字
畝整該田四址東至雞
此田水路有北大堰壹埗
正銀四錢九分九厘整從民國六
契為憑另立推粮為據今因正
說合情愿將田杜賣正價大洋肆拾
盛
各下在上執業收割柴薪開墾無阻當
永斷割籐備有上
以及族親
正價之內彼即契下兩交無毫不欠亦非利貨準折
憑立此杜斷賣出民戶虛課荒草田地文契永遠存
論違碍不清俱係出筆人一面承當

民國六年　七

荒草田地文契人　張王氏
族　張文慶
　　張正榮
見　張張氏
　　王永寬
　　孫宏貴
　　盛寶璋
　　劉德福
　　栢遐齡

026 民國六年(1917)張王氏杜賣荒草田地文契

立杜断賣出……/畝整。該田四址,東至孫姓……/此田水路,有北大涵壹道……/正銀四錢九分九厘整。從民國六[年]……/契爲憑,另立推粮爲據。今因正[用],□□□[中]説合,情愿將□課田杜賣,正價大洋蚨叁拾……/盛○○名下,在上執業,收割柴薪,開墾無阻。當□□□□□,永断割籐。倘有上……以及族親……/正價之内。彼即契下兩交,絲毫不欠,亦非利貨準折□□。□□[有]憑,立此杜断賣出民蘆課荒草田地文契,永遠存[照]。……/論,違碍不清,俱係出筆人一面承受,……/

民國六年七〔月○日〕

立杜斷賣出民蘆課荒草田地文契人:張王氏(十)/

族:張文慶(十)/張正榮(十)/

〔憑〕[親]:張張氏/

[中]:王永寬(十)/孫宏貴(十)/盛寶璋(花押)/劉德福(花押)/栢遐齡(花押)/

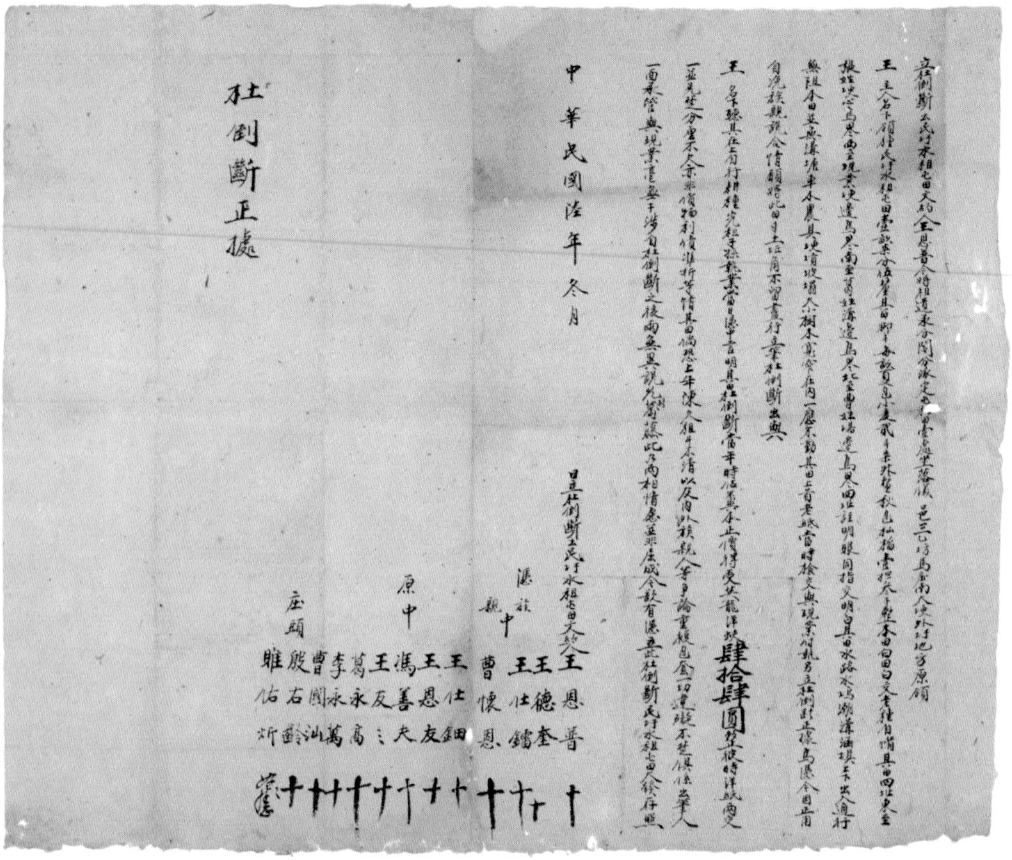

立杜倒斷文民村水租屯田文約人王恩普，今將祖遺承分閤分派定屯田壹處，坐落城邑三口坊馬家南入塊外村地方，原領
王三人名下領种民村水租屯田壹畝柒分伍釐，其田即每畝夏麥小麥貳斗，秋米谷秋包私稻壹担八斗整，本田四至文老自備，其田四址：東至
張姓地，西至馬界，南至現業地邊為界，南至曾姓溝邊為界，北至曹姓塘邊為界，四址註明，眼同指交明白，其田水路水塘灘溝涵坝具出入通行
無阻。今因正需應用，央中本農具塊墳坂塘大小樹木寬窄在內，一應不動，其田上有老契當時檢交與現業，所執另立杜倒斷止據為憑。今因正用
自憑族親說合，情願將此田立出杜倒斷出與
王　名下聽其在上開墾耕種，永為子孫執業。當日憑中言明，其田杜倒斷當年時值實價，本正價得受大洋龍洋 肆拾肆圓 整，立據時洋銀兩交
一並足訖，分釐不欠。今該田並無債物利債準折等情。其田倘恐上年陳欠租子未清，以及內外族親人等多論重複色金，一切違礙，不甘係出業人
一面承管，與現業無干涉。自杜倒斷之後，兩無異說，先賣后悔，此乃兩相情愿，並非屈成。今欲有憑，立此杜倒斷民村水租屯田文約存照。

中華民國陸年冬月　日立杜倒斷文民村水租屯田文約人王恩普　十

憑族親中　王德奎　十　王仕鑣　十　曹懷恩　十

原中　王仕鈿　十　王恩友　十　馮善夫　十　王友三　十　葛永高　十　李永萬　十　曹國汕　十　殷右齡　十

座頭　雎佑炘

杜倒斷正據

027 民國六年（1917）王恩普杜倒斷租田文契

立杜倒斷出民圩水租屯田文約人王恩普，今將祖遺承分鬮分派定屯租田壹處，坐落儀邑三乙坊馬庄南大埂外圩地方，原領/王〇〇主人名下領種民圩水租屯田壹畝柒分伍釐，其田脚斗，每畝夏包小麦貳斗柒升整，秋包籼稻壹担叁斗整。本田白田白交，老種自備。其田四址，東至/張姓埂心爲界，西至現業埂邊爲界，南至葛姓溝邊爲界，北至曹姓場邊爲界。四址注明，眼同指交明白。其田水路水塢、潮溝涵埧，上下出入，通行/無阻。本田並無溝塘、車木農具，埂墳坡塲，大小樹木，寬窄在内，一應不動。其田上首老紙，當時檢交與現業付執，另立杜倒断正據爲憑。今因正用，/自浼族親説合，情願將此田寸土垢角不留，盡行立筆杜倒斷，出與/王〇〇名下，聽其在上自行耕種完租，子孫執業。當日憑中言明，其田杜倒斷，當年時估糞本正價，得受英龍洋蚨肆拾肆圓整。彼時洋紙两交，/一並兑楚，分厘不欠，亦非貨物利債準折等情。其田倘恐上年陳欠租斗不清，以及内外族親人等争論，重複包套，一切違礙不楚，俱係出筆人/一面承管，與現業毫無干涉。自杜倒斷之後，兩無異説，允断葛藤。此乃两相情愿，並非屈成。今欲有憑，立此杜倒斷民圩水租屯田大發存照。/

中華民國陸年冬月〇日

立杜倒斷出民圩水租屯田文約人：王恩普（十）/

憑
- 族中：王德奎（十）/王仕鐳（十）/
- 親中：曹懷恩（十）/王仕鈿（十）/王恩友（十）/
- 原中：馮善夫（十）/王友三（十）/葛永高（十）/李永萬（十）/曹國汕（十）/
- 庄頭：殷右齡（十）/睢佑炘（花押）/

杜倒斷正據/

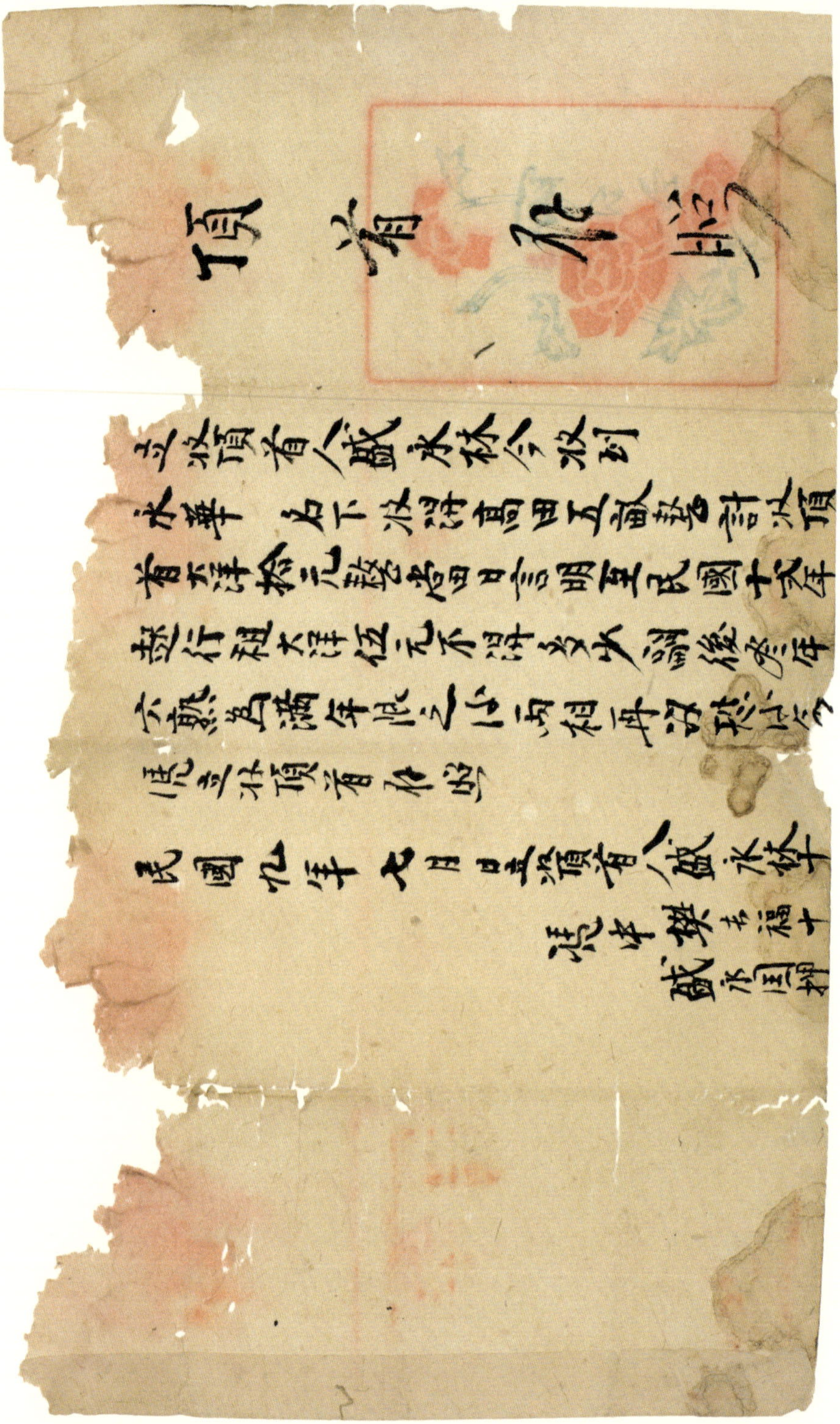

頂首存照

立收頂首人戴永林今收到
永華 名下收得高田五畝整計收頂
首大洋拾元整當日言明至民國十弍年
起行租大洋伍元不得多少嗣後冬年
六熟為滿年限之外兩相再没恐口今
憑立收頂首存照

民國九年七月 日立收頂首人戴永林十
憑中 樊志福十
戴永国押

028 民國九年(1920)盛永林頂首約

頂首存照/

立收頂首人盛永林,今收到/永華名下收得高田五畝整,計收頂/首大洋拾元整。當日言明,至民國十弍年/起,行租大洋伍元,不得多少。嗣後叁年/六熟爲滿。年限之後,兩相再议。恐後無/憑,立收頂首存照。/

民國九年七月〇日/

立收頂首人:盛永林(十)/

憑中:樊長福(十)/盛永国(押)/

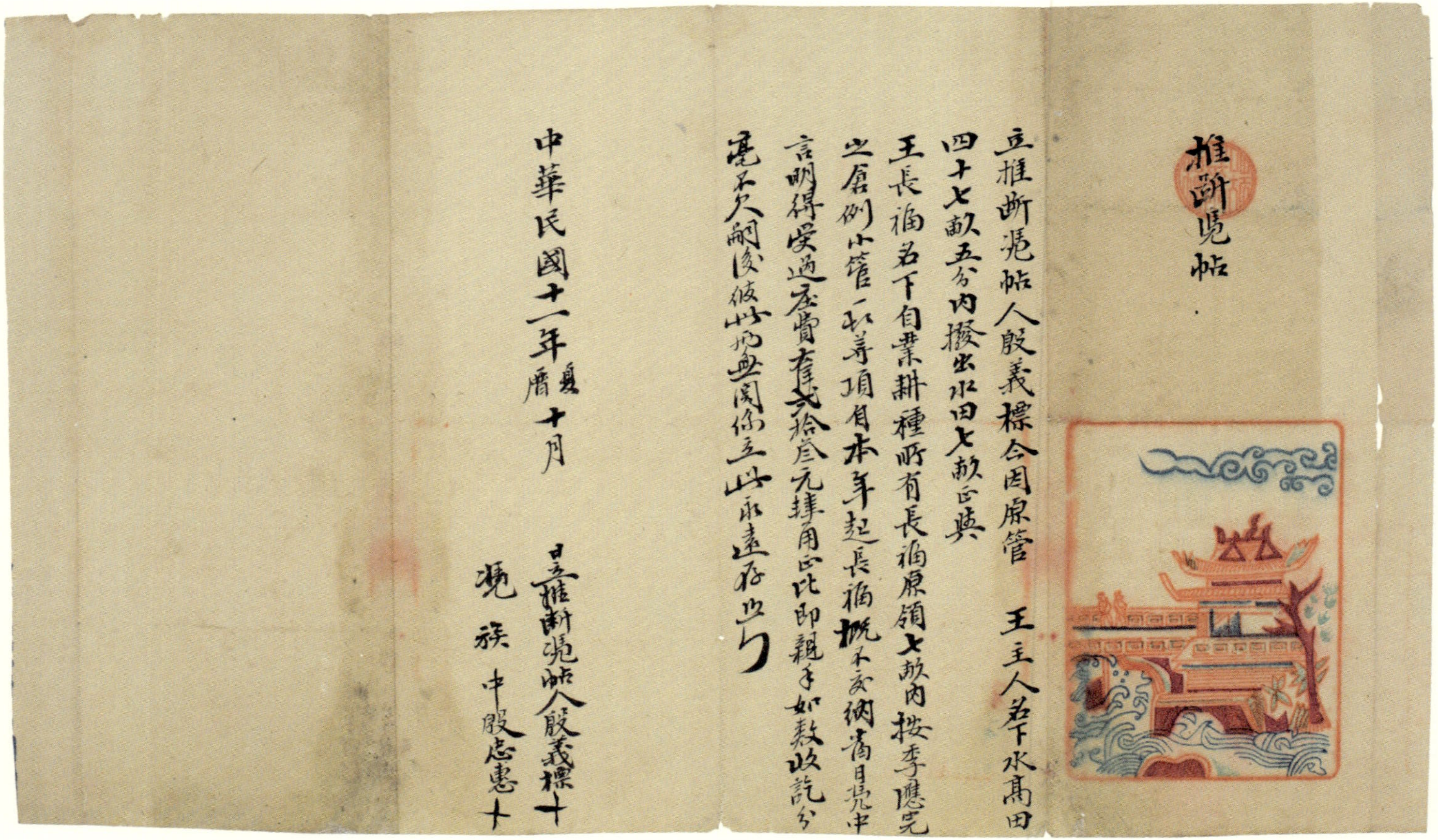

推斷憑帖

立推斷憑帖人殷義標仝周原管　王主人名下水高田
四十七畝五分內撥出水田七畝正與
王長福名下自業耕種，所有長福原領七畝內按季應完
之租例外一切等項，自本年起，長福概不交納。當日憑中
言明得受過庄價洋貳拾叁元，挪用正比，即親手如數收訖，分
毫不欠。嗣後彼此均無關係，立此永遠存照。

中華民國十一年夏曆十月

立推斷憑帖人殷義標十
憑　族　中　殷忠惠十

029 民國十一年(1922)殷義標推斷憑帖

推斷憑帖/

立推斷憑帖人殷義標，今因原管王主人名下水高田/四十七畝五分，内撥出水田七畝正，與/王長福名下，自業耕種。所有長福原領七畝内，按季應完/之倉例、小管一切等項，自本年起，長福概不交納。當日憑中/言明，得受過庄費大洋式拾叁元肆角正。比即親手如數收訖，分/毫不欠。嗣後彼此兩無關係。立此永遠存照。/

中華民國十一年夏曆十月〇日

立推斷憑帖人：殷義標(十)/

憑族中：殷忠惠(十)/

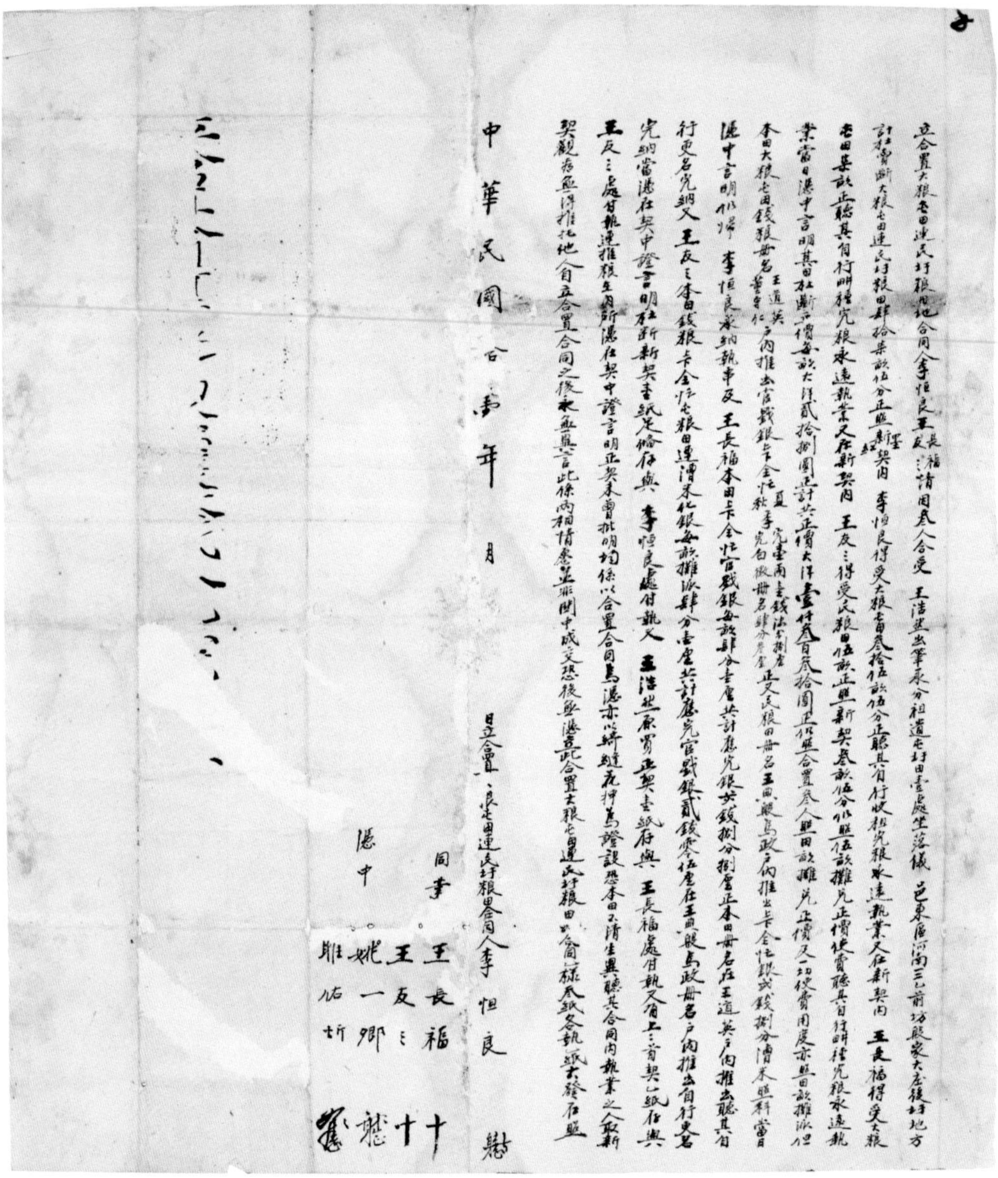

立合買大粮屯田連民圩粮田地合同人李恒良、王友三、長福，請同叁人合受王浩然出筆承分祖遺屯圩田壹處，坐落儀邑東鄉河南三七前坊殷家大莊後圩地方，

計杜賣斷大粮屯田連民圩粮田肆拾柒畝伍分正，照新契內。李恒良得受大粮屯田叁拾伍畝伍分正，聽其自行收租完粮，永遠執業，又在新契內。王長福得受大粮

屯田柒畝正，聽其自行研種完粮，永遠執業，又在新契內。王友三得受民粮田伍畝正，照新契叁畝伍分外照伍畝攤完正價使費，聽其自行研種完粮，永遠執

業。當日憑中言明，其田杜斷正價每畝大洋貳拾捌圓正，計共正價大洋壹仟叁百叁拾圓正，俱照合買叁人照田畝攤完正價及一切使費用度，亦照田畝攤派，但

本田大粮屯田錢粮冊名王道英戶內推出官戰銀上下全忙夏秋李完壹兩壹錢法捌厘，完伯徵冊名肆分叁厘，正又民粮田冊名王曲殷、馬政戶內推出上下全忙銀式錢捌分漕米照科，當日

憑中言明，併歸李恒良承納執事。又王長福本田上下全忙官戰銀每畝肆分壹厘，共計應完銀式錢捌分捌厘，正本田冊名在王道英戶內推出，聽其自

行更名完納。又王友三本田錢粮上下全忙屯粮田連漕米化銀每畝攤派肆分壹厘，共計應完官戰銀貳錢零伍厘，在王曲殷、馬政冊名戶內推出，自行更名

完納。當憑在契中證言明，杜斷新契壹紙足備存與李恒良處付執，又王浩然原買老契壹紙存與王長福處付執，又上首契乙紙存與

王友三處付執。連推粮至內所憑在契中證言明，正契未曾批明，均係以合買合同為憑，亦以騎縫花押為證。設恐本田不清，生異，聽其合同內執業之人取新

契觀看，無得推托。他自立合買合同之後，永無異言，此係兩相情愿，並非閣中成交，恐後無憑，立此合買大粮屯田連民圩粮田地合同，一樣叁紙，各執一紙，大發存照。

中華民國卅壹年　月　日立合買大粮屯田連民圩粮田合同人　李恒良　押

同事　王長福　十

王友三　十

憑中　姚一卿　押

雎佑圻　押

030 民國十一年(1922)李恒良等合置屯田合同

立合置大粮屯田連民圩粮田地合同人李恒良、王長福、王友三,情因叁人合受王浩然出筆承分祖遺屯圩田壹處,坐落儀邑東區河南三乙前坊殷家大庄後圩地方,/計杜賣斷大粮屯田連民圩粮田肆拾柒畝伍分正。照新墨、紅契内,李恒良得受大粮屯田叁拾伍畝伍分正,/聽其自行收租完粮,永遠執業。又在新契内,王長福得受大粮/屯田柒畝正,聽其自行畊種完粮,永遠執業。又在新契内,王友三得受民粮田伍畝正,照新契叁畝伍分,仍照伍畝攤兑正價使費,聽其自行畊種完粮,永遠執/業。當日憑中言明,其田杜斷正價,每畝大洋貳拾捌圓正,計共正價大洋壹仟叁百叁拾圓正,仍照合置叁人照田畝攤兑正價,及一切使費、用度,亦照田畝攤派。但/本田大粮屯田錢粮册名王道英、董守仁户内,推出官戳銀上下全忙,夏季完壹兩壹錢陸分捌厘正,秋季完白徵册名肆分叁厘正;又民粮田册名王典、殷爲政户内推出上下全忙銀式錢捌分,漕米照科。當日/憑中言明,仍歸李恒良承納執串。及王長福本田上下全忙官戳銀每畝肆分壹厘,共計應完銀式錢捌分捌厘正。本田册名在王道英户内推出,聽其自/行更名完納。又王友三本田錢粮上下全忙屯粮田連漕米化银,每亩摊派肆分壹厘,共計應完官戳銀貳錢零伍厘,在王典、殷爲政册名户内推出,自行更名/完納。當憑在契中證言明,杜断新契壹紙足備,存與李恒良處付執。又王浩然原買正契壹紙,存與王長福處付執。又有上上首契乙紙,存與/王友三處付執。連推粮在内,所憑在契中證言明,正契未曾批明,均係以合置合同爲憑,亦以(綺)〔騎〕縫花押爲證。設恐本田不清生異,聽其合同内執業之人取新/契觀看,無得推托他人。自立合置合同之後,永無異言。此係兩相情愿,並非關中成交。恐後無憑,立此合置大粮屯田連民圩粮田此合同乙樣叁紙,各執乙紙,大發存照。

中華民國拾壹年〇月〇日

立合置[大]粮屯田連民圩粮田合同人:李恒良(花押)/

同業:王長福(十)/王友三(十)/

憑中:姚一卿(花押)/睢佑炘(花押)/

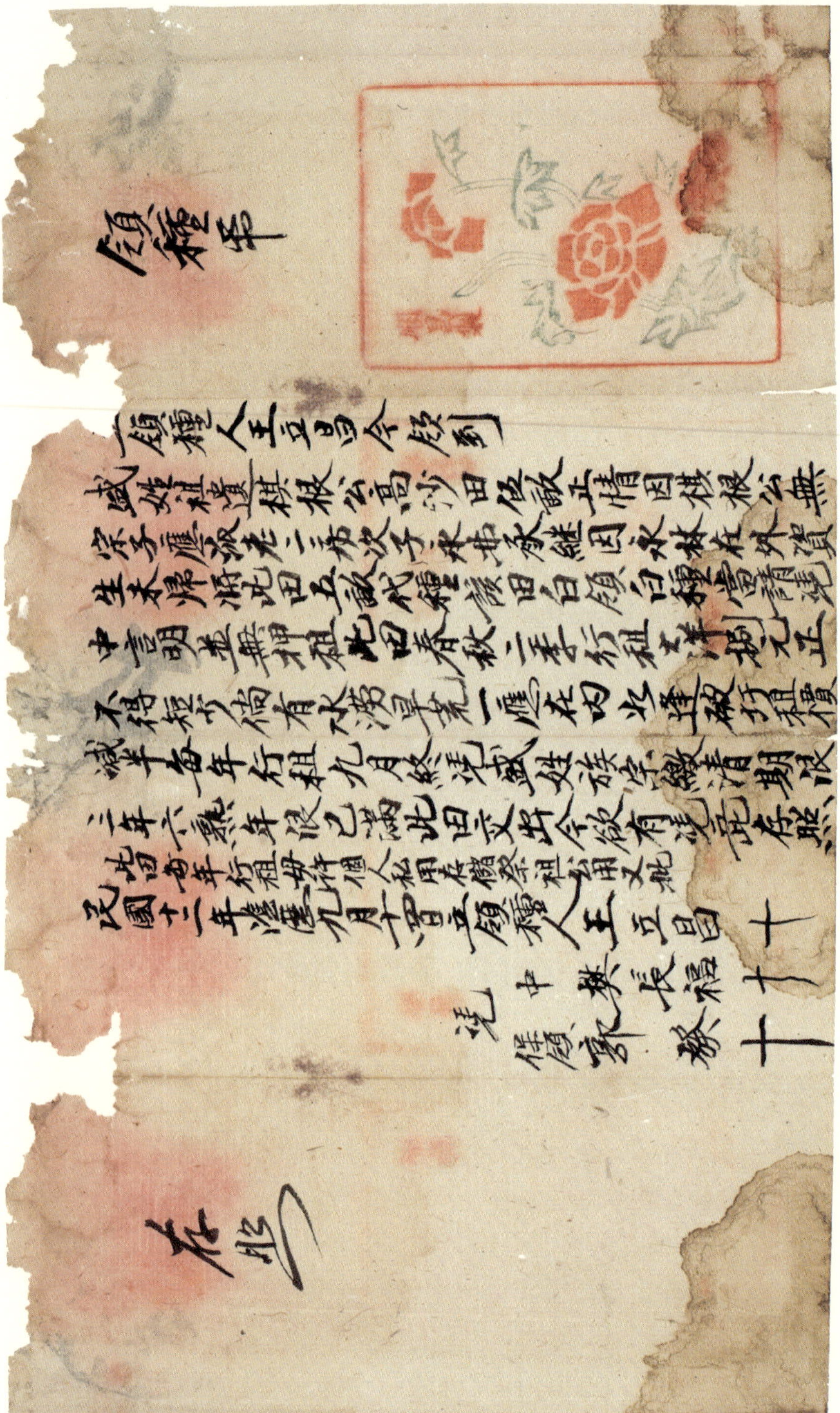

領種字

立領種人王立昌今頃到

盛姓祖遺棋根公高沙田伍畝，正情因棋根公無

宗子應派老二房次子永林承繼，因永林在外貿

生未歸，將此田五畝代種，該田自領自種，當請凭

中言明，並無押租，此田春秋二季行租大洋捌元正，

不得短少，倘有水澇旱荒，一應在內，如逢破分租價

減半，每年行租九月終凭盛姓族宗繳清，期限

三年六熟，年限已滿，此田交出，今欲有凭，立此存照。

此田每年行租毋許個人私用，存儲祭祖公用，又批。

民國十二年陰歷九月十四日立領種人王立昌 十

凭中 樊長福 十

保領 郭發 十

存照

031 民國十二年(1923)王立昌領種約

領種帋

立領種人王立昌，今領到/盛姓祖遺棋根公高沙田伍畝正，情因棋根公無/宗子，應派老二房次子永林承继。因永林在外資/生未歸，將此田五畝代種。該田白領白種，當請憑/中言明，並無押租。此田春秋二季，行租大洋捌元正，/不得短少。倘有水澇旱荒，一應在內。如逢破圩，租價/減半。每年行租，九月終，憑盛姓族宗繳清。期限/三年六熟。年限已滿，此田交出。今欲有憑，立此存照。/

此田每年行租，毋許個人私用，存儲祭祖公用。又批。/

民國十二年陰歷九月十四日

立領種人：王立昌(十)/

憑 中：樊長福(十)/
保領：郭發(十)/

存照/

立絶賣墓[illegible]……佮係焦界寬窄在內此地上有
塋兩塅松已合[illegible]……并出有塋地一穴情愿請中説合立契絶賣與
名下子孫永遠在上繞墳耕種栽擇為業憑中公估當年時值賣價拾肆元整當日銀
契兩交並無分文懸欠其地未賣之先預已儘過親房原業倘有外人爭論俱係出筆人理楚與承業
人無干並非外人引誘勸逼成交此係兩愿各無返悔今欲有憑立此絶賣塋地文契存　　照

足收載契不必另立再照

民國拾弍年十一月弍拾捌日[illegible]……國餘　十

中人　焦子雲　十
　　　徐如璽　十
　　　徐　璉　十
代筆人　游友仁　十

正契

子孫永遠存執

032 民國十二年(1923)□國餘杜賣陰地文契

立絶賣塋……俱係焦界,寬窄在内。此地上有□/塋兩塚,概已合窆,□□□葬。尚有塋地一穴,情愿請中説合,立契絶賣與/〇〇〇名下,子孫永遠在上繞墳耕種、栽插爲業。憑中公估,當年時值,賣價拾肆元整。當日銀/契兩交,並無分文懸欠。其地未賣之先,預已儘過親房原業。倘有外人争論,俱係出筆人理楚,與承業/人無干。並非外人引誘勒逼成交,此係兩愿,各無返悔。今欲有憑,立此絶賣塋地文契存照。/

足收載契,不必另立再照。/

民國拾弍年十一月弍拾捌日

……國餘(十)/

中人:焦子雲(十)/徐如璽(十)/徐璉(十)/

代筆人:游友仁(十)/

正契/

子孫永遠存执/

墳地正契

立賣荒山墳地文契人費元洪今將祖遺坐落儀邑北門外陳公塘坊老費家塋西南首大塌山地方叁穴陸棺山地壹方子山午向魚壬丙三分埋堂弍丈肆尺左右共寬叁丈肆尺田邊為界前神路一道無阻塘邊為界後有來龍壹条本山不準取土憑中賣與

曹 名下穿井做埋盤墳栽樹並有承攬時值估價地價大洋貳拾捌圓整眼同收清毫無懸欠自賣之後聽憑買主扦穴安葬以及前墳無得阻碍所有本山荒若以抵錢糧倘有親族人等爭論違碍不清均歸出筆人一面承當均與買主毫無干涉恐後無憑立此賣荒山地契子孫永遠興隆存照

中華民國拾三年三月　日立賣荒山墳地文契人費元洪 十

憑 族 費元珠 十

費元才 十

親 錢丙之 押

中 張新甫 押

周海泉 押

費厚培 押

033 民國十三年(1924)費元洪賣陰地文契

立賣荒山墳地文契人費元洪，今將祖遺坐落儀邑北門外陳公塘坊老費家塋西南首大塌山地方叁穴陸棺山地壹方，子山午向，/ 兼壬丙三分，堰堂弍丈肆尺，左右共寬叁丈肆尺，田邊爲界，前神路一道無阻，塘邊爲界。後有來龍壹条，本山不準〔准〕取土。憑中賣與 / 曹〇〇名下，穿井做堰，盤墳栽樹，另有承攬。時值估價，地價大洋貳拾捌圓整。眼同收清，毫無懸欠。自賣之後，聽憑買主扦穴安葬，/ 以及前墳，無得阻碍。所有本山荒草，以抵錢粮。倘有親族[外]人等争論，違碍不清，均歸出筆人一面承當，均與買主毫無干 / 涉。恐後無憑，立此賣荒山地契，子孫永遠興隆存照。/

中華民國拾三年三月〇日

立賣荒山墳地文契人：費元洪(十)/

族：費元珠(十)/ 費元才(十)/

憑 親：錢丙之(花押)/

中：張新甫(押)/ 周海泉(押)/ 費厚培(花押)/

墳地正契/

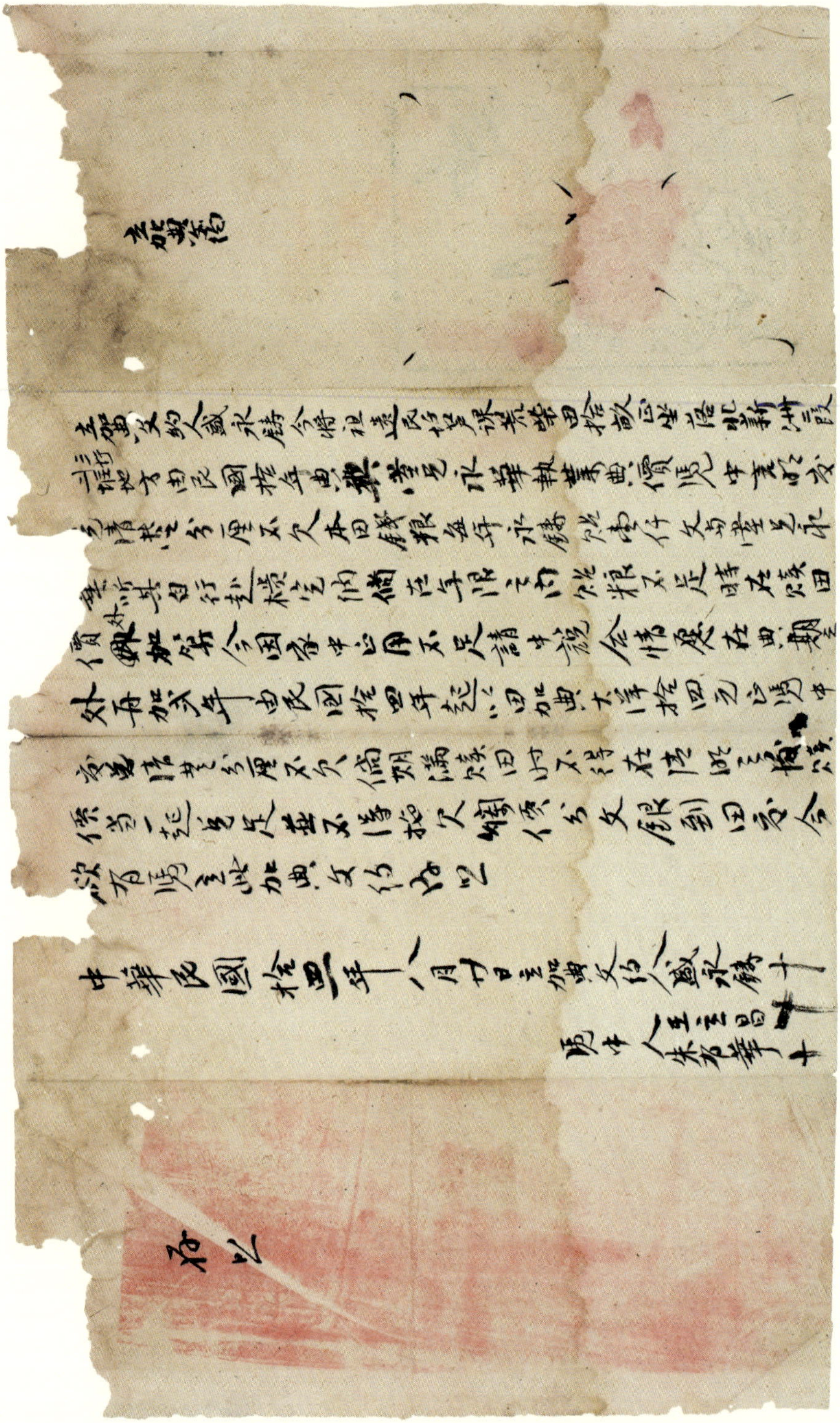

立加典帖

立加典文約人盛永鑄今將祖遺民坍戶課荒柴田拾畝正坐落北新洲三段
三圩地方由民國拾年典與堂兄永華執業典價憑中言明交
足清楚分厘不欠本田錢粮每年永鑄照冊仟文由堂兄永
業所其自行赴櫃完納備在年限之內然粮不足時在贖田
價外加典今因家中正用不足請中說合情愿在典期
外再加弍年由民國拾四年起以田加典大洋拾四元正憑中
當處清楚分厘不欠倘期滿贖田时不得在陡收之贖
價當一延足足並不得拖欠分文銀到田歸今
欲有憑立此加典文約存照

中華民國拾四年八月廿日立加典文約人盛永鑄 十
憑中人 王立昌 十
朱有華 十

存照

034 民國十三年(1924)盛永鑄加典文約

立加典文約/

立加典文約人盛永鑄,今將祖遺民圩芦課荒柴田拾畝正,坐落北薪洲二段/三圩二埡地方,由民國拾年典與堂兄永華執業,典價憑中言明,交/兑清楚,分厘不欠。本田錢粮,每年由永鑄貼壹仟文與堂兄永/華,听其自行赴櫃完納。倘在年限之内,貼粮不足時,在贖田/價外加算。今因家中正用不足,請中説合,情愿在典期之/外,再加弍年,由民國拾四年起,以田加典大洋拾四元正,憑中/交兑清楚,分厘不欠。倘期滿贖田时,不得在清明之後,贖/價当一起兑足,並不得拖欠爛價分文,銀到田交。今/欲有憑,立此加典文約存照。/

中華民國拾三年八月廿日

立加典文約人:盛永鑄(十)/

憑中人:王立昌(十)/朱有華(十)/

存照/

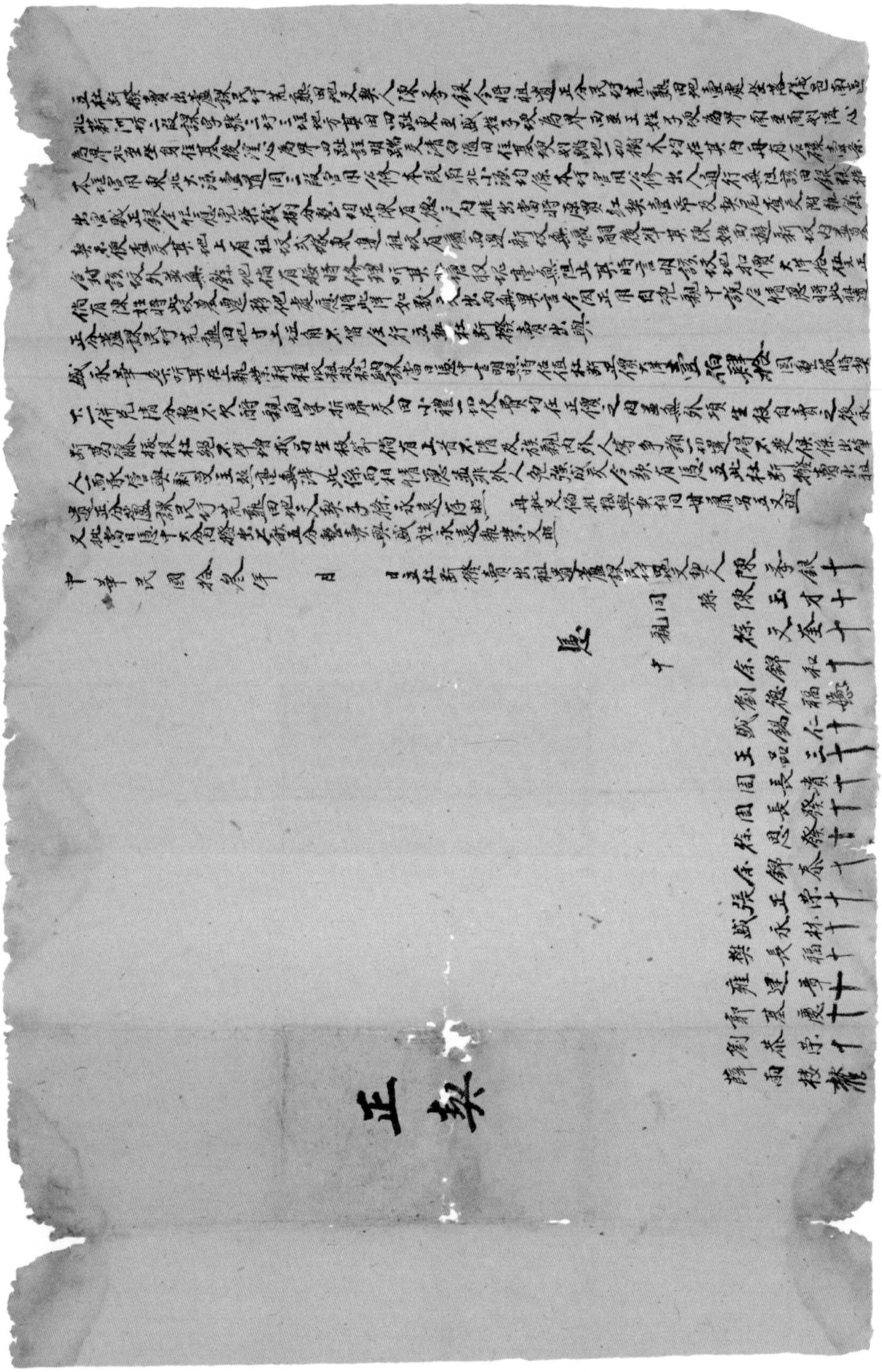
正契

035 民國十三年（1924）陳學銀杜賣田地文契

立杜断撥賣出蘆課民圩荒熟田地文契人陳學銀，今將祖遺正分民圩荒熟田地壹處，坐落儀邑南區/北薪洲坊二段課字號三圩三垺地方。其田四趾：東至盛姓子埂爲界，西至王姓子埂爲界，南至南划溝心/爲界，北至坐身住基後窪心爲界。四趾注明，踹交清白。隨田住基、埂划、踏地，一切樹木，均在其内。再有石磙壹条，/本垺官用。東北大涵壹道，同三段官用公修。本段南北小涵，均係本圩官用公修，出入通行無阻。該田銀粮推/出官戥正銀全忙應完柒錢捌分整，均在陳有德户内推出。當將原買紅契壹帋及契尾，查交附執，餘/契未便查交。其地上有祖坟弍塚，東邊祖坟有壙，西邊新坟無壙。嗣後準〔准〕其陳姓西遊，新坟内並墓/合封。該坟外，並無餘地。倘有按時修理，听其北塘取坭，毫無阻止。其時言明，該坟地扣價大洋拾伍元正。/倘有陳姓將此坟墓遷移他處，應將此洋如数交出，兩無異言。今因正用，自浼親中説合，情愿將此祖遺/正分蘆課民圩荒熟田地，寸土坵角不留，全行立契杜断撥賣出與/盛永華名下，听其在上執業，耕種收租，投税納課。當日憑中言明，照時估值，杜断正價大洋壹伯肆拾圓整。彼時契/下，一併兑清，分釐不欠。酧親、画字折席，交田小禮，一切使費，均在正價之内，並無外項生枝。自賣之後，永/断葛籐，拔根杜絶，不準〔准〕增找，另生枝節。倘有上首不清及族親内外人等争論，一切違碍不楚，俱係出筆/人一面承管，與新受主絲毫無涉。此係兩相情愿，並非外人免强成交。今欲有憑，立此杜断撥賣出祖/遺正分蘆課民圩荒熟田地文契，子孫永遠存照。再批：足備推粮與契相同，毋庸另立。又照。/又批：當日憑中大分内撥出七畝五分整，賣與盛姓，永遠執業。又照。/

中華民國拾叁年〇月〇日

立杜断撥賣出祖遺蘆課民圩田地文契人：陳學銀（十）/同孫陳玉才（十）/

憑 親：徐文奎（十）/

憑 中：余錦和（十）/劉德福（花押）/盛錫仁（十）/王品三（十）/周長貴（十）/周長發（十）/徐恩發（十）/余錦泰（十）/張正荣（十）/盛永林（十）/樊長福（十）/雍建章（十）/郭基慶（十）/劉恭荣（十）/薛雨楼（花押）/

正契/

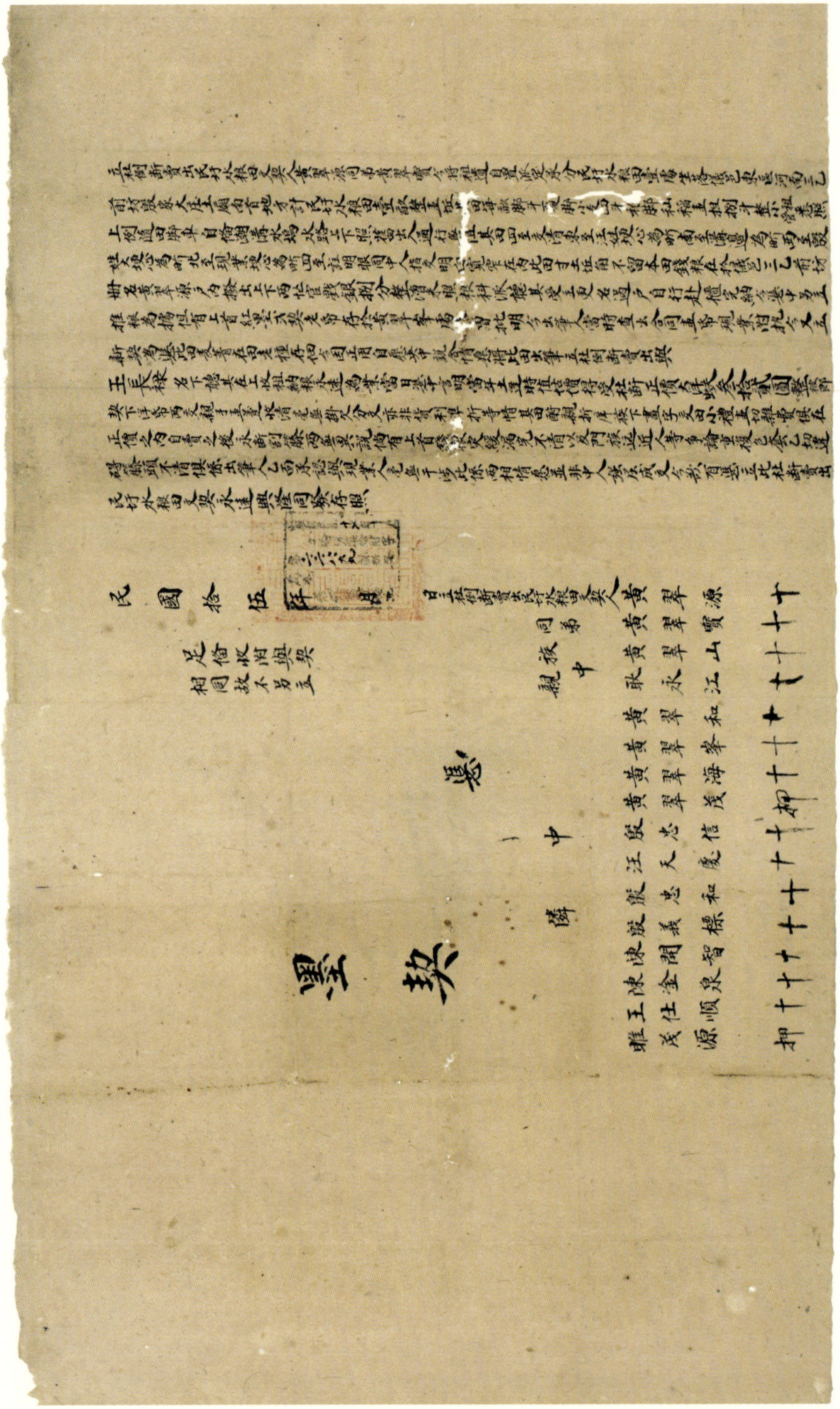

立杜倒斷賣出民圩水粮田文契人黄翠源同弟黄翠實今將祖遺自置派定承分民圩水粮田壹處坐落儀邑東區河南三乙
前圩殷家大庄土廟南首地方計民圩水粮田壹畝整立坵[illegible]田每畝腳子[illegible]腳小麥山子稻腳秈稻壹担捌斗整小租當悉照
上例隨田腳車自備湖溝水塢水路上下照舊出入通行無阻其田四至交清東至汪姓埂心為畔南至溝邊為畔西至殷
姓大埂心為畔北至現業埂心為畔四至註明眼同中人指交明白寬窄在內此田寸土坵角不留本田錢粮在於儀邑三乙前圩
册名黄翠源户內撥出上下兩忙官戥銀捌分整漕米照粮科派聽其受主更名過户自行赴櫃完納今憑中另立
推粮為據但有上首紅墨式契老帋存於黄翠峯處未曾批明今出筆人當時查出合同畫帋現業附執今又立
新契為憑此田麥青在田老種存佃今因正用自願央中說合情愿將此田出筆立杜倒斷賣出與
王長祿名下聽其在上收租納粮永遠為業當日憑中言明當年土豆時值估價得受杜斷正價大洋蚨叁拾貳圓整彼郎
契下洋帋兩交親手[illegible]益收清毫無掛欠分文亦非貨利準折等情其田酎親折房族下畫字交田小禮畫切雜費俱在
正價之內自賣之後永斷割藤兩無異說倘有上首錢粮欠緩漏完不清以及門族遠近人等爭論重複包套乙切違
碍藤頭不清俱係出筆人乙面承認與現業人毫無干涉此係兩相情愿並非中人強壓成交今欲有憑立此杜斷賣出
民圩水粮田文契永遠興隆同發存照

民國拾伍年　月　日立杜倒斷賣出民圩水粮田文契人黄翠源十

足備收附與契
相同故不另立

同弟　黄翠實十

族中　黄翠山十
耿永江十
黄翠和十
黄翠峯十
黄翠海十
黄翠茂十

親中　殷忠信押
汪天慶十

中　殷忠和十
殷義標十
陳閏智十

憑　陳金泉十
王仕順十

鄰　睢茂源押

墨契

036 民國十五年(1926)黄翠源杜倒斷賣水田文契

立杜倒断賣出民圩水粮田文契人黄翠源同弟黄翠寶,今將祖遺自置派定承分民圩水粮田壹處,坐落儀邑東區河南三乙/前坊殷家大庄土廟南首地方,計民圩水粮田壹畝整壹坵,其田每亩脚斗,夏脚小麦四斗,秋脚籼稻壹担捌斗整。小租、小管,悉照/上例,隨田脚車自備,潮溝、水塢,水路上下,照舊出入,通行無阻。其田四至交清:東至汪姓埂心爲畍,南至溝邊爲畍,西至殷/姓大埂心爲畍,北至現業埂心爲畍。四至注明,眼同中人指交明白,寛窄在内。此田寸土坵角不留。本田錢粮在於儀邑三乙前坊/册名黄翠源户内撥出,上下兩忙官戥銀捌分整,漕米照粮科派,聽其受主更名過户,自行赴櫃完納。今憑中另立/推粮爲據。但有上首紅、墨式契老帋,存於黄翠峯處,未曾批明。今出筆人當時查出合同壹帋,現業附执。今又立/新契爲憑。此田麦菁在田,老種存佃。今因正用,自愿央中説合,情愿將此田出筆,立杜倒断,賣出與/王長禄名下,聽其在上收租納粮,永遠爲業。當日憑中言明,當年土逢時值估價,得受杜断正價大洋蚨叁拾貳圓整。彼即/契下洋、帋两交,親手壹蔓收清,毫無掛欠分文,亦非貨利準折等情。其田酧親折席、族下畫字、交田小禮,壹切雜費,俱在/正價之内。自賣之後,永断割籐,兩無異説。倘有上首錢粮灾緩漏完不清,以及門族遠近人等争論,重複包套,乙切違/碍籐頭不清,俱係出筆人乙面承認,與現業人毫無干涉。此係两相情愿,並非中人强屈成交。今欲有憑,立此杜断賣出/民圩水粮田文契,永遠興隆同發存照。/

民國拾伍年〇月〇日

立杜倒断賣出民圩水粮田文契人:黄翠源(十)/同弟黄翠寶(十)/

足備收附,與契/相同,故不另立。/

族中:黄翠山(十)/

親中:耿永江(十)/黄翠和(十)/黄翠峯(十)/黄翠海(十)/黄翠茂(押)/

憑 中:殷忠信(十)/汪天慶(十)/

鄰:殷忠和(十)/殷義標(十)/陳開智(十)/陳淦泉(十)/王仕順(十)/睢茂源(押)/

墨契/

【硃印】儀徵縣財政局關防

【墨戳】此紙於民國十七年十月/〇日驗明,填給財字/第二二八九九號新契/爲憑。/儀徵縣財政局驗訖/

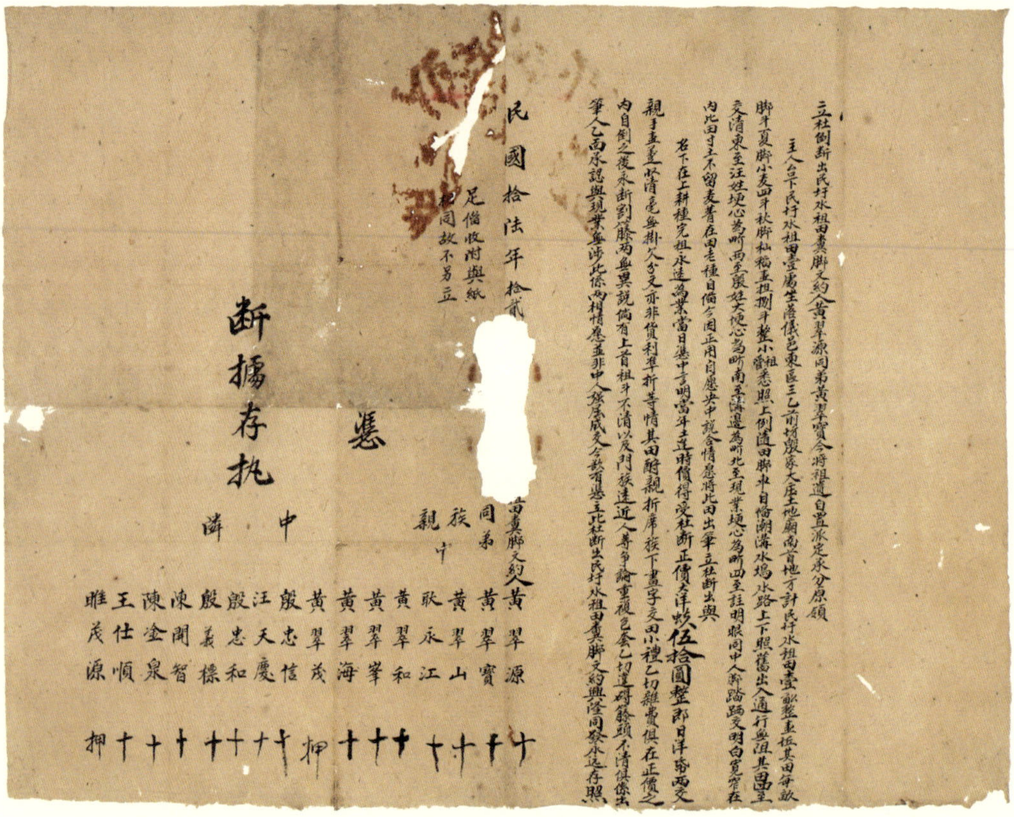

立杜倒斷出民圩水租田糞腳文約人黃翠源同弟黃翠寶，今將祖遺自置派定承分原額
主人台下民圩水租田壹處，坐落儀邑東區三乙前坊殷家大庄土地廟面前地方，計民圩水租田壹畝整，立佃其田每畝
腳并夏腳小麦田并秋腳籼稻，立佃小租□□照上例，道田腳并自備潮滿水塢水路上下照舊出入通行無阻。其田四至
交清：東至汪姓埂心為畔，西至殷姓大埂心為畔，南至滿邊為畔，北至現業埂心為畔，四至註明，眼同中人踏踏交明白。實窖在
內，此田寸土不留，麦青在田，毛種自備。今因正用，自愿央中說合，情愿將此田出筆立杜斷出與
名下在上耕種完租承達為業，當日憑中言明，當年土道時價，得受杜斷正價大洋伍拾圓整，郎日洋番兩交
親手查收清楚，無掛欠分文，亦非貨利準折等情。其田腳親折屏族下，盡字交田小禮，乙切雜費俱在正價之
內。自倒之後，永斷葛藤，兩無異說。倘有上首祖并不清，以及門族遠近人等爭論，重複包套，乙切違礙糾頌，不清俱係出
筆人乙面承認，與現業無涉。此係兩相情愿，並非中人殘屋威交，今欲有憑，立此杜斷出民圩水租田糞腳文約與隆同發永遠存照。

足備收附與紙
祖同故不另立

民國拾陸年拾貳□□□

立杜斷出民圩水租田糞腳文約人 黃翠源 十
同弟 黃翠寶 十
族中 黃翠山 十
親 耿永江 十
黃翠和 十
黃翠峯 十
黃翠海 十
黃翠茂 押
殷忠信 十
中 汪天慶 十
殷忠和 十
殷義標 十
陳聞智 十
陳全泉 十
王仕順 十
𣁽 雎茂源 押

憑

斷據存執

037 民國十六年(1927)黄翠源等倒斷租田糞脚文約

立杜倒断出民圩水租田糞脚文約人黄翠源同弟黄翠寶,今將祖遺自置派定承分原領/○○○主人台下民圩水租田壹處,坐落儀邑東區三乙前坊殷家大庄土地廟南首地方,計民圩水租田壹畝整壹坵。其田每畝/脚斗,夏脚小麦四斗,秋脚籼稻壹担捌斗整。小租、小管,悉照上例。隨田脚車自备,潮溝、水塢,水路上下,照舊出入,通行無阻。其田四至/交清,東至汪姓埂心爲畍,西至殷姓大埂心爲畍,南至溝邊爲畍,北至現業埂心爲畍。四至注明,眼同中人脚踏踋交明白,寬窄在/内。此田寸土不留,麦菁在田,老種自備。今因正用,自愿央中説合,情愿將此田出筆立杜断,出與/○○○名下,在上耕種完租,永遠爲業。當日憑中言明,當年土逢時價,得受杜断正價大洋蚨伍拾圓整。即日洋、帋兩交,/親手壹蔓收清,毫無掛欠分文,亦非貨利凖折等情。其田酧親折席、族下畫字、交田小禮,乙切雜費,俱在正價之/内。自倒之後,永断割籐,兩無異説。倘有上首租斗不清,以及門族遠近人等争論,重複包套,乙切違碍籐頭不清,俱係出/筆人乙面承認,與現業無涉。此係兩相情愿,並非中人强屈成交。今欲有憑,立此杜断出民圩水租田粪脚文約,興隆同發,永遠存照。

民國拾陆年拾貳〔月○日〕

……租田糞脚文約人:黄翠源(十)/同弟黄翠寶(十)/

足備收附,與紙/相同,故不另立。/

族中:黄翠山(十)/

憑 親中:耿永江(十)/黄翠和(十)/黄翠峯(十)/黄翠海(十)/黄翠茂(押)

中:殷忠信(十)/汪天慶(十)/殷忠和(十)/

鄰:殷義標(十)/陳開智(十)/陳淦泉(十)/王仕順(十)/雎茂源(押)/

断據存执/

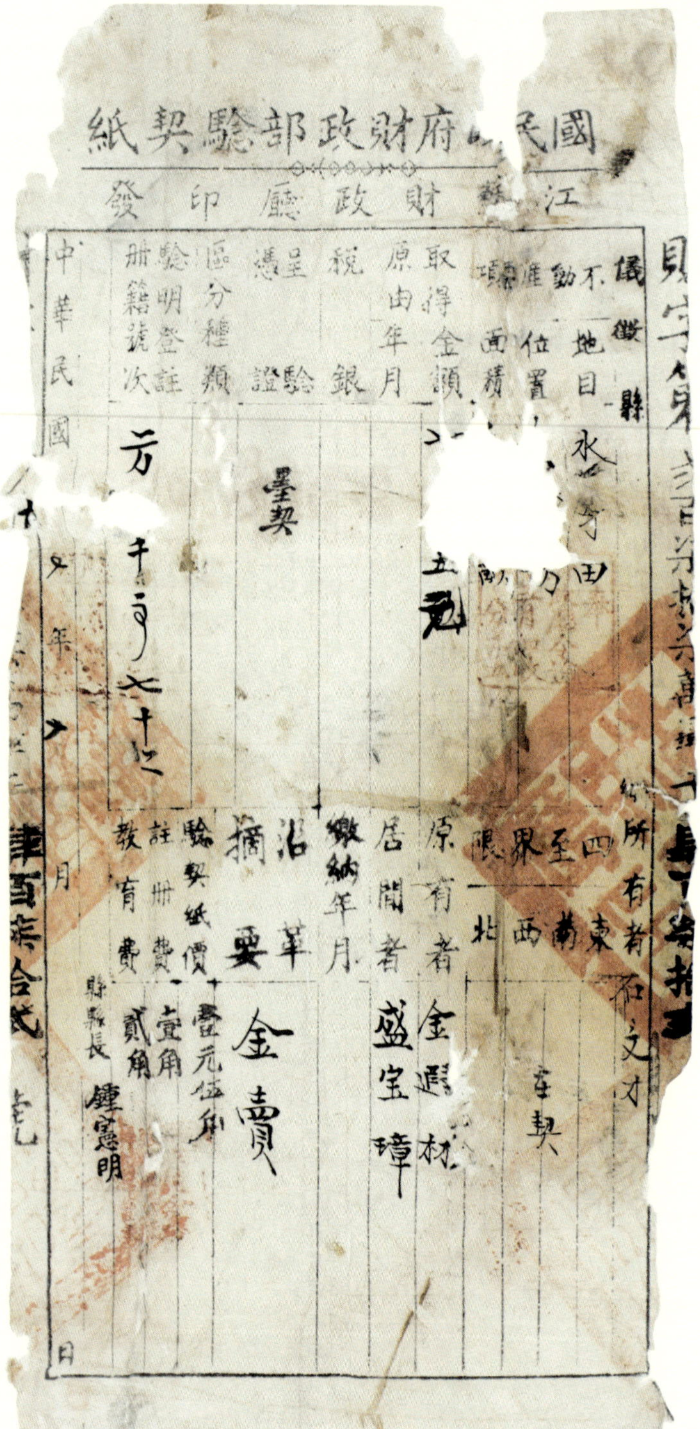
國民政府財政部驗契紙
江蘇財政廳印發
儀徵縣
不動產 地目 水田
位置
面積 畝
取得金額 五元
原由年月
稅銀
呈驗憑證 墨契
區分種類
驗明登註冊籍號次
四至界限 東 南 西 北
所有者 石文才
原有者 金選材
居間者 盛宝璋
繳納年月
沿革摘要 金賣
驗契紙價 壹元伍角
註冊費 壹角
教育費 貳角
縣長 鍾憲明
中華民國 年 月 日

038 民國十七年(1928)石文才驗契紙

國民[政]府財政部驗契紙

江蘇財政廳印發

[財字第弍百柒拾柒萬肆千肆百柒拾弍〔號〕]

儀徵縣○市鄉,所有者:石文才

不動産要項:

地目:水圩田

位置:□□[坊]

面積:□□[畝]

四至界限:

東:在契

南:在契

西:在契

北:在契

取得原由:

金額:□□五元

年月:○

原有者:金遐材

居間者:盛宝璋

税銀:○

繳納年月:○

呈驗憑證:墨契

區分種類:○

沿革摘要:金賣

驗明登注册籍號次:一万□千二百七十二

驗契紙價:壹元伍角

注册費:壹角

教育費:貳角

○○縣縣長:鍾憲明

中華民國十七年七月○日

【硃印】江蘇財政廳印□□　　儀徵縣財政局關防

盛[illegible]年

江蘇省新契紙

國稅廳籌備處印發

儀字第壹萬[illegible]號

儀徵縣

不動產要項　地目	課田
位置	舊港坊
面積	二十五畝
取得原由　金額	二十六千文
年月	同治七年
稅銀	
呈驗憑證	印契
區分種類	甲
驗明登註冊籍號次	一万二千三百十七号
市鄉所有者	盛葆山
四至界限　東	
南	
西	
北	
原有者	
居間者	張殿元
繳納年月	
沿革摘要	王賣與盛
手數料　紙價	免收
註冊費	一角

業於民國十七年八月由儀徵縣換給財字第[illegible]號新契為憑
儀徵縣政府給

縣知事[illegible]章

中華民國　年　月　日

039 民國十七年(1928)盛發山舊港課田新契紙

江蘇省新契紙

國稅廳籌備處印發

儀字第壹萬壹仟叁百拾柒號

儀徵縣〇〇市鄉,所有者:盛發山

不動産要項:

地目:課田

位置:舊港坊

面積:二十五畝

四至界限:

東:在契

南:在契

西:在契

北:在契

取得原由:

金額:二十六千文

年月:同治七年

原有者:王□□

居間者:張殿元

稅銀:〇

繳納年月:〇

呈驗憑證:印契

區分種類:甲

沿革摘要:王賣與盛

驗明登注册籍號次:一万一千三百十七号

手數料:

紙價:免收

注册費:一角

〔儀徵〕縣知事:郝炳章

中華民國〇年〇月〇日

【硃印】江蘇國稅廳籌備處關防　　儀徵縣印　　儀徵縣知事印

【墨戳】此契於民國十七年七月/〇日驗明,填給財字/第41號新契/爲憑。/儀徵縣政府驗訖/

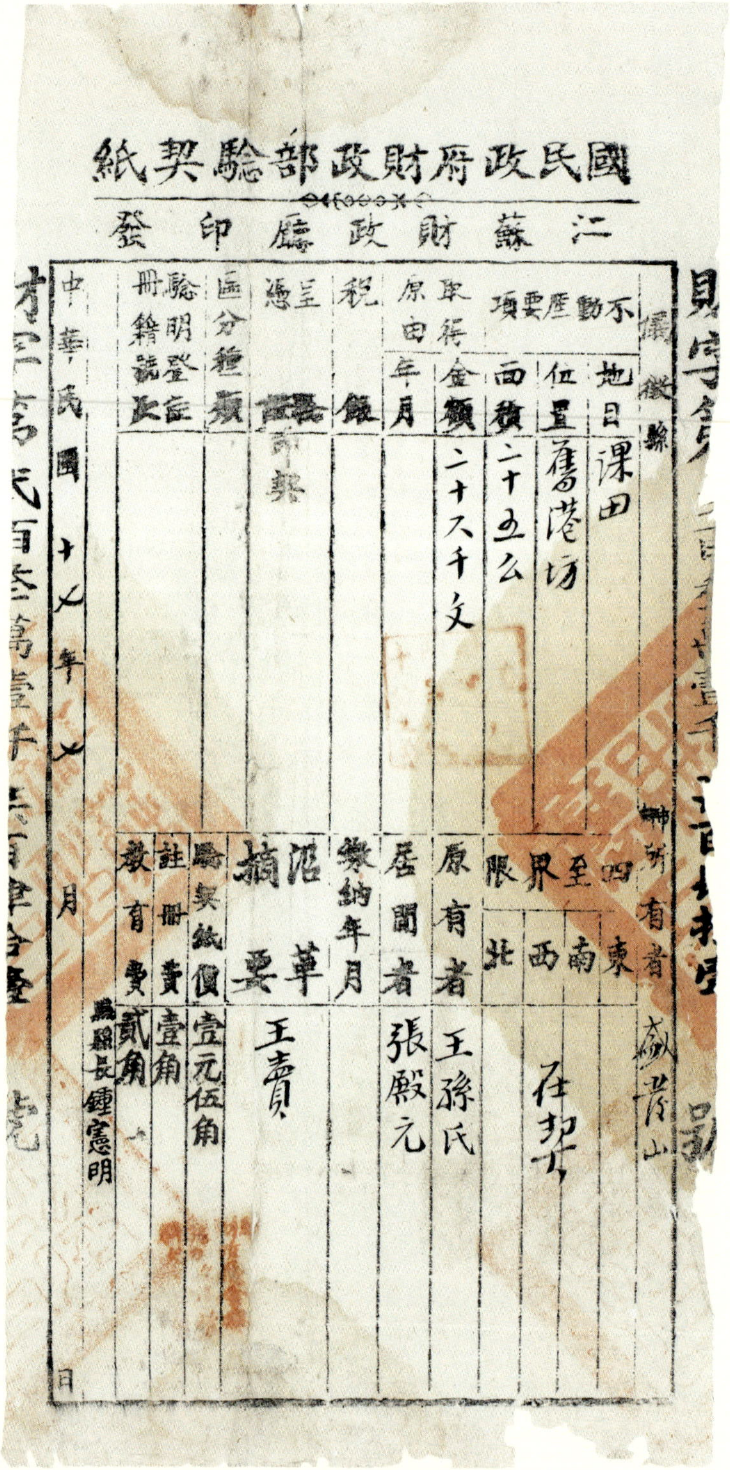

國民政府財政部驗契紙

江蘇財政廳印發

徵縣

不動產要項：地目 課田；位置 舊港坊；面積 二十五公

取得原因：金額 二十八千文；年月

稅額

呈驗憑證 賣契

區分種類

驗明登記冊籍號數

中華民國十八年七月 日

所有者 戴芳山

四至界限：東 南 西 北 在契

原有者 王孫氏

居間者 張殿元

繳納年月

沿革摘要 王賣

驗契紙價 壹元伍角

註冊費 壹角

教育費 貳角

縣長鍾憲明

040 民國十七年(1928)盛發山驗契紙

國民政府財政部驗契紙
江蘇財政廳印發
財字第貳百叁萬壹仟柒百肆拾壹號
儀徵縣〇〇市鄉,所有者:盛發山
不動産要項:
　地目:課田
　位置:舊港坊
　面積:二十五畝
四至界限:
　東:在契
　南:在契
　西:在契
　北:在契
取得原由:
　金額:二十六千文
　年月:〇
原有者:王孫氏
居間者:張殿元
税銀:〇
繳納年月:〇
呈驗憑證:印契
沿革摘要:王賣
區分種類:〇
驗明登注册籍號次:〇
驗契紙價:壹元伍角
注册費:壹角
教育費:貳角
〇〇縣縣長:鍾憲明
中華民國十七年七月〇日
【硃印】江蘇財政廳印

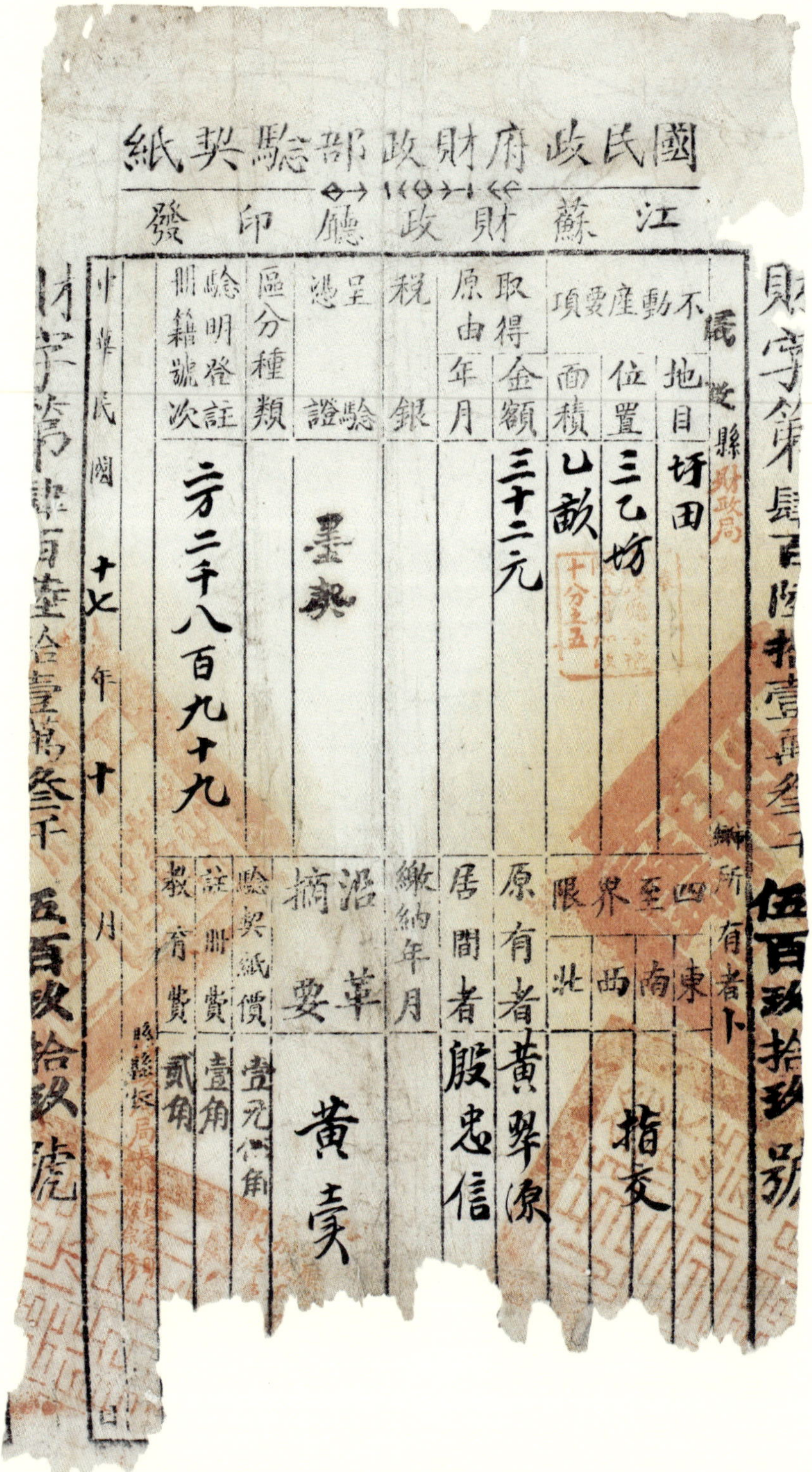

國民政府財政部驗契紙

江蘇財政廳印發

財字第肆百陸拾壹萬叁千伍百玖拾玖號

鹽城縣財政局

不動産要項			取得金額	原由年月	税銀	呈驗證	區分種類	驗明登註冊籍號次
地目	位置	面積						
圩田	三乙坊	山畝	三十二元			墨契		方二千八百九十九

十分之五

所有者	四至界限				原有者	居間者	繳納年月	沿革摘要	驗契紙價	註冊費	教育費
	東	南	西	北							
卜		指交			黃翠源	殷忠信		黃燾	壹元六角	壹角	貳角

中華民國十七年十月 日

鹽城縣長

財字第肆百壹拾壹萬叁千五百玖拾玖號

041 民國十七年(1928)卜某驗契紙

國民政府財政部驗契紙

江蘇財政廳印發

財字第肆百陸拾壹萬叁千伍百玖拾玖號

儀徵縣財政局○○市鄉,所有者:卜

不動産要項:

地目:圩田

位置:三乙坊

面積:乙畝

四至界限:

東:指交

南:指交

西:指交

北:指交

取得原由:

金額:三十二元

年月:○

原有者:黄翠源

居間者:殷忠信

税銀:○

繳納年月:○

呈驗憑證:墨契

沿革摘要:黄賣

區分種類:○

驗明登注册籍號次:二万二千八百九十九

驗契紙價:壹元伍角

注册費:壹角

教育費:貳角

中華民國十七年十月○日

【硃印】江蘇財政廳印　　儀徵縣財政局關防

【硃戳】財政局局長:正鍾憲明/副徐宗彦/

推併杜斷正契

立推併杜斷賣出芦課荒柴田地文契盛永鑄，今將祖遺荒田地壹處，坐落儀邑北新鄉一段三圩中圩，計田拾畝正。該田四址均以老契為憑，水溝水涵通行無阻。本田錢粮按照盛楳連冊名科算，以辛未年上忙起自行赴櫃完納。今因正用，自浼族親中等說合，情愿將此荒田地寸土片角不留，全行立契推併杜斷賣出與盛永華名下，聽憑在上收割柴薪，收租執業。當日憑中言明，按時估值，得受推併杜斷正價大洋洋叁佰貳拾元正，比即席下一併兌交，分厘不欠。自推併之後，兩無反悔異言。倘有內外人等爭論，皆係出筆人一面承當。恐後無憑，立此推併杜斷賣出芦課荒柴田地文契，子孫永遠興隆存照。

中華民國拾九年冬月念弍日 立推併杜斷賣出芦課荒柴田地文契人 盛永鑄 十

盛錫仁 十

雍銘佩 十

張文慶 十

王立昌 十

陳律山 （押）

永遠興隆存照

042 民國十九年（1930）盛永鑄推併杜斷正契

推併杜断正契/

立推併杜断賣出芦課荒柴田地文契盛永鑄，今將祖遺荒田地壹處，坐落儀邑北薪鄉二段三圩中埡，計田拾畝正。/該田四址，均以老契爲憑。水溝、水涵，通行無阻。本田錢粮，按照盛棋連册名科筭，以辛未年上忙起，自行/赴櫃完納。今因正用，自浼族、親、中等説合，情愿將此荒田地，寸土垢角不留，尽行立契推併，杜断賣出與/盛永華名下，听憑在上收割柴薪，收租執業。當日憑中言明，按時估值，得受推併杜断正價大洋蚨叁伯貳拾元正。比即席/下，一併兑交，分厘不欠。自推併之後，两無瓜葛異言。倘有内外人等争論，皆係出筆人一面承當。恐後無憑，立此/推併杜断賣出芦課荒柴田地文契，子孫永遠興隆存照。/

中華民國拾九年冬月念式日

立推併杜断賣出芦課荒柴田地文契人：盛永鑄（十）/

盛錫仁（十）/雍銘佩（十）/張文慶（十）/王立昌（十）/陳緯山（花押）

永遠興隆存照/

第三區第[illegible]號

江蘇省儀徵縣田地註冊證

為給證事，茲據本縣第三區以莊人民石文才聲稱有圩田一所坐落以莊奚載計田拾弍畝〡分〥釐實計田拾弍畝〥分〥釐四至

立契

地價每畝弍拾元〡角請予發給註冊證等情，查核無誤，合亟頒給此證以憑執業

右發給石文才收執

中華民國十九年十一月　日

第壹集玖拾號

儀徵縣田地註冊第三分處

043 民國十九年(1930)石文才田地注册證

第三區第壹柒玖壹號/

江蘇省儀徵縣田地注册證/

爲給證事。兹據本縣第三區北薪人民石文才聲稱,有圩田一所,坐/落北薪,契載計田拾弍畝〇分〇厘,實計田拾弍畝〇分〇厘,四至/在契,地價每畝弍拾元〇角。請予發給注册證等情。查/核無誤,合亟頒給此證,以憑執業。/

右發給石文才收執。/

中華民國十九年十二月〇日/

第壹柒玖壹號/

【硃戳】儀徵縣田地注册第三分處/

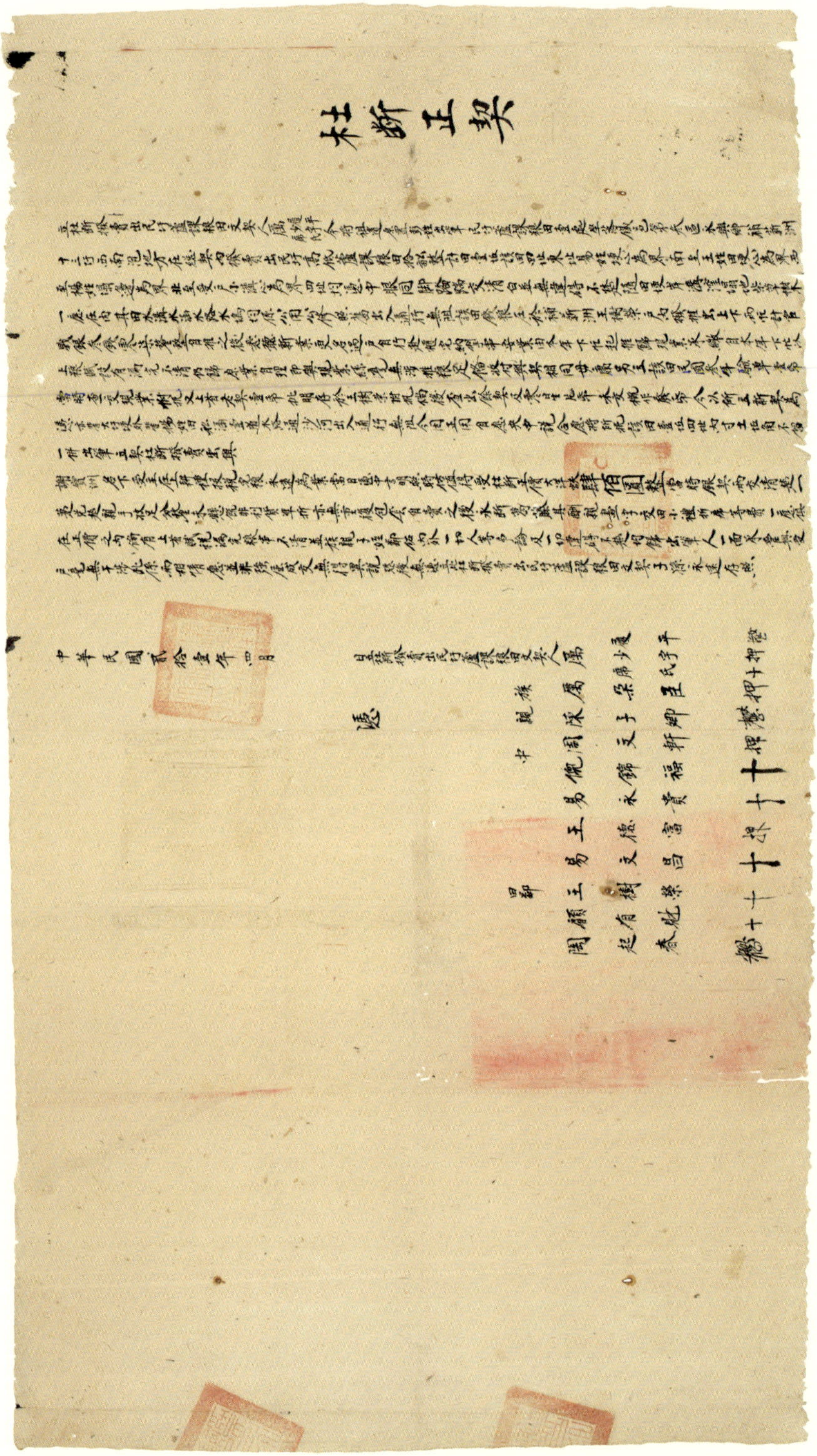

杜斷王契

044 民國二十一年(1932)厲少宇等杜賣田地文契

杜断正契/

立杜断撥賣出民圩蘆課粮田文契人厲少宇、厲履平、厲席氏，今將祖遺原置彭姓出筆民圩蘆課粮田壹處，坐落儀邑第叁區永興鄉補薪洲/十三圩西南泡地方，在総契内撥賣出民圩高低蘆課粮田拾畝整，計田壹坵。該田四址：東(址)〔至〕易姓埂心爲界，南至王姓田埂心爲界，西/至楊姓塌邊爲界，北至受户小溝心爲界。四址均憑中眼同脚踏，踹交清白，並無違碍不楚。隨田埂岸、溝窪塌地、柴草樹木，/一應在内。其田水溝、水涵、水路、水塢，均係公用公修，照舊出入，通行無阻。該田錢粮，在於補薪洲王樹榮户内，撥推出上下兩忙計官/戥銀叁錢零柒釐整。自推之後，悉聽新業更名過户，自行赴櫃完納；掣串安業，由本年下忙起，推歸現業承繳。自本年下忙以/上，粮賦設有漏完不清，仍歸原業自理，即與現業絲毫無涉。推粮足備收付，與契相同，毋庸另立。該田民國叁年驗單壹帋，/當時查交現業附執。又上首老契壹帋，批明存於王樹荣附执。倘後查出餘契及零星片帋未交，概作廢帋。今以所立新契爲/憑。亦靠大圩埂外，靠楊姓田私涵壹道，水路通沙河，出入通行無阻。今因正用，自愿央中説合，愿將所执該田壹坵，四址内寸土坵角不留，/一併出筆立契，杜断撥賣出與/謝寶洲名下，受主在上耕種、投税完粮，永遠爲業。當日憑中言明，照時估值，得受杜断正價大洋蚨肆佰圓整。當時銀契兩交清楚，一/蕫兑楚，親手收足，分釐未懸。既非利貨準折，亦無重複包套。自賣之後，永断葛藤。其酬親、畫字、交田小禮、折席等費，一應俱/在正價之内。倘有上首賦税漏完、粮串不清，並族親子姪、鄰佑内外，一切人等争論，及一切違碍不楚，均歸出筆人一面承管，與受/户毫無干涉。此係兩相情愿，並非强屈成交，無得異説。恐後無憑，立此杜断撥賣出民圩蘆課粮田文契，子孫永遠存照。/

中華民國貳拾壹年四月〇日

立杜断撥賣出民圩蘆課粮田文契人：厲少宇(押)/厲履平(花押)/厲席氏(十)/

憑
族：厲朵臣(押)/
親：陳子卿(花押)/
中：周文軒(押)/倪錦福(十)/易永貴(十)/王德富(押)/易文昌(十)/
田鄰：王樹榮(十)/顧有財(十)/陶起春(花押)/

【硃印】儀徵縣政府印

陰地文約

立杜賣陰地文約人魏闕桃同子有和等，今將祖家塋係本邑北區古井鄉西南楊家大山自執山地，

憑同地理指向東南辛（辛山乙向兼酉卯三分）乘丙號中說合，自願出賣與

御名下。時估價值言明三六六板當下得受大洋陸拾圓整，所魏西守柏席均在正價之內。三

面指交，該地准內四面對量通直，打戒六丈九尺五寸。開井豎坟做框，今打四五六戒尺。該地錢糧雜稅

均歸賣主完納，於受主毫無干涉。以後該坟栽樹看樹修修均歸賣主。倒墉三年後大修歸受主。坟

前种道新老坟地賣主不得自行栽樹阻塞，倘年受主遷坟在本山取土無阻。設該地有族房人等不清，族

親爭論，均歸出筆人一面承當，於受主毫無干涉。此係兩相情願，非中人成說。口無憑，立此杜賣陰地

文約存照。

又批陰源併墓穴井言明大洋四元，無得爭論等情。

中華民國二十一年六月　日立杜賣陰地文約人魏闕桃　十

同　子有和等　押

族　魏闕具　十

親　馮文杲　十

中　朱兆奎　押

段筱宗　押

憑　周秀郡　押

代筆　押

045 民國二十一年(1932)杜賣陰地文約

陰地文約/

立杜賣陰地文約人魏開桃同子有和等,今將馮家茔係本邑北區古井鄉西首楊家大山自執山地/憑同地理指向東南壬兼丙,辛山乙向,兼酉卯准。憑中説合,自願杜賣與/郁〇〇名下。時估價值,言明三穴六棺。當下得受大洋陸拾圓整,酧親、画字折席,均在正價之内,三/面指交。該地垕内,四面對量通直,归裁尺壹丈九尺五寸,開井盤坟做垕,垕归四五六裁尺。該地錢粮雜税,/均归賣主完納,於受主毫無干涉。所該坟栽樹、看樹、碎修,均归賣主;倒塌、三年後大修,归受主。坟/前神道,新老坟地,賣主不得自行栽樹阻塞。例年受主盤坟,在本山取土無阻。設該地有瓜葛不清,族/親争論,均归出筆人一面承管,於受主毫無干涉。此係兩相情願,非中屈成。恐口無憑,立此杜賣陰地/文約存照。　　又批:隨後併墓開井,言明大洋四元,無得争論等情。

中華民國二十一年六月〇日

立杜賣陰地文約人:魏開桃(十)/同子有和等(押)/

族:魏開鼎(十)/

憑　親:楊文景(十)/

中:朱兆鑾(押)/殷筱宗(押)/

代筆:周壽彭(押)

抵押文據存照

立以田抵押文據人石文才，今因正用不足，請中說合，願將（祖遺）坐落本邑第三區北薪鄉二段二圩頭匯地方芦課水田計拾弍畝，内撥出南半結陸畝整。該田四至：[illegible]至陳姓埂心為界，西至周姓埂心為界，北至該田中半結為界，南至劉心為界，四至注明，硒交清楚。本[illegible]涵水路照舊出入通行無阻，每屆錢粮按畝科派完納，白抵白種，並無青苗在田。當日憑中言明[illegible]限三年六贖為滿，期滿後銀到取贖，亦不得濫價攔青取贖。自民國二十三年起上忙起錢粮歸受抵押人完納，倘有上年錢粮漏完，與受抵押人無涉。今憑中自願立約向朱在成名下抵押得大洋捌拾元整，當日憑中一并兑清，絲毫不欠，所收花息以抵銀利，此係兩相情願，非中逼成。自抵押之後，听其受抵押人在工耕[illegible]，倘有親族人等爭論，均歸立約人一面承管。恐後無憑，立此抵押文據存照。

再批：所有早年有伍拾元借條壹紙，取贖時一[illegible]出，又照。

中華民國二十二年十二月　日立以田抵押文據人石文才 十

憑族　中　石廣明 十
憑親　陳萬山 十

憑中　周家華 十
景恒春 十
陳月林 十
朱有華 十
盛祝三 押

代筆人蕭啟誠

046 民國二十二年(1933)石文才抵押水田約

抵押文據存照/

立以田抵押文據人石文才,今因正用不足,請中説合,情願將祖遺坐落本邑第三區北薪鄉二段二圩頭垾地方芦課/水田計拾弍畝内,撥出南半結陸畝整。該田四至:東至陳姓埂心爲界,西至周姓埂心爲界,北至該田中半結/爲界,南至划心爲界。四至注明,踃交清楚。本□水涵、水路,照舊出入,通行無阻。每届錢粮,按畝科派完/納,自抵自種,並無青苗在田。當日憑中言明:期限三年,六(贖)〔熟〕爲滿。期滿後,銀到取贖,亦不得濫價攔青/取贖。自民國二十三年起上忙起,錢粮歸受抵押人完納。倘有上年錢粮漏完,與受抵押人無涉。今憑中自/願立約,向/朱在成名下抵押得大洋捌拾元整。當日憑中,一并兑清,絲毫不欠。所收花息,以抵銀利。此係兩相情願,/非中屈成。自抵押之後,听其受抵押人在上耕種。倘有親族人等争論,均歸立约人一面承管。恐後無憑,/立此抵押文據存照。/

再批:所有早年有伍拾元借條壹纸,取贖時一並〔贖〕出。又照。/

中華民國二十二年十二月〇日

立以田抵押文據人:石文才(十)/

憑 族中:石廣明(十)/

憑 親中:陳萬山(十)/

憑中:周家華(十)/景恒春(十)/陳月林(十)/朱有華(十)/盛祝三(押)/

代筆人:蕭啓誠(花押)/

立賣出荒山坟地文契人魏有慶，今有祖遺□坐落儀徵北門外第一區永慶鄉馮家塋北首魏家地方

扦去穴事棺前有神路後有來龍穿心中壹歸去丈叉數壙腳往外壙工歸二三四尺高為度向係

癸山丁向西南向大利今囬正用央中說合情愿親手出筆立契賣出與

都　　名下在上扦穴安葬為坟塋，當日憑中言明時值地與工併價大洋拾伍圓整，收清不欠。

其地穿井盤坟做壙撥草塋圳社之內，自賣之後永無異言，倘有族親人等爭論及界址限向違碍不清，均

係出筆人承認，與受主無相干涉。此係自愿，並非逼成，今欲有憑，立此賣出荒山坟地文契，永遠存照。

再批：其壙併壩倒保三年賠補無辭，三年之外歸受主修理，坟土均聽其取土，無得推辭。又照。

民國貳拾肆年　即　古曆冬月十二日　立賣出荒山坟地文契人　魏有慶　十

憑　族　魏有和　十

中　殷從宗　押

坟山正契

047 民國二十四年(1935)魏有慶杜賣陰地文契

立賣出荒山坟地文契人魏有慶,今有祖遺〔壹〕處,坐落儀徵北門外第一區永慶鄉馮家塋北首魏家地方/扦壹穴壹棺,前有神路,後有來龍,穿心净堂,歸壹丈交數,壙脚在外。壙工歸二、三、四尺高爲度,向係/癸山丁向,西南向大利。今因正用,央中説合,情愿親手出筆立契,賣出與/郁〇〇名下,在上扦穴安塟,爲坟塋。當日憑中言明,時值地與工併價大洋拾伍圓整,收清不欠。/其地穿井、盤坟、做壙、撥草垈,均在之内。自賣之後,永無異言。倘有族親人等争論及界址阻向、違碍不清,均/係出筆人承認,與受主無相干涉。此係自愿,並非屈成。今欲有憑,立此賣出荒山坟地文契,永遠平安存照。/

再批:坟壙坍塌,例保三年,培補無辞。三年之外,歸受主修理,在本坊聽其取土,無得推辞。又照。/

民國貳拾肆年即古曆二月十二日

立賣出荒山坟地文契人:魏有慶(十)/

憑 族:魏有和(十)/

憑 中:□□□/殷筱宗(押)/

坟山正契/

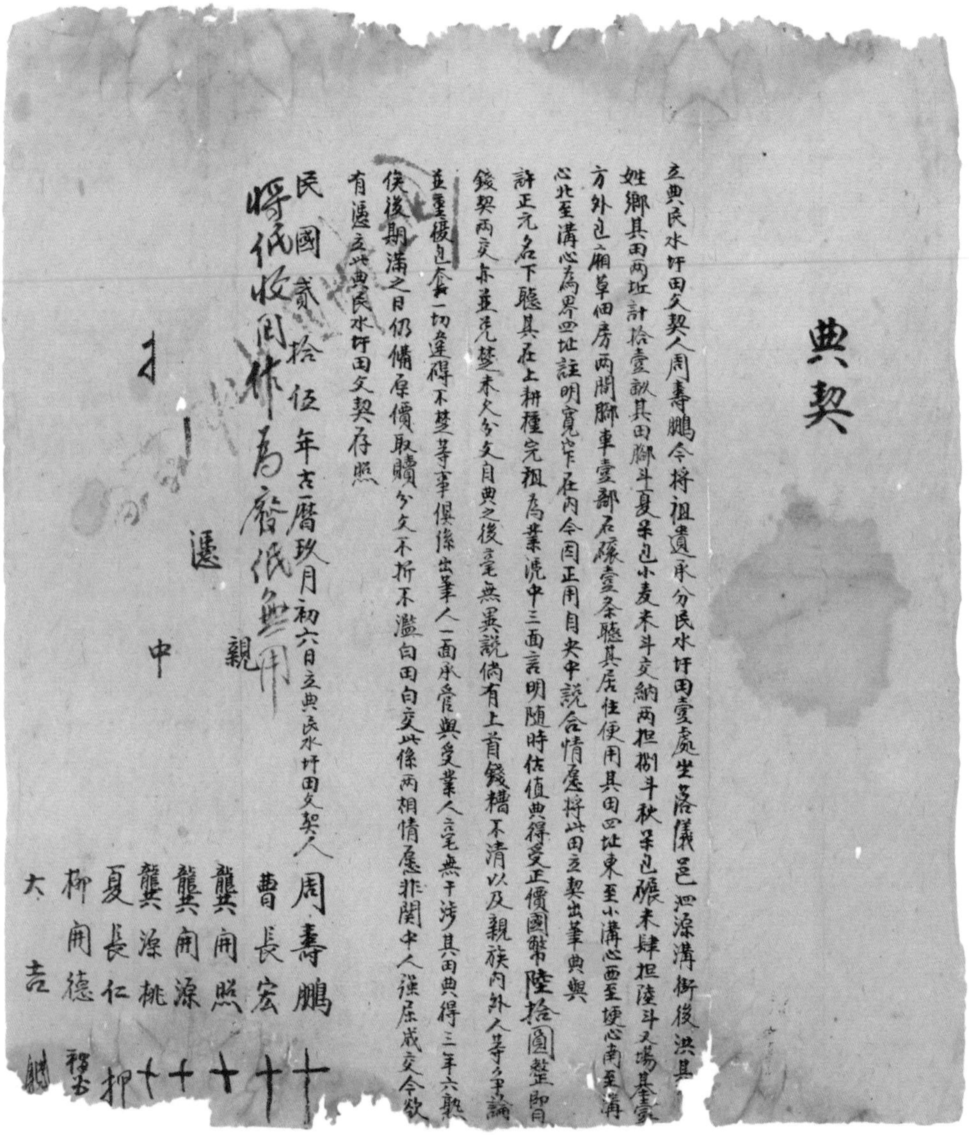

典契

立典民水圩田文契人周壽鵬今將祖遺丞分民水圩田壹處坐落儀邑沺源溝衛後洪其
姓鄉其田兩坵計拾壹畝其田腳斗夏呆包小麦米斗交納兩担捌斗秋呆包穰米肆担陸斗又場基壹
方外包廟草佃房兩間腳車壹部石磙壹条聽其居住便用其田四址東至小溝心西至埂心南至溝
心北至溝心為界四址註明寬窄在內今因正用自央中説合情愿將此田立契出筆典與
許正元名下聽其在上耕種完租為業凴中三面言明隨時估值典得受正價國幣陸拾圓整即日
錢契兩交并無短少分文自典之後毫無異説倘有上首錢糧不清以及親族內外人等争論
並重復包套一切違碍不楚等事俱係出筆人一面承當與受業人毫無干涉其田典得三年六熟
俟後期滿之日仍備原價取贖分文不折不濫白田白交此係兩相情愿非関中人強压成交今欲
有憑立此典民水圩田文契存照

民國貳拾伍年古曆玖月初六日立典民水圩田文契人周壽鵬 十

將低收回作為廢紙無用

憑中 曹長宏 十

龔甬照 十

龔甬源 十

龔源桃 十

夏長仁 十

柳甬德 押

親 大吉 鵬

048 民國二十五年(1936)周壽鵬典出田地契

典契/

立典民水圩田文契人周壽鵬,今將祖遺承分民水圩田壹處,坐落儀邑泗源溝街後洪其□□/姓鄉。其田兩坵,計拾壹畝。其田脚斗,夏呆包小麦米斗,交納兩担捌斗;秋呆包碾米肆担陸斗。又場基壹/方外,包廂草佃房两間,脚車壹部、石磙壹条,聽其居住使用。其田四址,東至小溝心,西至埂心,南至溝/心,北至溝心爲界。四址注明,寬窄在内。今因正用,自央中説合,情愿將此田立契,出筆典與/許正元名下,聽其在上耕種完租爲業。憑中三面言明,随時估值,典得受正價國幣陸拾圓整。即日/錢契两交,亦並兑楚,未欠分文。自典之後,毫無異説。倘有上首錢糟不清以及親族内外人等争論,/並重複包套、一切違碍不楚等事,俱係出筆人一面承管,與受業人毫無干涉。其田典得三年六熟。/俟後期滿之日,仍備原價取贖,分文不折不濫,白田白交。此係兩相情愿,非關中人强屈成交。今欲/有憑,立此典民水圩田文契存照。/

民國貳拾伍年古曆玖月初六日

立典民水圩田文契人:周壽鵬(十)/

將紙收回,作爲廢紙無用/

憑 親:曹長宏(十)/龔開照(十)/龔開源(十)/

憑 中:龔源桃(十)/夏長仁(押)/柳開德(花押)/大吉(花押)/

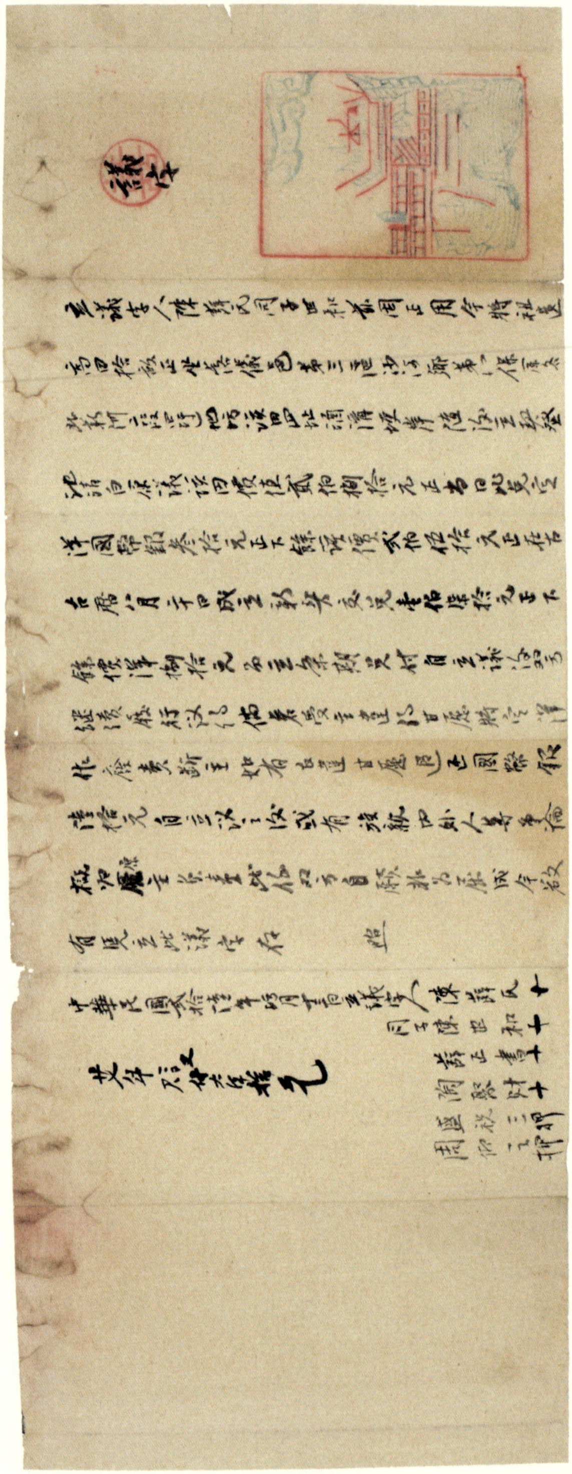

049 民國二十六年(1937)陳薛氏立議字約文

議字/

立議字人陳薛氏同子世和,玆因正用,今將祖遺/高田拾畝正,坐落儀邑第三區沙河鄉第八保(原名/北薪洲二段四圩)地坊。該田四址、涵溝、埂岸,隨後立契登/記清白。原議該田價值貳伯捌拾元正。当日比兑定/洋國幣銀叁拾元正。下餘该價弍伯伍拾元正,在古/古曆八月二十日成立新契,交兑壹伯柒拾元正。下/餘價洋捌拾元,另立条期兑付。自立議後,双方继/續履行议約。倘若受主違約,甘愿將定洋/作廢。賣斷主如有反違,甘愿退還國幣銀/陸拾元。自立议之後,或有族親内外人等争論,/概归原主負責。此係双方自願,非为屈成。今欲/有憑,立此議字存照。/

中華民國弍拾陸年巧月十三日

立議字人:陳薛氏(十),/同子陳世和(十)/

薛正書(十)/陶聚財(十)/盛祝三(押)/周仰之(押)/

廿七年□又付大洋拾元。/

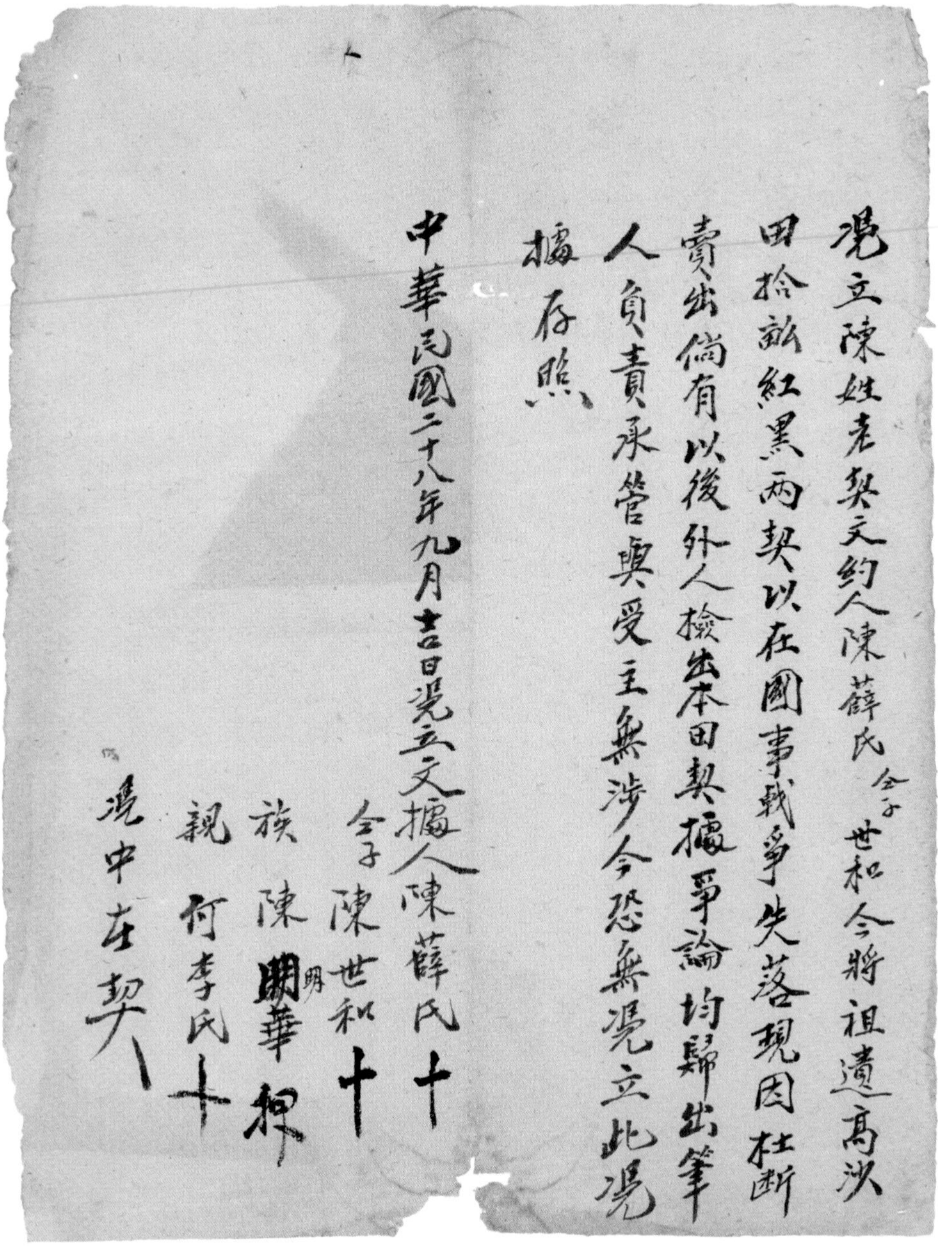
憑立陳姓老契文約人陳薛氏仝子世和今將祖遺高湫
田拾畝紅黑兩契以在國事戰爭失落現因杜斷
賣出倘有以後外人檢出本田契據爭論均歸出筆
人負責承管與受主無涉今恐無憑立此憑
據存照

中華民國二十八年九月吉日憑立文據人陳薛氏 十
仝子 陳世和 十
族 陳明華 押
親 何李氏 十
憑中在契

050 民國二十八年(1939)陳薛氏賣田契

憑立陳姓老契文約人陳薛氏仝子世和,今將祖遺高沙/田拾畝,紅、黑两契,以在國事戰争失落。現因杜断/賣出,倘有以後外人檢出本田契據争論,均歸出筆/人負責承管,與受主無涉。今恐無憑,立此憑/據存照。/

中華民國二十八年九月吉日

憑立文據人:陳薛氏(十)/仝子陳世和(十)/

族:陳明華(押)/

親:何李氏(十)/

憑中在契/

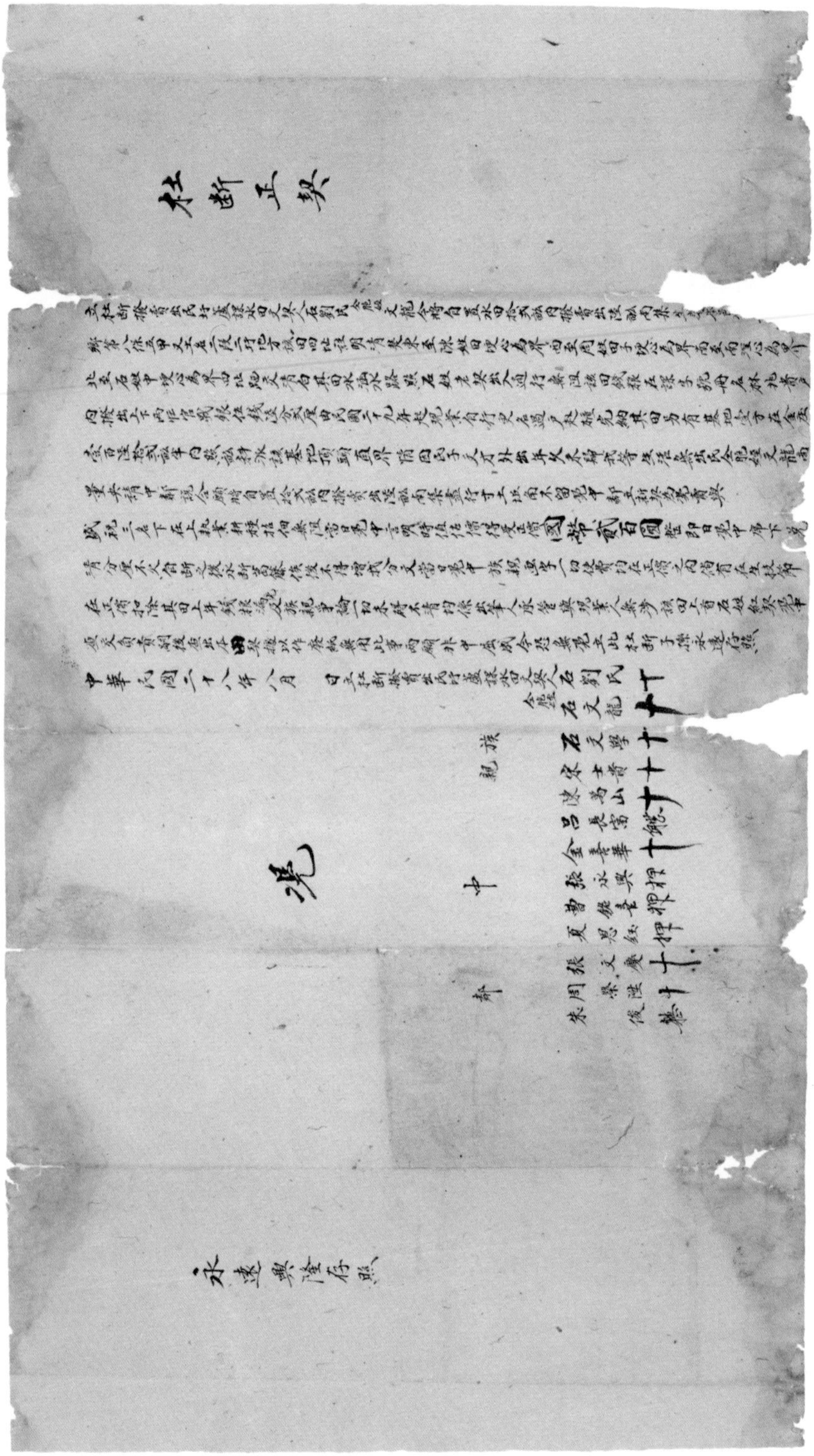

杜斷正契

立杜斷撥賣出氏圩蘆課水田文契人石劉氏仝胞姪文龍，今將自置水田拾弍畝內撥賣出陸畝南桀……鄉第八保五甲又土名二段二圩地方，該田四址註明清楚：東至陳姓田埂心為界，西至周姓田子埂心為界，南至南埂心為界，北至石姓中埂心為界。四址既交清白，其田水涵水路照石姓老契出入通行無阻。該田錢糧在課字號冊名林兆貴戶內撥出上下兩忙官錢糧伍錢陸分弍厘，由民國二十九年起現業自行更名過戶赴櫃完納。其田另有基地壹方，在仝莊壹百陸拾弍畝半內照畝科派，該基地預頭直界隨田。情因氏子文方外出年久未歸，我等生活無出，氏仝胞姪文龍商量央請中鄰說合，願將自置拾弍畝內撥賣出陸畝南桀盡行，寸土坵角不留，憑中鄰立新契為憑，賣與戚祝三名下在上執業耕種招佃無阻。當日憑中言明，時值估價得受正價國幣貳百圓整，即日憑中席下兌清，分厘不欠。自斷之後，永斷葛藤，侯後不得增找分文。當日憑中族親畫字一切使費均在正價之內，倘有在生枝節，在正價扣除。其田上年錢糧漏完及族親爭論一切未明不清，均係出筆人承管，與現業人無涉。該田上首石姓紅契憑中面交負責，嗣後再出本田契據以作廢紙無用。此事兩願，非中壓威，今恐無憑，立此杜斷，子孫永遠存照。

中華民國二十八年八月　日立杜斷撥賣出氏圩蘆課水田文契人石劉氏十
仝胞姪石文龍十

族親　石文學十　宋士貴十　陳萬山十　呂長富十　金壽華十

中　張永興押　曹銘喜押　夏思鈺押

筆　張文慶十　周榮陞十　朱俊懋十

憑

永遠興隆存照

051 民國二十八年(1939)石劉氏杜賣田地文契

杜断正契/

立杜断撥賣出民圩蘆課水田文契人石劉氏仝胞姪文龍,今將自置水田拾式畝内,撥賣出陸畝南(集)〔截〕,坐落本邑□□□□□/鄉第八保五甲,又土名二段二圩地方。該田四址注明清楚,東至陳姓田埂心爲界,西至周姓田子埂心爲界,南至南窪心爲界,/北至石姓中埂心爲界。四址踬交清白。其田水涵水路,照石姓老契,出入通行無阻。該田錢粮在課字號册名林兆貴户/内撥出,上下兩忙官戥銀伍錢陸分式厘,由民國二十九年起,現業自行更名過户,赴櫃完納。其田另有基地壹方,在金庄/壹百陸拾式畝半内,照畝科派。該基地頂頭直界。情因氏子文才外出,年久未歸,我等生活無出,氏仝胞姪文龍商/量,央請中、鄰説合,願將自置拾式畝内,撥賣出陸畝南(集)〔截〕,盡行寸土坵角不留。憑中、鄰立新契爲憑,賣與/盛祝三名下,在上執業,耕種招佃無阻。當日憑中言明,時值估價,得受正價國幣貳百圓整。即日憑中席下兑/清,分厘不欠。自断之後,永断葛籐,俟後不得增找分文。當日憑中、族、親画字,一切使費均在正價之内。倘有(在)〔再〕生枝節,/在正價扣除。其田上年錢粮漏完及族親争論,一切(未)〔違〕碍不清,均係出筆人承管,與現業人無涉。該田上首石姓紅契,憑中/查交負責。嗣後查出本田契據,以作廢紙無用。此事兩願,非中屈成。今恐無憑,立此杜断,子孫永遠存照。/

中華民國二十八年八月〇日

立杜断撥賣出民圩蘆課水田文契人:石劉氏(十)/仝胞姪石文龍(十)/

族:石文學(十)/

憑 親:宋士貴(十)/陳萬山(十)/吕長富(花押)/金喜華(十)/

中:張永興(押)/曹銘喜(押)/夏恩鈺(押)/張文慶(十)/

鄰:周榮陞(十)/朱俊(花押)/

永遠興隆存照/

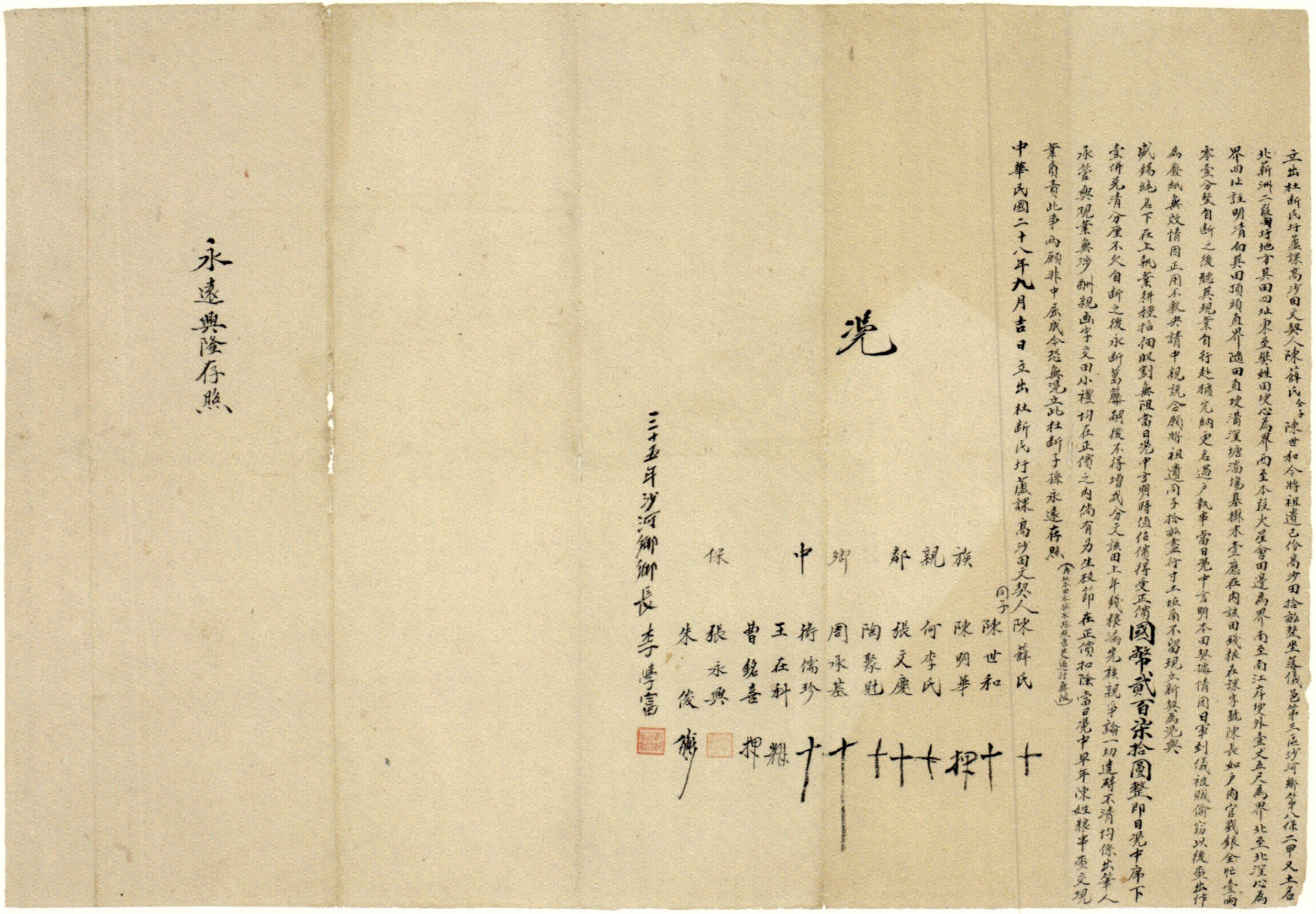

立出杜斷民圩蘆課高沙田文契人陳薛氏仝子陳世和，今將祖遺己份高沙田拾畝整，坐落儀邑第三區沙河鄉第八保二甲，又土名北新洲二段圩地方。其田四址：東至樊姓田埂心爲界，西至本段火星會田邊爲界，南至南江岸埂外壹丈五尺爲界，北至北溝心爲界。四址註明清白，其田須埂直界，隨田直埂溝渠塘滿塲基樹木壹應在內。該田錢糧在課字號陳長如戶內，官截銀全忙壹兩零壹分整。自斷之後，聽其現業自行赴櫃完納，更名過戶執串。當日憑中言明，本田契據情因日軍到儀被賊偷竊，以後查出作爲廢紙無效。情因正用不敷，央請中親說合，願將祖遺同子拾畝盡行寸土埂角不留，現立新契爲憑，與戚錫純名下在上執業，耕種抬佃收割無阻。當日憑中三面時值估價，得受正價國幣貳百柒拾圓整，即日憑中席下壹併兑清，分厘不欠。自斷之後，永斷葛藤，嗣後不得增找分文。該田上年錢糧滿完，族親爭論一切違礙不清，均係出筆人承管，與現業無涉。酬親畫字文田小禮均在正價之內。倘有另生枝節，在正價扣除。當日憑中早年陳姓根串查交現業負責。此事兩願，非中底成，今恐無憑，立此杜斷子孫永遠存照。（再批本田來路水路照舊通行無阻）

中華民國二十八年九月吉日 立出杜斷民圩蘆課高沙田文契人陳薛氏 十

同子 陳世和 十

憑

族 陳明華 押

親 何李氏 十

鄰 張文慶 十

鄉 陶聚魁 十

中 周承基 十

衛儒珍 十

王在科 押

曹銘臺 押

保 張永興

朱俊

三十五年沙河鄉鄉長李學富

永遠興隆存照

052 民國二十八年(1939)陳薛氏杜賣田地文契

立出杜断民圩蘆課高沙田文契人陳薛氏仝子陳世和,今將祖遺己份高沙田拾畝整,坐落儀邑第三區沙河鄉第八保二甲,又土名/北薪洲二段四圩地方,其田四址:東至樊姓田埂心爲界,西至本段火星會田邊爲界,南至南江岸埂外壹丈五尺爲界,北至北窪心爲/界。四址注明清白。其田頂頭直界,隨田直埂,溝窪塘潛,塲基樹木,壹應在内。該田錢粮在課字號陳長如户内,官戥銀全忙壹兩/零壹分整。自断之後,聽其現業自行赴櫃完納,更名過户執串。當日憑中言明,本田契據,情因日軍到儀,被賊偷窃。以後查出,作/爲廢紙無效。情因正用不敷,央請中、親説合,願將祖遺同子拾畝,盡行寸土坵角不留。現立新契爲憑,與/盛錫純名下,在上執業耕種,招佃收割無阻。當日憑中言明,時值估價,得受正價國幣貳百柒拾圓整。即日憑中席下/壹併兑清,分厘不欠。自断之後,永断葛籐,嗣後不得增找分文。該田上年錢粮漏完、族親争論,一切違碍不清,均係出筆人/承管,與現業無涉。酬親、画字,交田小禮,均在正價之内。倘有另生枝節,在正價扣除。當日憑中,早年陳姓粮串,查交現/業負責。此事兩願,非中屈成。今恐無憑,立此杜断,子孫永遠存照。(再批:本田水涵、水路,照舊出入,通行無阻。)

中華民國二十八年九月吉日

立出杜断民圩蘆課高沙田文契人:陳薛氏(十)/同子陳世和(十)/

族:陳明華(押)/

親:何李氏(十)/

憑 鄰:張文慶(十)/陶聚財(十)/

鄉:周承基(十)/

中:衛儒珍(十)/王在科(花押)/曹銘喜(押)/

保:張永興(名章)/朱俊(花押)/

三十五年沙河鄉鄉長:李學富(名章)/

永遠興隆存照/

讓期

立讓期文約人盛永鑄今讓到
盛永華名下情因憑中言明曉田之期未到暫
將鑄記亂房基地三間讓與永華栽菜期以
四年為限協基交用限滿之後另據作廢
今欲有憑立此為証

民国二十九年十二月二十日立讓期人盛永鑄 押
憑中 張文慶押
夏恩廷押
如意

存照

順昌製

053 民國二十九年（1940）盛永鑄讓期約

讓期/

立讓期文約人盛永鑄，今讓到/盛永華名下，情因憑中言明，贖田之期未到，暫/將鑄记瓦房基地三间，讓與永華栽菜。期以/四年爲限，塲基官用。限滿之後，此據作廢。/今欲有憑，立此爲证。/

民國二十九年二月二十九日

立讓期人：盛永鑄（押）/

憑中：張文慶（押）/夏恩鈺（押）/

如意/

存照/

立允佃墾洲地文約人焦吳氏情因長子外出不幸夭故正用不足特央中說合願將自置江寧縣第七區宜
留鄉秦棚民洲南灘弍號洲地市尺弍拾畝內劈出東半份拾畝整允墾與
葉守炳名下執業佃種當日得受押佃金國幣洋壹萬壹仟圓整於席面一併兑足親手收楚分毫不欠言明
期以拾伍年為限自立允佃文約後該地即由承佃人隨意耕種改坵換段挑塘挖溝建基造屋成田或另招代耕
人均與原業主無涉至於錢粮國課及地方雜費等亦由承佃人繳納期滿後主佃間租穀及其他一切手續問題均遵
照衆善堂棚上段洲地規章履行該地倘有不清手續及其他一切糾紛之事概歸出筆一律負責與佃墾者無涉以上皆系
雙方自願並無勒逼成交之意恐後無憑特立此允佃墾洲地文約為證

民國三十一年全月十二日立允佃墾洲地文約人 焦吳氏 十
次子復成 十

中證
朱兆鑾 十
王永庚 十
孫文義 十
劉文燮
張覺民 押

該允墾地拾畝於民國三十七年十月初九日
憑允主契原中以拾畝墾價折合杜斷
地陸畝另由憑中立契予葉姓存執
憑中朱兆鑾 王永根 孫文義 郭[illegible]
為有據當面雙方同意議決存註

允[illegible]

存照

054 民國三十一年(1942)焦吴氏允佃文約

立允佃墾洲地文約人焦吴氏，情因長子外出，不幸夭故，正用不足，特央中説合，願將自置江寧縣第七區宜/昌鄉秦棚民洲南灘式號洲地，市尺式拾畝内，劈出東半份拾畝整，允垦與/葉守炳名下，执業佃種。當日得受押佃金國幣洋壹萬壹仟圓整，於席面一併兑足，親手收楚，分毫不欠。言明/期以拾伍年爲限。自立允佃文約後，該地即由承佃人隨意耕種，改坵换段，挑塘挖溝，建基造屋成田，或另招代耕/人，均與原業主無涉。至於錢粮國課及地方雜費等，亦由承佃人繳納。期滿後，主佃間租穀及其他一切手續問題，均遵/照崇善堂棚上段洲地規章履行。該地倘有不清手續及其他一切糾紛之事，概歸出筆〔人〕一律負責，與佃垦者無涉。以上皆系/雙方自願，並無勒逼成交之意。恐後無憑，特立此允佃垦洲地文約爲證。/

民國三十一年八月二十二日

立允佃墾洲地文約人：焦吴氏(十)/長子新成(十)/次子復成(十)/

中證：朱兆鑾(押)/王永庚(十)/孫文義(十)/劉文燮(劉漢林章)/張覺民(押)

該允墾地拾畝，於民國三十七年十月初九日/憑在契原中，以拾畝墾價折合杜断/地陸畝。是日憑中立契，與葉姓存执。/憑中朱德修、王永根、孫文義、郭謝書、/高有禄等征得双方同意，议决。此注。/

允〔契〕两脣，各執壹張爲証。/

存照/

立推賣古氏忖盡課粮田文契人謝周氏今將夫遺自置屬姓古筆氏忖戶課粮田坐落儀征縣
第三區通益鄉沙河鄉十三圩第二保五甲地方在憑契內推古賣高低盡課粮田五畝正
計田十坵情因糧册生活不計度將此田推賣古與
謝寶成　名下為業憑親族言明時值得受推古賣價國幣拾萬圓正當時
銀契兩交清楚紅里三契各執一紙完粮納稅各備一半一並先楚親手收足分厘不
懸既非利貨準折亦無重複包套自賣之後永斷葛藤所有親畫字田小禮折席等
一應俱在正價之內倘有上首瑕疵漏完粮串不清並族親子姪鄰佑人等爭論
及一切遺得不楚均歸古筆人一面承當與受戶毫無干涉此係兩相情願並
非強屈成交無得異說恐後無憑立此推賣古氏忖盡課粮田文契子孫永遠存照

中華民國叁拾叁年古歷十二月十二日　立推賣古氏忖盡課粮田文契人　謝周氏　十

族　謝長庚　十
謝寶山　十

親　謝玉成　十
周家福　十
楊宝順　十

055 民國三十三年(1944)謝周氏杜賣田地文契

立撥賣出民圩蘆課粮田文契人謝周氏,今將夫遺自置、厲姓出筆民圩芦課粮田,坐落儀征縣/第三區補薪洲沙河鄉十三圩第二保五甲地方,在総契内撥出,賣高低蘆課粮田五畝正,/計田壹坵。情因孀母生活不(計)〔济〕,愿將此田撥賣出與/謝寶茂名下,凴親族言明,照時估值,得受撥出賣國幣拾式萬圓正。當時/銀契兩交清楚,紅、墨二契,各执一㑩。完粮納税,各備一半。一蔥兑楚,親手收足,分厘不/懸。既非利貨凖折,亦無重複包套。自賣之後,永断葛籐。其酬親、畫字、交田小禮、折席等,/一應俱在正價之内。倘有上首賦税漏完、粮串不清,並族親子姪、鄰佑人等争論,/及一切違(得)〔碍〕不楚,均歸出筆人一面承管,與受户毫無干涉。此係兩相情愿,並/非强屈成(变)〔交〕,無得異説。恐後無憑,立此撥賣出民圩蘆課粮田文契,子孫永遠存照。/

中華民國叁拾叁年古歷十二月十二日

立撥賣出民圩蘆課粮田文契人:謝周氏(十)/

族:謝長庚(十)/謝寶山(十)/謝寶盛(十)/

親:周家福(十)/楊金順(十)/

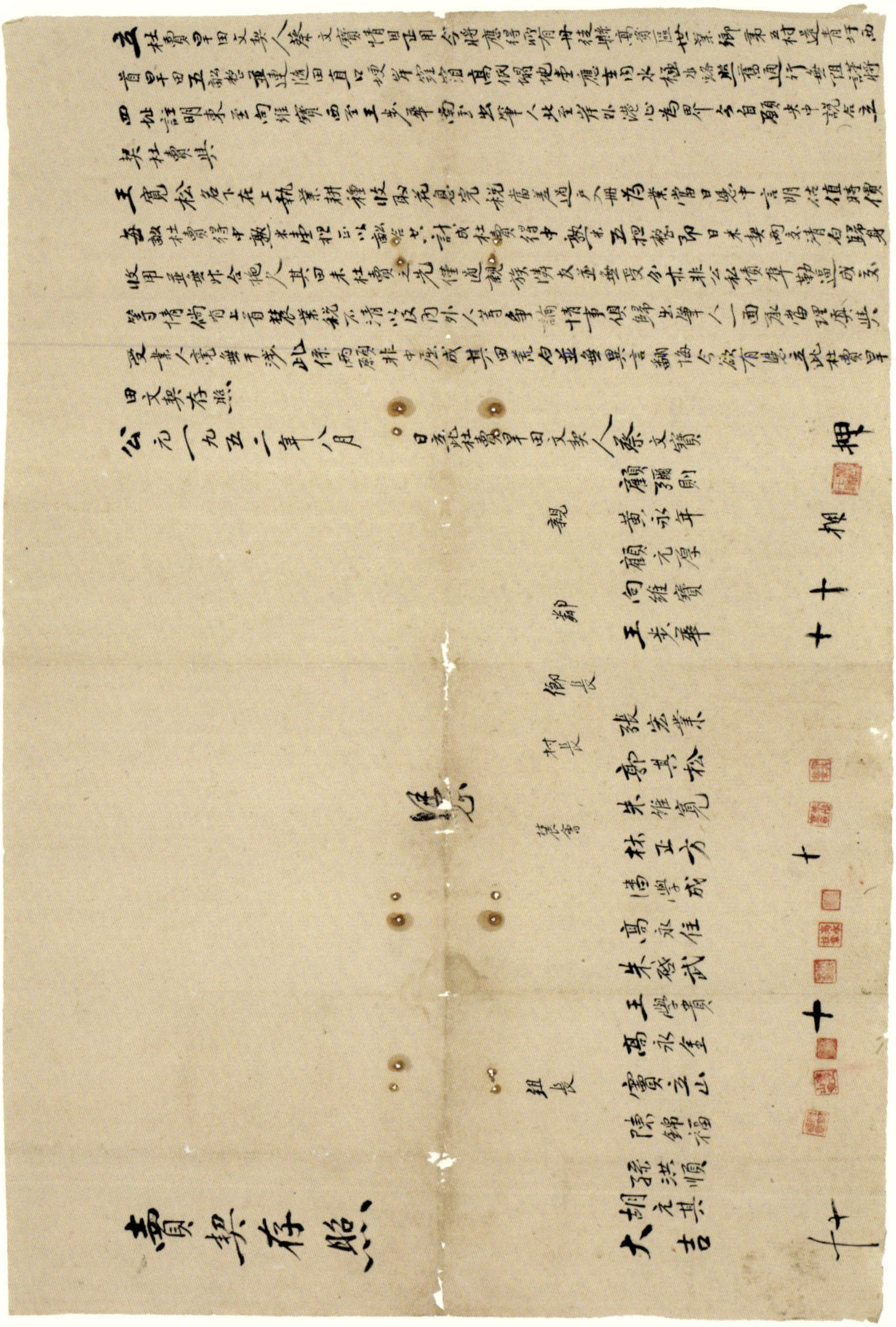

立杜賣旱田文契人蔡文寶，情因正用，今將應得所有丹徒縣高資區世業鄉第五村遏青圩西首旱田五畝整，並連隨田直口埂岸雜宿、高低塌地，畫應圩內水極小路照舊通行無阻，謹將四址註明：東至向維寶，西至王步華，南至出筆人，北至岸外港心為界。今自願央中說合，立契杜賣與

王寬松名下，在上執業耕種，收取花息，完稅當差，過戶入冊為業。當日憑中言明，估值時價每畝杜賣得中熟米壹担正，以畝合共計成杜賣得中熟米五担整，即日米契兩交清白，歸身收用，並無非分拖欠。其田未杜賣之先，僅遍親族鄰友，並無受分，亦非公私債準勒逼成交等情。倘有上首棊業稅不清，以及內外人等爭論情事，俱歸出筆人一面承當理值，與受業人毫無干涉。此係兩願，非中壓成，其田荒白並無異言翻悔。今欲有憑，立此杜賣旱田文契存照。

公元一九五二年八月　日立此杜賣旱田文契人蔡文寶　押

憑

親　顧彌則　十　黃永年　十　顧元厚　向維寶　押

鄰　王步華

鄉長　張宏業

村長　鄭其松

農會　朱維寬　林正方　湯學成　高永住　朱啟武　王學貴　高永金

組長　竇立山　陳錦福　孫洪順　胡元其　大吉

賣契存照

056 一九五二年蔡文寶杜賣田地文契

立杜賣旱田文契人蔡文寶，情因正用，今將應得所有丹徒縣高資區世業鄉第五村還青圩西／首旱田五畝整，並連隨田直口埂岸滗淯、高低塌地，壹应在内。水（梱）〔涵〕、水路，照舊通行無阻。謹將／四址注明：東至向維寶，西至王步華，南至出筆人，北至岸外港心爲界。今自願央中説合，立／契杜賣與／王寬松名下，在上執業耕種，收取花息，完税當差，過户入册爲業。當日憑中言明估值，時價／每畝杜賣得中熟米壹担正。以畝合共計成，杜賣得中熟米五担整。即日米契两交清白，歸身／收用，並無升合拖欠。其田未杜賣之先，僅過親族鄰友，並無受分，亦非公私債凖，勒逼成交／等情。倘有上首甏業税不清以及内外人等争論情事，俱歸出筆人一面承當理質，與／受業人毫無干涉。此係两願，非中屈成。其田荒白，並無異言翻悔。今欲有憑，立此杜賣旱／田文契存照。

公元一九五二年八月〇日

立此杜賣旱田文契人：蔡文寶（押）／

親：顧彌則（顧崇章名章）／黄永年（押）／顧元厚／

鄰：向維寶（十）／王步華（十）／

鄉長：張宏業／

憑 村長：郭其松（名章）／

農會：朱維寬（名章）／林正方（十）／潘學成（名章）／高永住（高永柱名章）／朱啓武（名章）／王學貴（十）／高永金（名章）／

組長：竇立山（名章）／陳錦福（名章）／孫洪順／胡元其（十）／大吉（十）／

賣契存照／

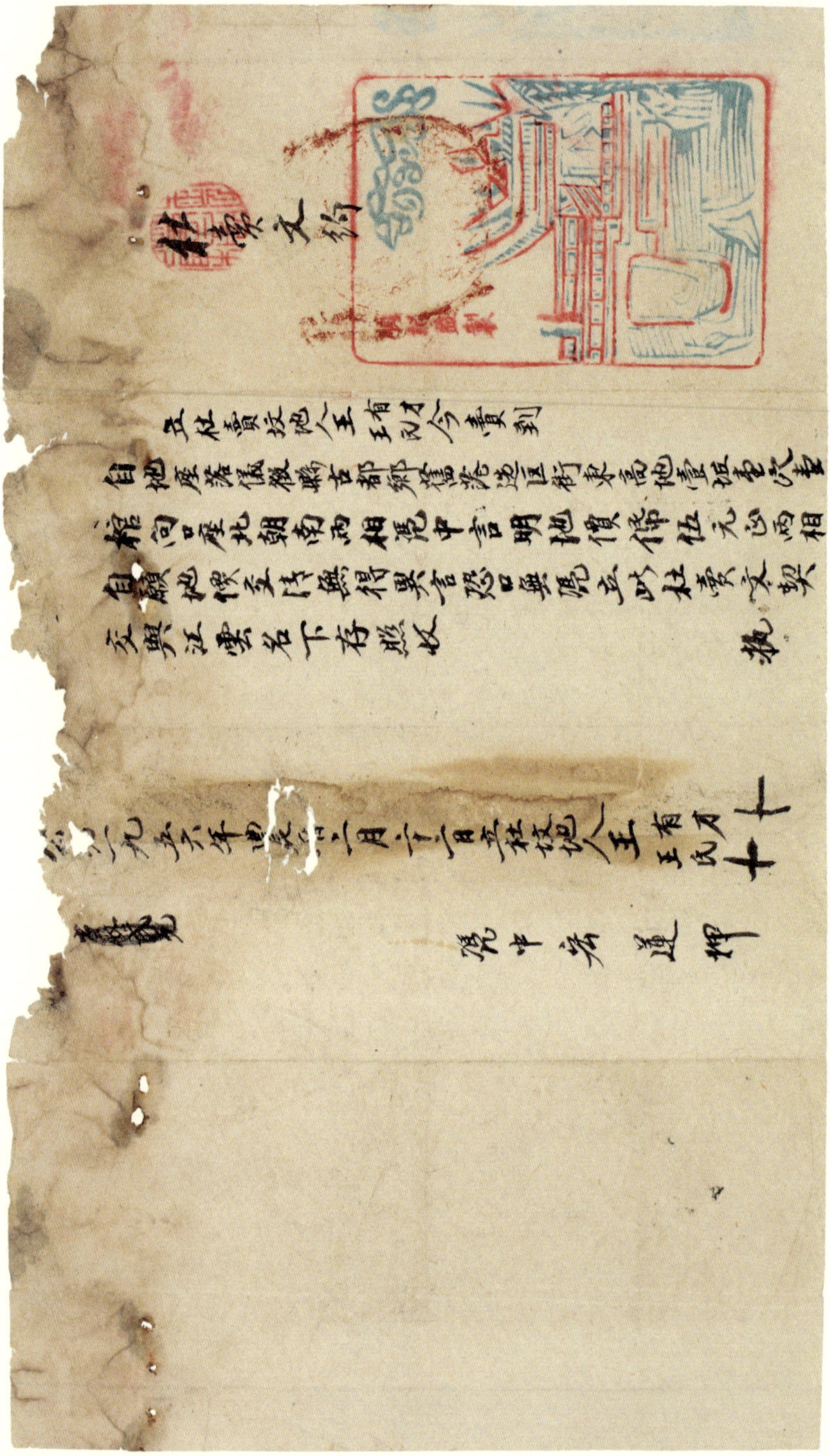

杜賣文約

立杜賣坟地人王有才 王氏 今賣到

自地座落儀徵縣古都鄉舊港邊區街東高地壹址壹穴壹

棺向口座北朝南兩相憑中言明地價偹伍元正兩相

自願地價交清無得異言恐口無憑立此杜賣文契

交與江雲名下存照收執

公元一九五六年農曆二月十一日立杜坟地人王有才 王氏 十 十

憑中 焦 蓮 押

057 一九五六年王有才等杜賣陰地文約

杜賣文約/

立杜賣坟地人王有才、王氏，今賣到/自地座落儀徵縣古都鄉舊港选區街東高地壹坵，壹穴壹/棺，向口座北朝南。兩相憑中言明，地價人民幣伍元正。兩相/自願，地價交清，無得異言。恐口無憑，立此杜賣文契，/交與汪雲名下存照收執。/

公元一九五六年農曆二月二十二日

立杜坟地人：王有才（十）/王氏（十）/

憑中：宏蓮（押）/

立杜賣宅坆山地契人魏開濤今將祖遺己份派下□田山坵坐落儀邑北門外馮家堂西首楊家山地乙塊其……

右砂水抱環乃真正穴向宜丑山未兼癸丁三分今因正用自愿出筆杜賣與

目下杜斷為聽憑受户卜吉安葬其地只撥出壹堆壹穴之地當日憑中三面言明照時估定

價契立清分毫不欠寧井搬坟拜台做堆均歸正價之內該堆身高歸三四尺營造

不倒不塌限年之外归郁姓自行出工倘有魏姓内外族親人等争論情事及損坆界址不清

係出筆人一面承當與受無涉恐後無憑立此杜賣宅坆山地永遠存照

……年三月十三日立杜賣宅坆山地契人魏開濤十

憑族魏開□十

憑中李鈴權押

契明價足

058 □□年魏開濤杜賣陰地文契

……山地文契人魏開濤，今將祖遺己份派〔定〕高田乙坵，坐落儀邑北门外馮家茔西首楊家山地方，其地/……右砂水抱環，乃真山正穴。向宜丑，山未兼癸丁三分。今因正用，自愿出筆杜賣與/……自今杜断之後，聽憑受户卜吉安葬。其地只撥出壹垤壹穴之地，當日憑中，三面言明，照時估定□/……洋契交清，分毫不欠。穿井搬坟，拜台做垤，均归正價之内。該垤身高歸二、三、四之營造，/……不倒不塌。限年之外，歸郁姓自行兴工。倘有魏姓内外族親人等争論情事，及鄰坟界址不清，/……係出筆人一面承當。恐後無據，立此杜賣陰宅坟山地，永遠兴隆存照。/

……年三月十三日

立杜賣陰宅坟山地文契人：魏開濤（十）/

憑族：魏開鼎（十）/

憑中：李幹權（押）/

契明價足/

房產契約

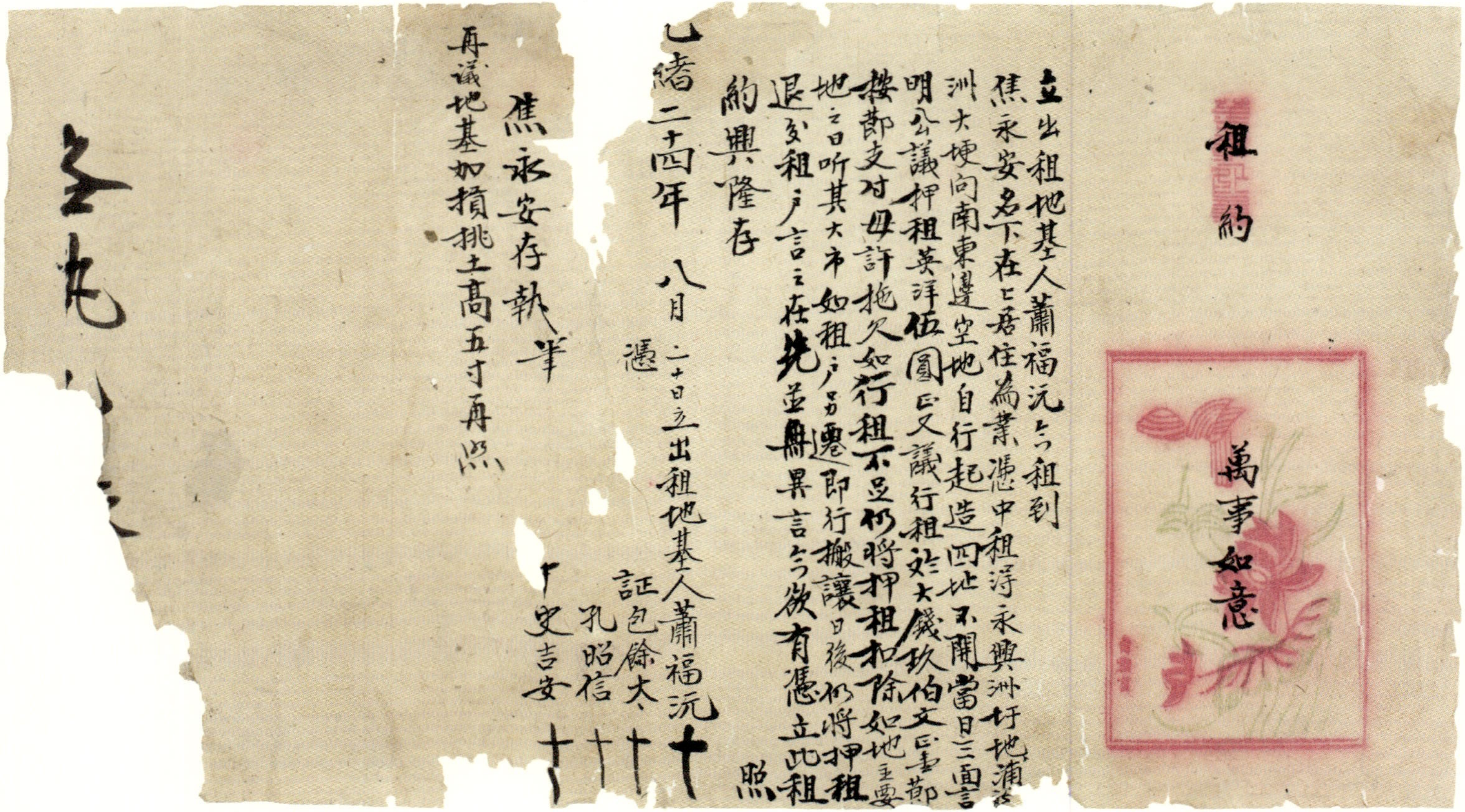

租約

立出租地基人蕭福沅〻〻租到
焦永安名下在〻居住為業，憑中租浮永興洲圩地浦洲
洲大埂向南東邊空地自行起造，四址不開，當日三面言
明公議押租英洋伍圓正，又議行租於大錢玖伯文正，去節
按節支付，毋許拖欠，如行租不足，仍將押租扣除。如地主要
地之日，听其大市，如租〻戶另遷，即行搬讓，日後仍將押租
退交租〻戶，言〻在先，並無異言。〻〻欲有憑，立此租
約興隆存照

光緒二十四年 八月 二十日立出租地基人蕭福沅 十

憑 證 包餘大 十
孔昭信 十
史吉安 十

焦永安存執 筆

再議地基如損挑土高五寸再照

059 光緒二十四年(1898)蕭福沅房基租約

租約/

立出租地基人蕭福沅,今租到/焦永安名下,在上居住爲業,憑中租得永興洲圩地浦[薪]/洲大埂向南東邊空地,自行起造,四址不開。當日三面言/明,公議押租英洋伍圓正。又議行租九八大錢玖伯文正壹節,/按節支付,毋許拖欠。如行租不足,仍將押租扣除。如地主要/地之日,听其大市。如租户另遷,即行搬讓。日後仍將押租/退交租户。言之在先,並無異言。今欲有憑,立此租/約,興隆存照。/

[光]緒二十四年八月二十日

立出租地基人:蕭福沅(十)/

憑証:包餘太(十)/孔昭信(十)/

筆中:史吉安(十)/

焦永安存執。/

再議:地基加墳,挑土高五寸,再照。/

各執[乙紙]/

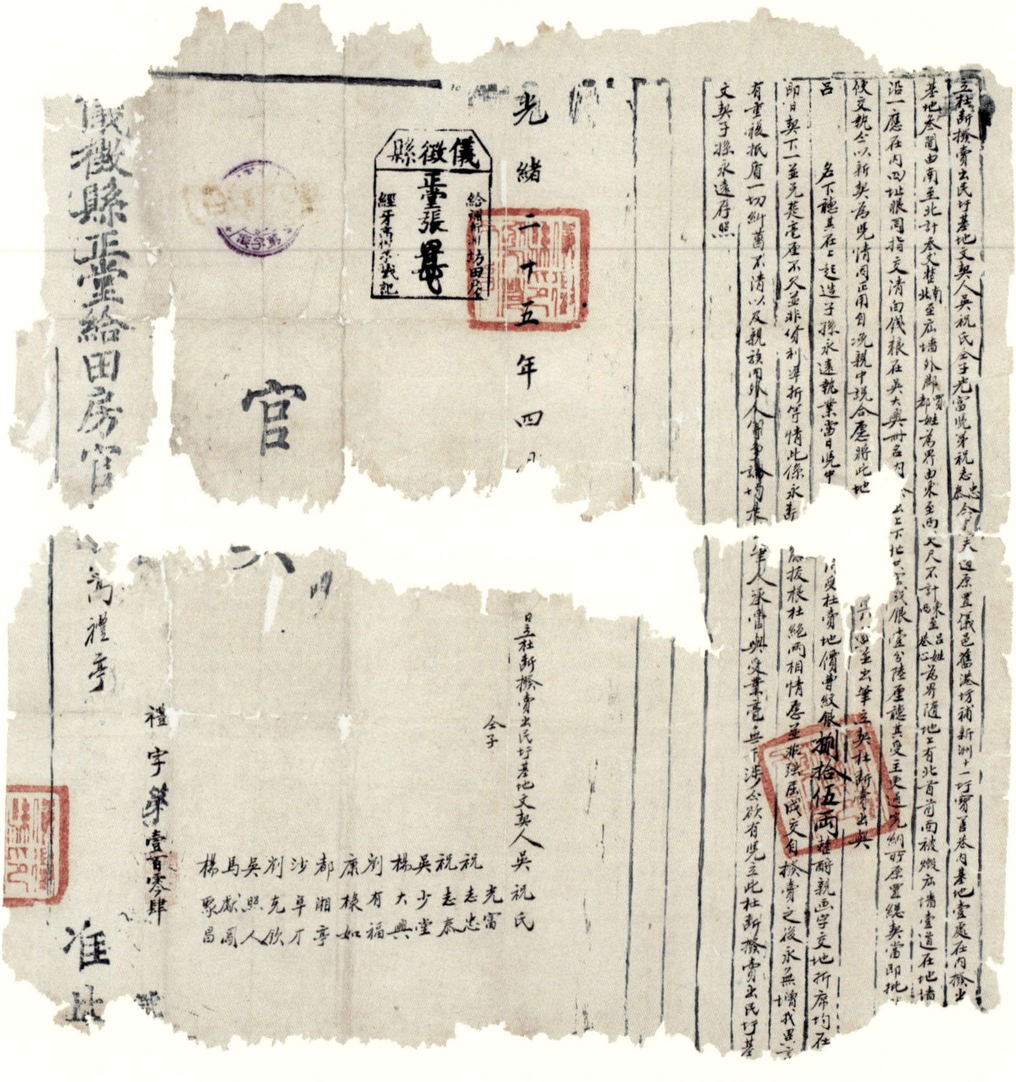
立杜新撥賣出民圩基地文契人吳祝氏仝子光富、兆芽、祝志忠、志泰，今□夫遺原置儀邑舊港坊補新洲十一圩賣基地壹處，在內撥出
基地叁間，由南至北計叁丈，楂南北至廊牆外鄰都姓為界，由東至西大尺不計，東至呂姓為界，隨地上有北首前面被燬廊牆壹道在地牆
沿一應在內，四址眼同指交清白，錢糧在吳大興冊名內……上下北首……銀壹分陸厘，聽其受主更過完納，所有原置總契當即批
付文執仝，以新契為憑。情同正用，自憑親中說合，處將此地……並出筆立契杜新賣出與
呂名下，聽其在上起造，子孫永遠執業。當日憑中得受杜賣地價曹紋銀捌拾伍兩整，酬親畫字交地折席均在
即日契下一並兌楚，毫厘不欠，並非貸利準折等情，此係永壽……為拔根杜絕，兩相情願，並非強壓成交，自撥賣之後永無增找異言
有重複抵當，一切糾葛不清，以及親族內外人等爭論，均係出筆人承當，與受業無涉。恐口無憑，欲有憑，立此杜新撥賣出民圩基
文契，子孫永遠存照。

光緒二十五年四月 日立杜新撥賣出民圩基地文契人吳祝氏
仝子 光富
祝志忠
祝志泰
吳少堂
楊大興
劉有福
康棣如
都湘亭
沙卓才
劉克欽
吳照人
馬獻鳳
楊聚昌

儀徵縣 正堂張 給補新洲坊田房 經牙高禮亭戳記

官

儀徵縣正堂給田房官……高禮亭

禮字第壹百零肆號

准此

060 光緒二十五年(1899)吴祝氏杜賣基地官契

立杜断撥賣出民圩基地文契人吴祝氏仝子光富,憑弟祝志忠、祝志泰,今[將]夫[遺]原置儀邑舊港坊補新洲十一圩寶善巷内基地壹處在内,撥出……/基地叁間,由南至北,計叁丈整,南至庒墻外脚買姓、北至庒墻外脚都姓爲界;由東至西,丈尺不計,東至吕姓,西至巷心爲界。隨地上有北首前面被燬庒墻壹道在地,墻……/沿,一應在内。四址眼同指交清白,錢粮在吴大興册名内,[撥]出上下忙共官[戥]銀壹分陸厘,聽其受主更過完納。所原置総契,當即批……/便交執,今以新契爲憑。情因正用,自浼親中説合,愿將此地……不留,並出筆立契,杜断賣出與/吕〇〇名下,聽其在上起造,子孫永遠執業。當日憑中,〔照時估值〕,得受杜賣地價曹紋銀捌拾伍兩整,酙親画字,交地折席,均在……/即日契下,一並兑楚,毫厘不欠,並非貨利準折等情。此係永断〔葛〕[籐],拔根杜絶。兩相情愿,並非强屈成交。自撥賣之後,永無增找異言。……/有重複抵質,一切糾葛不清,以及親族内外人等争論,均是[出]筆人承管,與受業毫無干涉。今欲有憑,立此杜断撥賣出民圩基……/文契,子孫永遠存照。/

光緒二十五年四月〇日

立杜断撥賣出民圩基地文契人:吴祝氏/仝子吴光富/

祝志忠/祝志泰/吴少堂/楊大興/劉有福/康棣如/都湘亭/沙阜才/劉克欽/吴照人/馬獻圖/楊聚昌/

官契/

禮字第壹百零肆號/

儀徵縣正堂給田房官〔牙〕高禮亭准此/

【硃印】儀徵縣印(滿漢雙文)

【墨戳】儀徵縣正堂張(花押)/給補新洲坊田房/經牙高禮亭戳記/

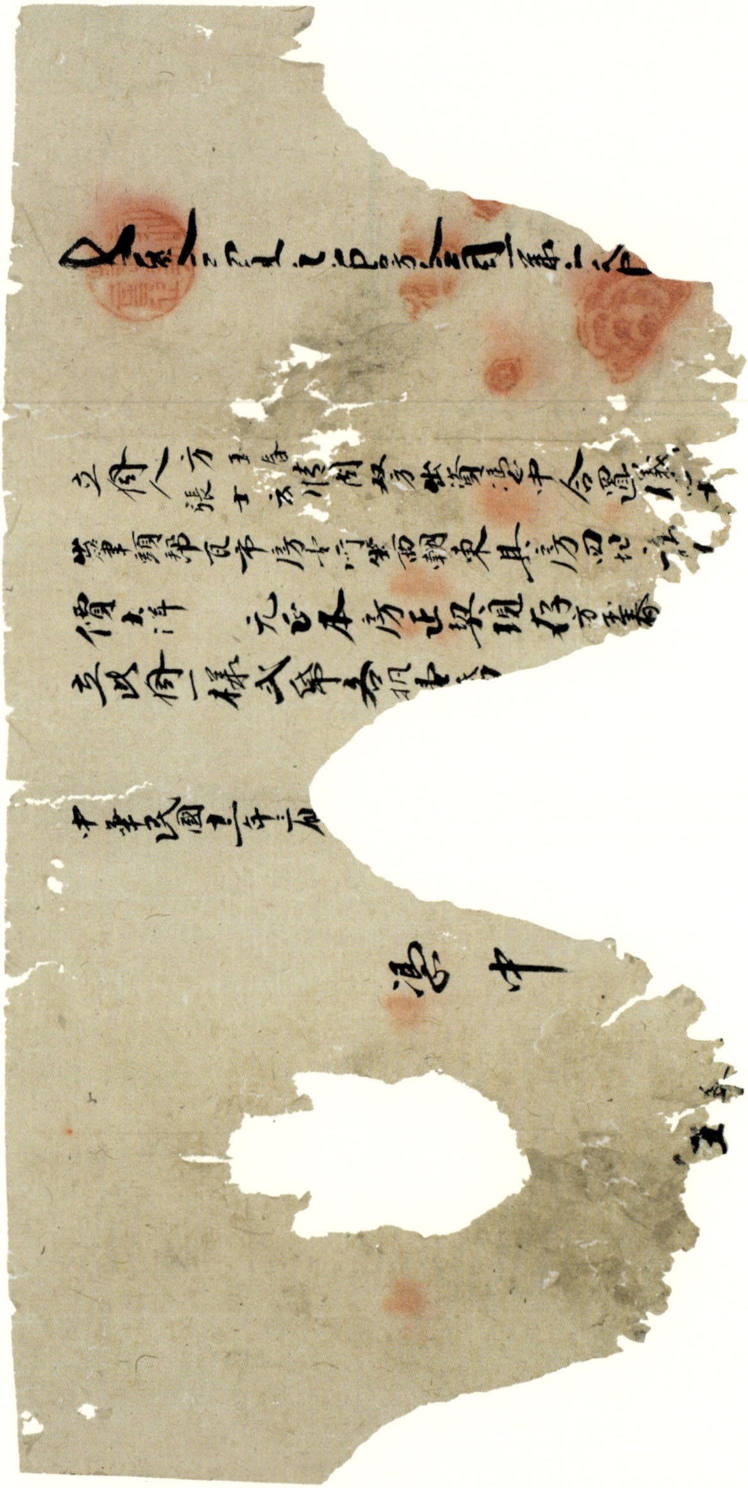

立合約人 方玉春
張士方 情因双方出資憑中合置儀
花筆頭帮瓦市房壹所坐西朝東 具房四址
價大洋 元正 本房正契現存方玉春
立此合約一樣式紙各執壹紙

中華民國十二年三月

憑中
王

061 民國十二年(1923)方玉春、張士云市房合同

此係合置瓦市房合同，一樣二帋……/

立合同人方玉春、張士云，情因双方出資，憑中合置儀邑十……/出筆頭帮瓦市房壹所，坐西朝東。其房四址……/價大洋〇〇元正。本房正契，現存方玉春……/立此合同，一樣弍帋，各执壹帋……/

中華民國十二年三月……/

憑中……

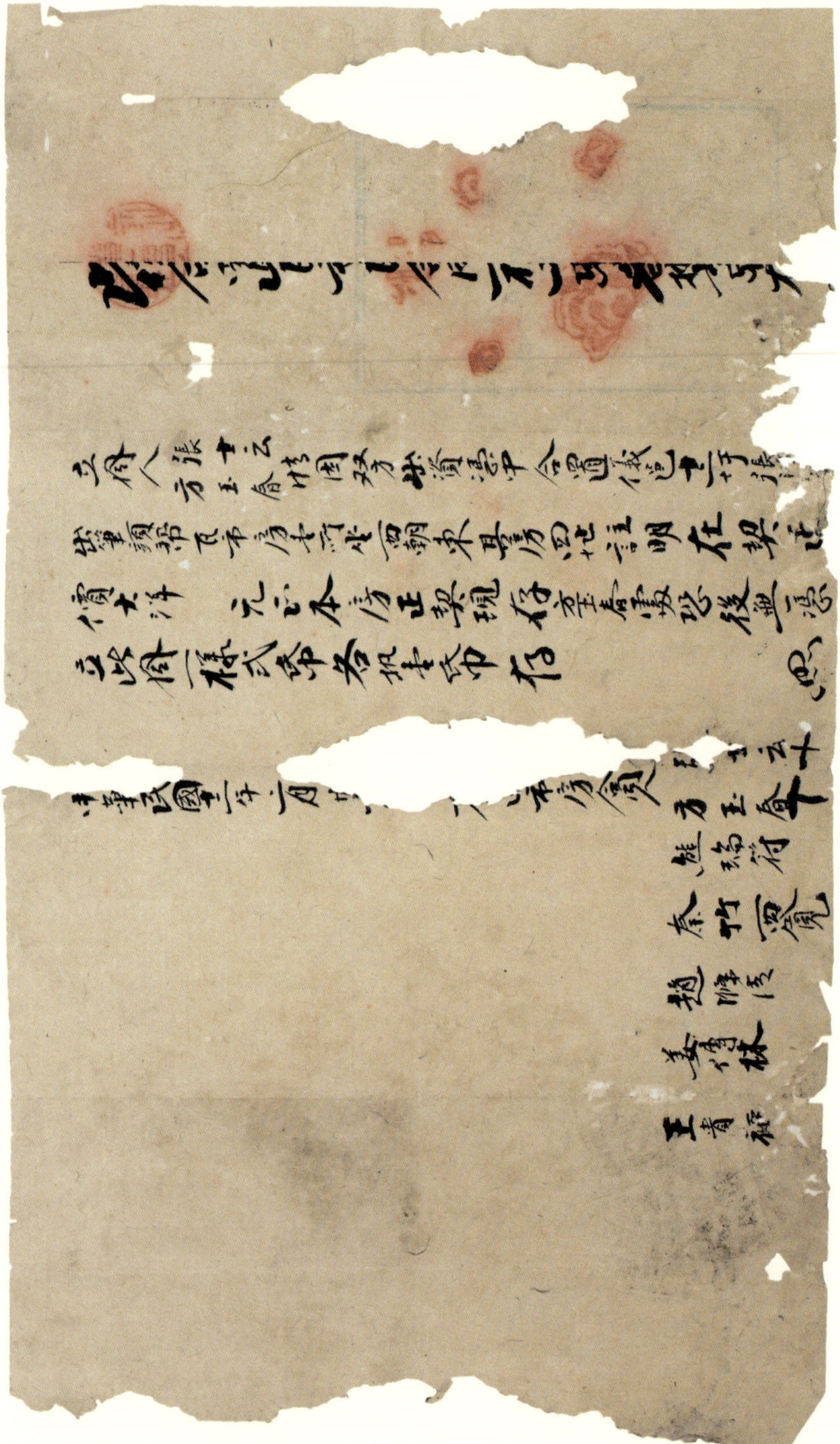
立閤人張士云方玉奎情因努出資憑中合置道儀邑土圩張
出筆頭帮瓦市房壹所坐西朝東其房四址註明在契正
價大洋　元正本房正契現存奎春處恐後無憑
立此閤一樣式紙各執壹紙存　照
中華民國十二年二月　日　立閤人張士云
方玉奎十
熊瑞符
秦竹西覓
趙鼎清
姜傳林
王青秾

062 民國十二年(1923)張士云、方玉春市房合同

此係合置瓦市房合同,一樣二帋……/

立合同人張士云、方玉春,情因双方出資,憑中合置儀邑十二圩張□□/出筆頭帮瓦市房壹所,坐西朝東。其房四址,注明在契,正/價大洋○○元正。本房正契,現存方玉春處。恐後無憑,/立此合同,一樣式帋,各执壹帋存照。/

中華民國十二年二月廿□〔日〕。

□□□□市房合同人:張士云(十)/方玉春(十)/

熊瑞符/秦竹西/趙滌清/姜傳林/王貴福/仝見/

□劉許氏仝將前同夫劉吳劉姓公置陳趙姓民課圩田[illegible]有補生落補新洲十二圩頭堆[illegible]碼頭新盛街內地方計坐東朝西民空基地一所，間由南至北計寬
闊牆脚為界西至街心為界北至郭姓地邊蘆芭為界四至憑中眼同指交清白本地[illegible]完蘆課册名趙德順戶內撥出上下忙完戥錢壹錢整，推聽受主更
條戕明撥出買未經查附今因正用自央親中說合秦姓應將此地撥賣壹間劉[illegible]應將此地撥賣貳間公同主契杜斷賣出與
業當日憑中照時估值杜斷正價曹平關紋銀貳拾伍兩整，酬親畫字交地小禮均在正價之內秦姓得受地價叁股之壹劉姓得受地價
[illegible]人并非利貨準折亦無重複包套自賣之後永斷葛藤倘有上首不清以及族親爭論一切違礙俱是出筆人一力承管與受主無涉此係
[illegible]撥賣出民空基地文契永遠存照
[illegible]註明又照

[illegible]十二月　日立杜斷撥賣出民空基地文契秦振廷
同業劉許氏 十
同業翁康伯
憑同劉堯封
吳鏡蓉
憑族親[illegible]心齋
[illegible]叙九 十
許蓮樵
晏矩齋
中張頌卿
[illegible]望符
鄢問山
李兆坦 十
洪金生 十
伍文輝
牙韓錦彰

063 □年秦振廷杜賣地基文契

……劉許氏，今將前同翁、劉、吴姓公置陳、趙姓民課圩田壹處，□□□□□，坐落補新洲十一圩頭埕善□碼頭新盛街内地方，計坐東朝西，民空基地叁開間，由南至北，計寬/……墻脚爲界，西至街心爲界，北至郭姓地邊蘆芭爲界。四至憑中，眼同指交清白。本地應完蘆課，册名趙德順户内撥出，上下忙官戥銀壹錢整，推聽受主更/……據批明撥賣，未經查附。今因正用，自央親中説合，秦姓愿將此地撥賣壹間，劉姓愿將此地撥賣貳間，公同立契，杜断賣出，與/……業。當日憑中，照時估值，杜断正價曹平關紋銀貳拾伍兩整。酬親畫字，交地小禮，均在正價之内。秦姓得受地價叁股之壹，劉姓得受地價/……并非利貨準折，亦無重複包套。自賣之後，永断葛藤。倘有上首不清，以及族親争論，一切違礙，俱是出筆人一力承管，與受主無涉。此係/……撥賣出民空基地文契，永遠存照。/

……注明。又照。/

……十二月〇日

立杜断撥賣出民空基地文契：秦振廷（花押）/

同同業劉許氏（十）/

憑同業翁廉伯（花押）/劉堯封（花押）/吴鏡蓉（花押）/

憑

族親：□心齋（花押）/□叙九（花押）/許蓬樵（十）/晏矩齋（花押）/

中：張頌卿（花押）/□聖符（花押）/郭問山/李兆坦（十）/洪金生（十）/伍文輝/

牙：韓錦彰（花押）/

【墨戳】（花押）/……驛街坊田房/〔經牙〕韓錦彰戳記/

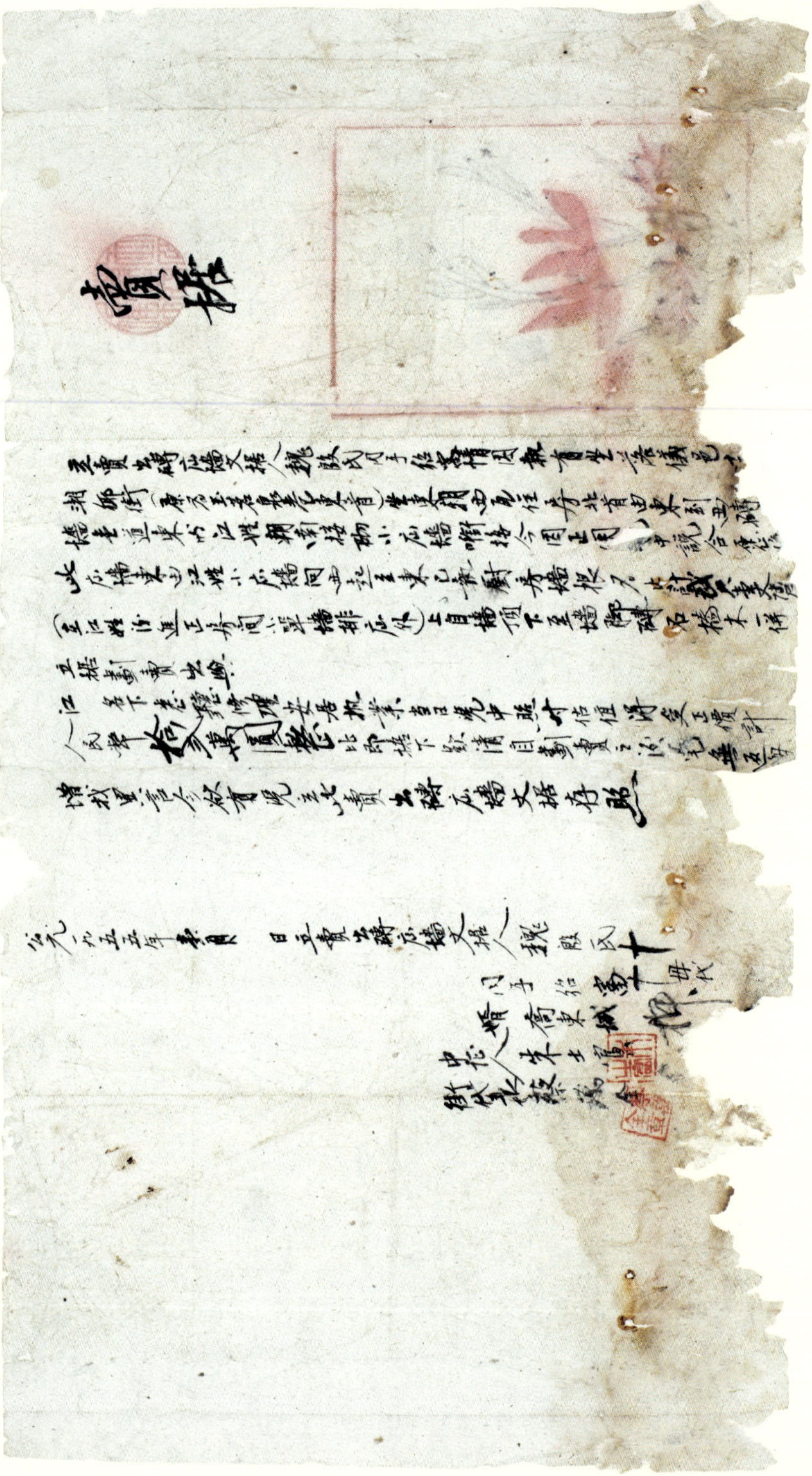

064 一九五五年魏殷氏賣出磚山墻據

賣据/

立賣出磚庛墻文据人魏殷氏同子紹富，情因執有坐落儀邑十[二]□□/湘鄉街(原爲玉茗泉巷東首)坐東朝西瓦住房北首，由東到西磚□□□/墻壹道，東與江姓朝南接砌小庛墻銜接。今因正用，[浼]中説合，愿[將]/此庛墻東由江姓小庛墻向西起，至東已執廚房墻根爲止，計裁尺壹丈陆尺/(在江姓後進正房間小單墻排庛外)，上自墻頂，下至墻脚，砖石椿木，一併/立据劃賣出與/江〇〇名下，悉聽修理、安居執業。當日憑中照時估值，得受正價計/人民幣拾弍萬圓整，比即据下欵清。自劃賣之後，毫無返[悔]/增找異言。今欲有憑，立此賣出磚庛墻文据存照。/

公元一九五五年壹月〇日

立賣出磚庛墻文据人：魏殷氏(十)/

同子：紹富(十)母代/

婿：喬東城(押)/

中証人：朱士富(名章)/

街代表：蔡萬全(名章)/

借贷契约

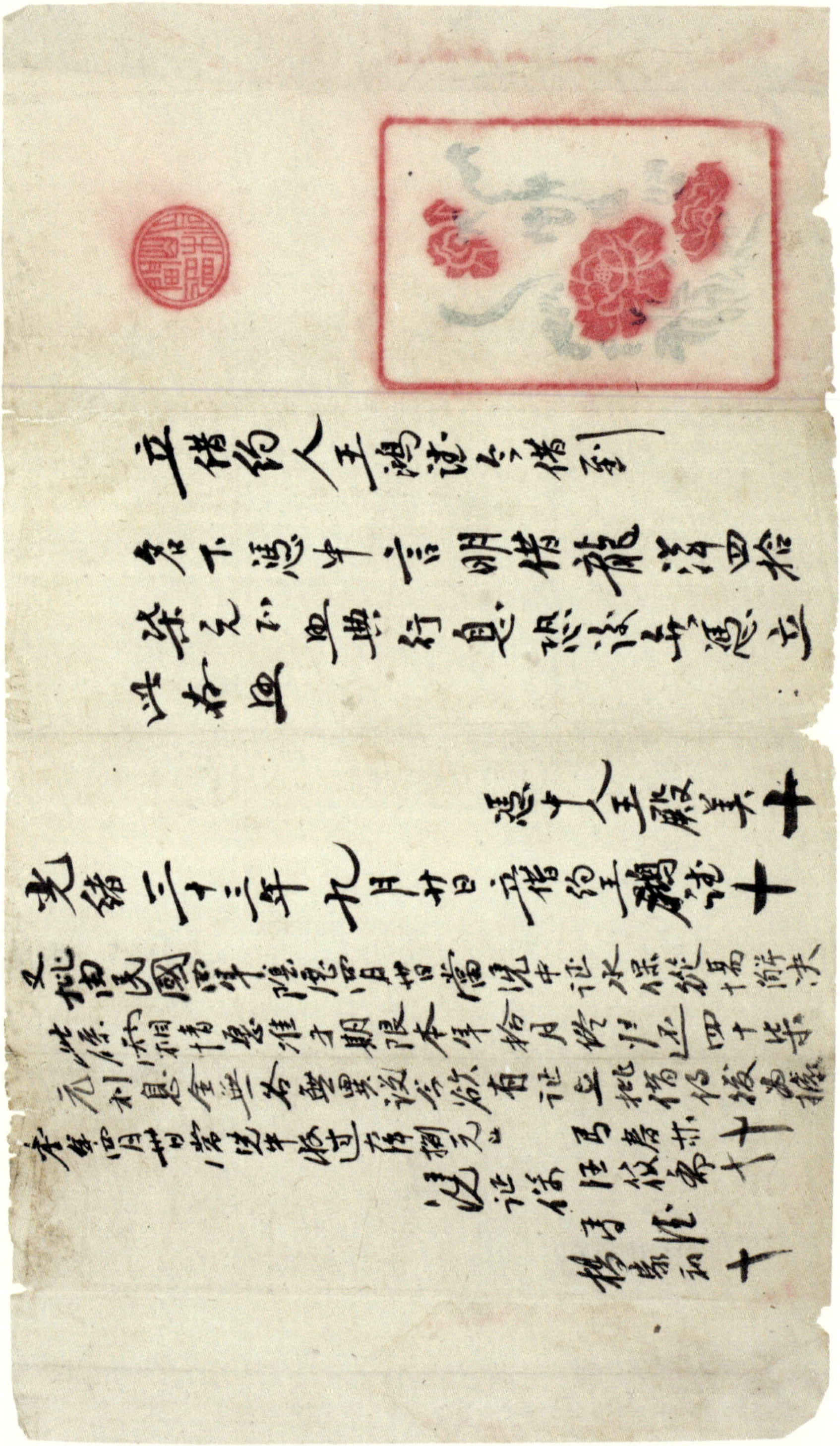
立借約人王鴻述今借到
名下憑中言明借龍洋四拾
柒元正照典行息恐後無憑立
此存照
憑中人王殿美 十
光緒三十三年九月廿日立借約王鴻述 十
又批由民國四年陰曆四月廿日當憑中証水保縱揚解決
此條承(?)桐情恩准于期限本年拾月終歸還四十柒
元利息全無各無異説今欲有証立批借約為據
本年四月廿日當憑中收過洋捌元正
憑証保 馬壽林 汪筱帆 十 李澄 楊崇和 十

065 光緒三十三年(1907)王鴻德借洋約

立借约人王鴻德,今借到/名下,憑中言明,借龍洋四拾/柒元正,照典行息。恐後無憑,立/此存照。/

憑中人:王殿美(十)/

光緒三十三年九月廿日

立借約:王鴻德(十)/

又批:由民國四年陰歷四月卅日,當憑中证、水保,從場解決。/此係兩相情愿,准于期限本年拾月終归还四十柒/元,利息全無,各無異説。今欲有证,立批借約後爲據。/本年四月卅日,當憑中收过大洋捌元正。/

憑證保:馬春林(十)/汪筱齋(十)/馬德/楊家和(十)/

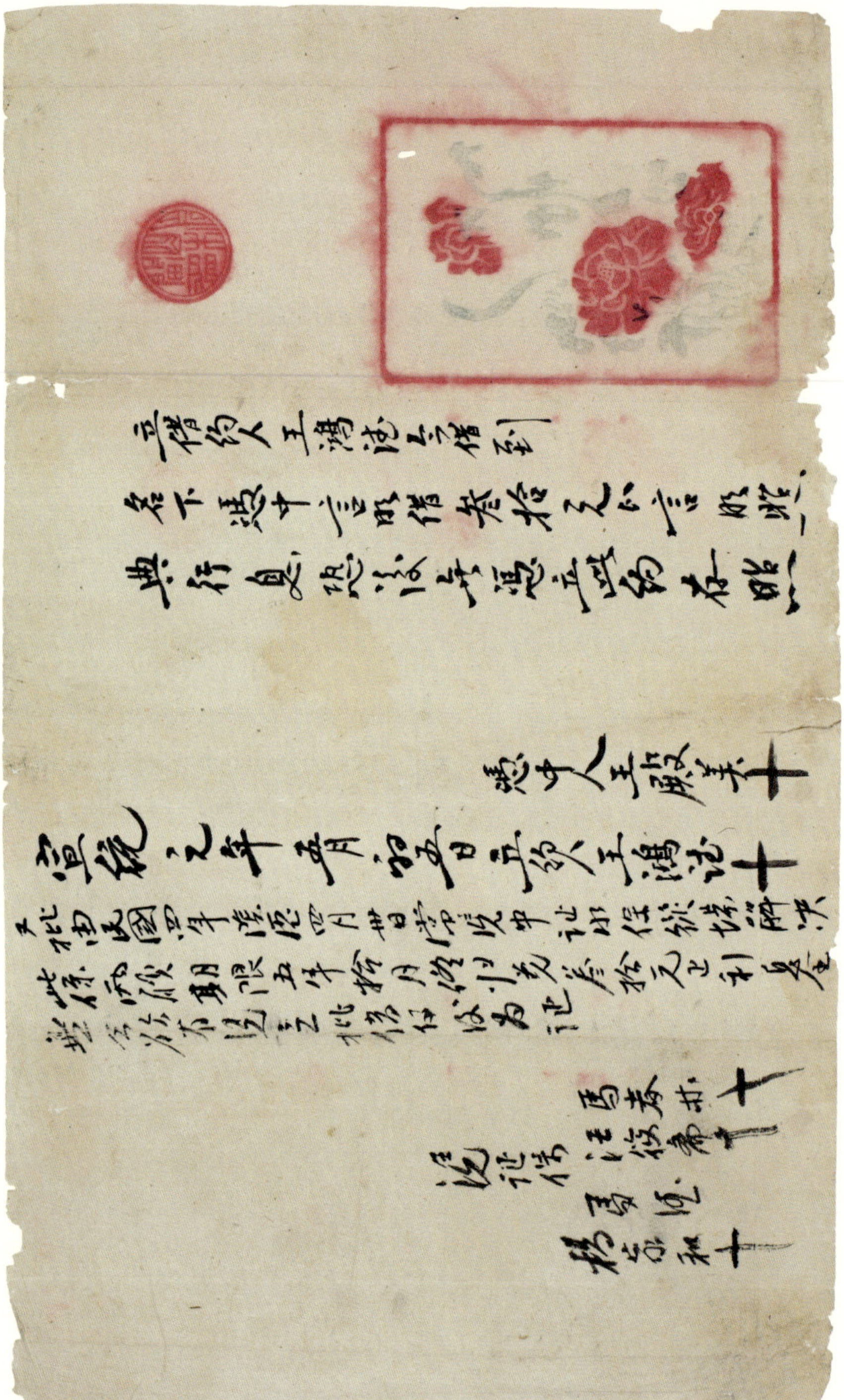
立借約人王鴻德今借到
名下憑中言明借叁拾元正言明照
典行息恐後無憑立此約存照
憑中人王殿美十
宣統元年五月初五日立約人王鴻德十
又批由民國四年陰歷四月廿日當憑中証出保欲據解決
此條兩願期限五年拾月[illegible]叁拾元正利息全
無各[illegible]立批信仍以為証
馬春林十
汪[illegible]爵十
楊宗和十
[illegible]証借
[illegible]

066 宣統元年(1909)五月王鴻德借約

立借约人王鴻德,今借到/名下,憑中言明,借叁拾元正,言明照/典行息。恐後無憑,立此约存照。/

憑中人:王殿美(十)

宣統元年五月初五日

立约人:王鴻德(十)

又批:由民國四年陰歷四月卅日,當憑中证、水保,從場解决。/此係两願,期限五年拾月終,归兑叁拾元正,利息全/無。今欲有憑,立批借约後爲证。/

憑证保:馬春林(十)/汪筱斋(十)/馬德/楊家和(十)/

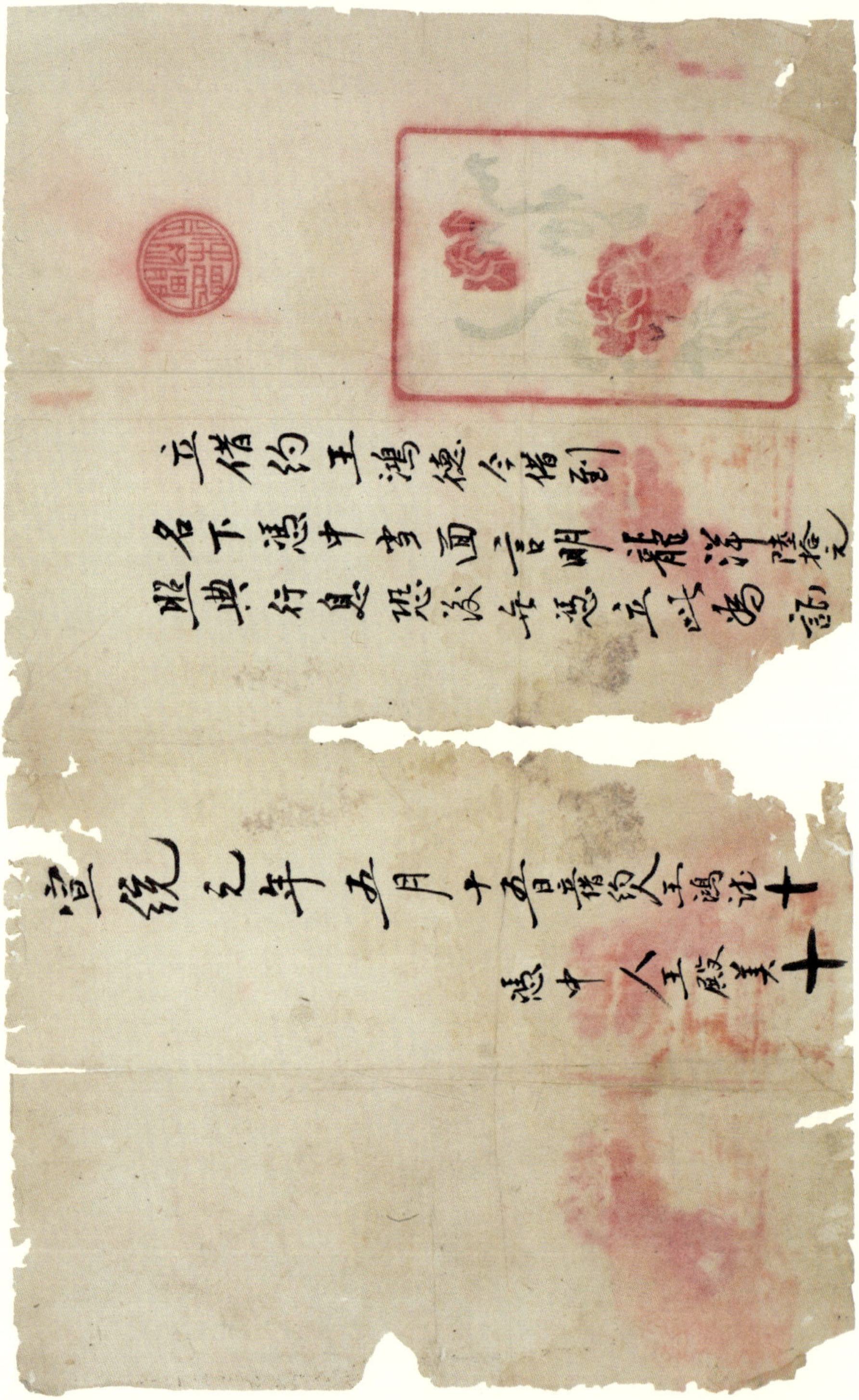

立借约王鴻德今借到
名下憑中當面言明龍洋陸拾元
照典行息恐後無憑立此為証
宣统元年五月十五日立借约人王鴻德 十
憑中人王殿美 十

067 宣統元年(1909)五月王鴻德借洋約

立借约王鴻德,今借到/名下,憑中当面言明,龍洋陸拾元,/照典行息。恐後無憑,立此爲証。/

宣統元年五月十五日

立借约人:王鴻德(十)/

憑中人:王殿美(十)/

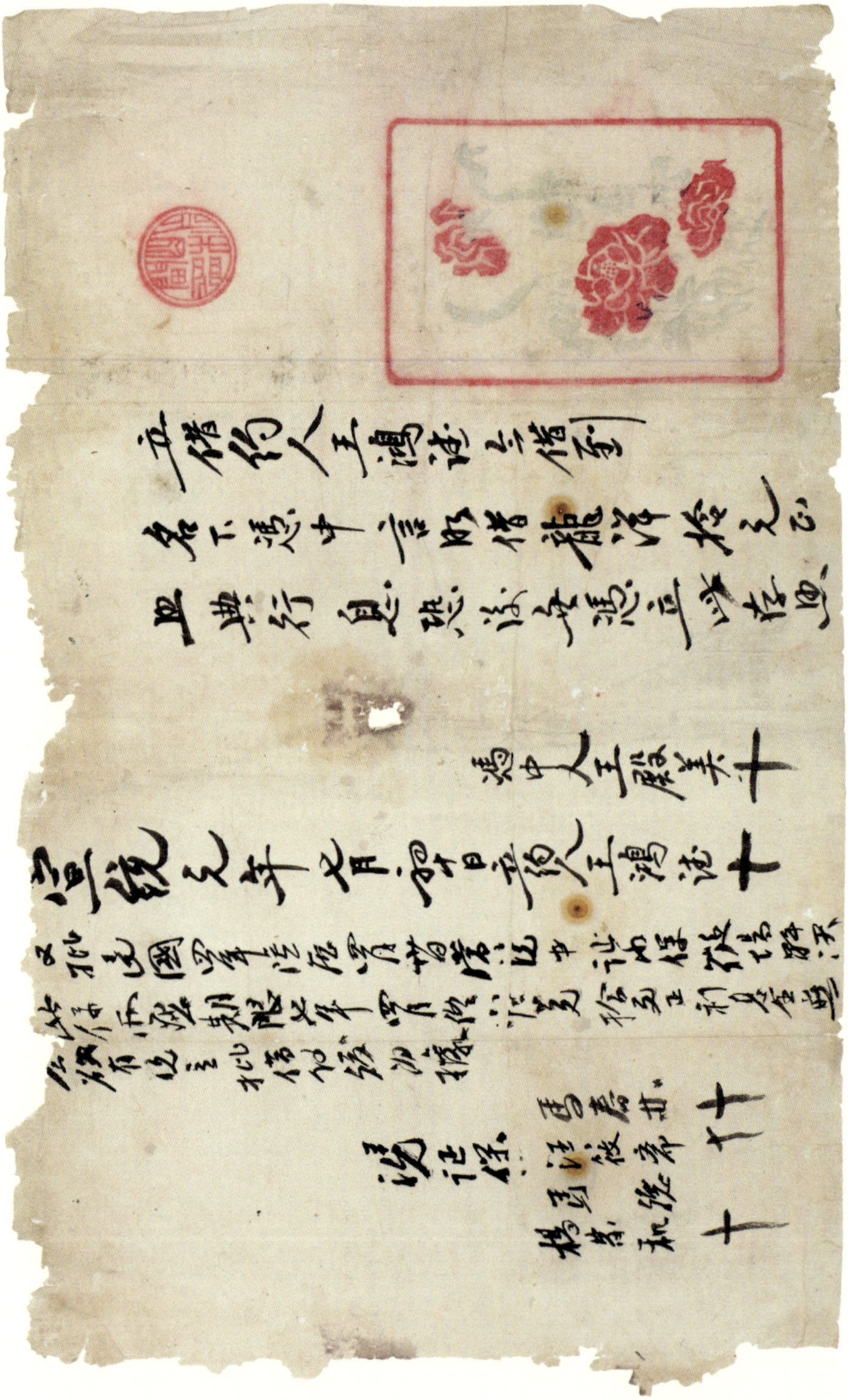

立借約人王鴻述，今借到
名下憑中言明借龍洋拾元正，
照典行息。恐後無憑，立此存照。

憑中人王殿美 十

宣統元年七月初十日 立約人王鴻述 十

又批：民國四年陸月背償，說中證內保徐鴻洪
此係兩造期限，七年四月作八成 拾元正，利息全無
後欲有說之 批借約錢洵據

憑證保：馬春林 十
汪筱帝 十
馬德
楊崇和 十

068 宣統元年(1909)七月初十日王鴻德借洋約

立借约人王鴻德,今借到/名下,憑中言明,借龍洋拾元正,/照典行息。恐後無憑,立此存照。/

宣統元年七月初十日

憑中人:王殿美(十)/

立约人:王鴻德(十)/

又批:民國四年陰歷四月卅日,當憑中证、水保,從場解决。/此係两愿,期限七年四月終,归兑拾元正,利息全無。/今欲有憑,立批借约後为據。/

憑证保:馬春林(十)/汪筱斋(十)/馬德/楊家和(十)/

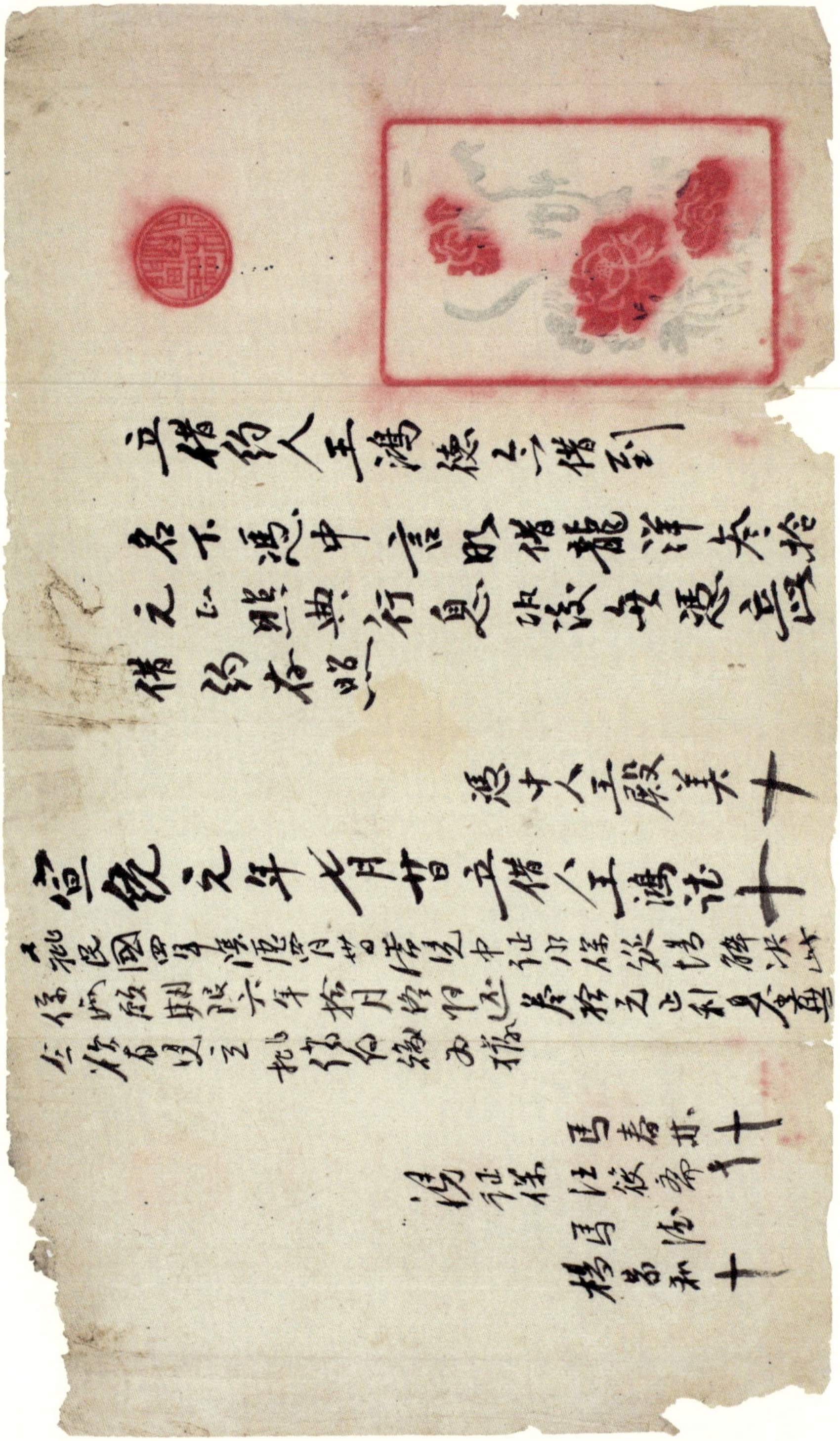

立借約人王鴻德今借到
名下憑中言明借龍洋叁拾
元正照典行息不得無憑立
借約存照

憑中人王殿美 十

宣統元年七月廿日立借人王鴻德 十

又批民國四年陰歷四月廿日憑中証人保從場解決此
係兩願期限六年拾月終歸還叁拾元正利息全無
今欲有憑立批係約為據

憑証保 馬春林 十
汪筱齋 十
馬 法
楊崇和 十

069 宣統元年(1909)七月二十日王鴻德借洋約

立借約人王鴻德,今借到/名下,憑中言明,借龍洋叁拾/元正,照典行息。(巩)〔恐〕後無憑,立此/借約存照。/

宣統元年七月廿日

憑中人:王殿美(十)/

立借人:王鴻德(十)/

又批:民國四年陰歷四月卅日,當憑中证、水保,從場解决。此/係两願,期限六年拾月終,归还叁拾元正,利息全無。/今欲有憑,立批借约後为據。/

憑证保:馬春林(十)/汪筱斋(十)/馬德/楊家和(十)/

立借約人刘得福今借到

名下借得大洋叁元整，当日憑中言明照典

行息，又得銀洋拾叁元，至此年冬交，每吊加

憑，立此借約存照。

民廿年八月　立借約人刘得福　十

憑中人　熊湘圃　十

王大煥　十

070 民國戊午(1918)劉得福借洋約

立借约人刘得福,今借到/名下,借得大洋叁元整,当日憑中言明,照典/行息,不得短少。期至次年完还。今欲有/憑,立此借约存照。/

戊午年六月〇〇

立借约人:刘得福(十)/

憑中人:熊開富(十)/王大嫂(十)/

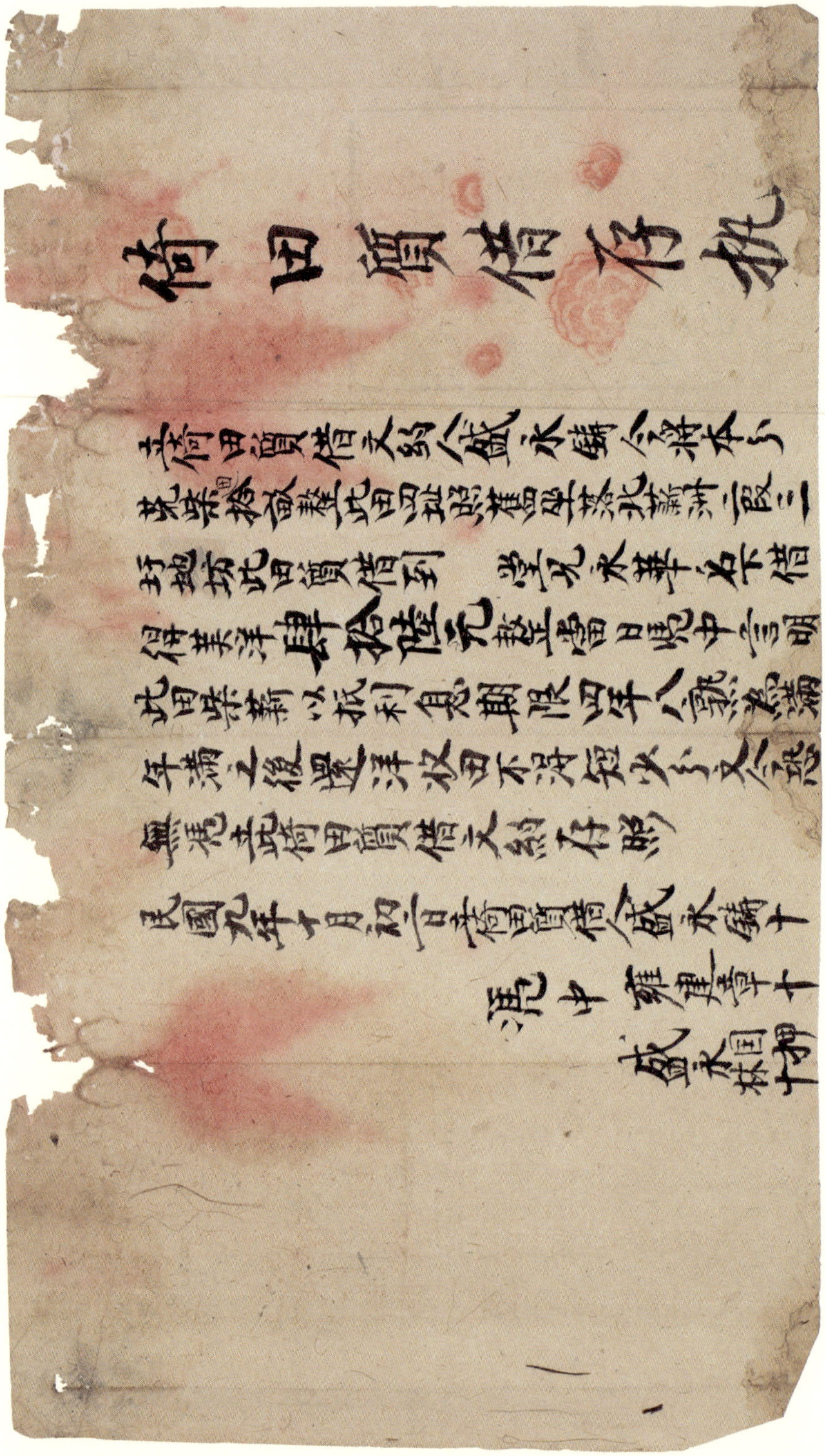

倚田賃借存執

立倚田賃借文約人盛永錫，今將本戶
先業田撥獻整此田坐落雄盛坐落北薪沖亮段三
圻地坊此田賃借到　堂兄永華名下借
得某洋肆拾陸元整，當日憑中言明
此田出柴薪以抵利息，期限四年今就已滿
年滿之後還洋收田，不得短少，今人無
無憑，立此倚田賃借文約存照
民國九年十月初三日立倚田賃借人盛永錫十
憑中　雍建章十
盛永林押

071 民國九年(1920)盛永鑄倚田質借存執

倚田質借存执/

立倚田質借文约人盛永鑄,今將本分/荒柴田拾畝整,此田四址照舊,坐落北薪洲二段三/圩地坊。此田質借到○○堂兄永華名下,借/得美洋肆拾陸元整。當日憑中言明,/此田柴薪以抵利息,期限四年八熟爲滿。/年滿之後,還洋收田,不得短少分文。今恐/無憑,立此倚田質借文約存照。/

民國九年十月初二日

立倚田質借人:盛永鑄(十)/

憑中:雍建章(十)/盛永国(押)/盛永林(十)

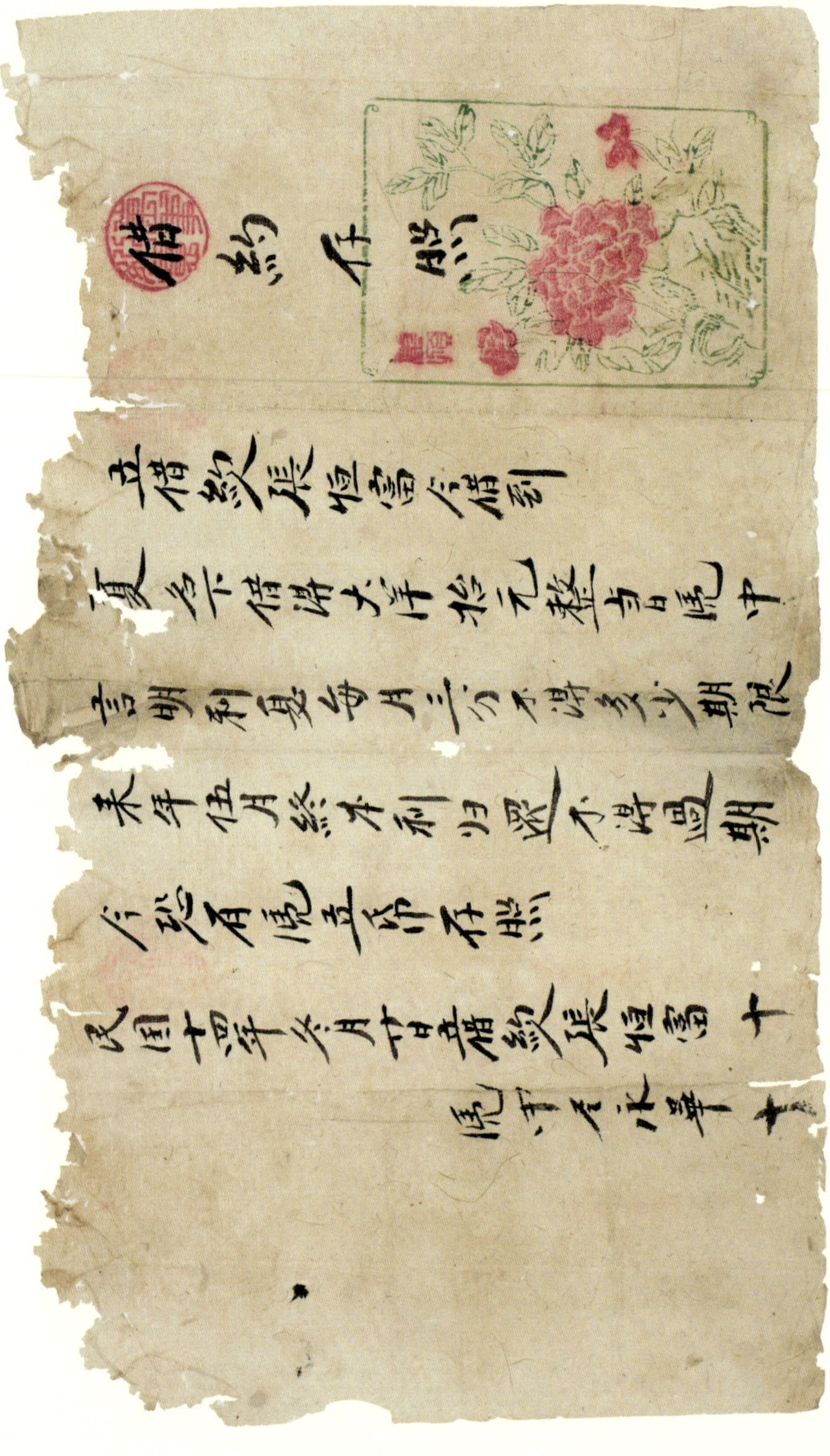

借約存照

立借約人張恒富今借到
夏名下借得大洋拾元整当日憑中
言明利息每月三分不得多少期限
來年伍月終本利归還不得過期
今恐有憑立此存照
民国十四年冬月廿日立借約人張恒富 十
憑中石永華 十

072 民國十四年(1925)張恒富借洋約

借約存照/

立借約人張恒富,今借到/夏名下,借得大洋(抬)〔拾〕元整。当日憑中/言明,利息每月三分,不得多少。期限/来年伍月終,本利归還,不得過期。/今恐(有)〔無〕憑,立帋存照。/

民國十四年冬月廿日

立借約人:張恒富(十)/

憑中:(圣)〔盛〕永華(十)/

憑立找價文約人陳玉才今因祖遺坐落北薪洲弍段三圩課
田七畝五分因早年杜斷盛姓名下杜斷正價憑中交兑清楚分厘不欠
民國十五年家中生計不敷請中說合情借銅元四仟因有以後先祖
病故西邊家內無法央中與盛姓情借大洋拾元倘有以後再有異見
生枝將原洋憑中歸還無得異言今欲有憑立此情借一紙
為據存執

民國十伍年冬月廿八日　立借找加文約人　陳玉才十

憑中　徐文奎十

陳照金十

073 民國十五年(1926)陳玉才情借文約

憑立找價文約人陳玉才，今因祖遺坐落北薪洲弍段三圩課/田七畝五分，因早年杜断盛姓名下，杜断正價，憑中交兑清楚，分厘不欠。/民國十五年，家中生计不敷，请中説合，情借銅元四仟。因有以後先祖/病故西遊，家内無法，央中與盛姓情借大洋拾元。倘有以後再有異見/生枝，將原洋憑中歸还，無得異言。今欲有憑，立此情借一帋/爲據，存执。

民國十伍年冬月廿八日

立借找加文約人：陳玉才(十)

憑中：徐文奎(十)/陳照金(十)

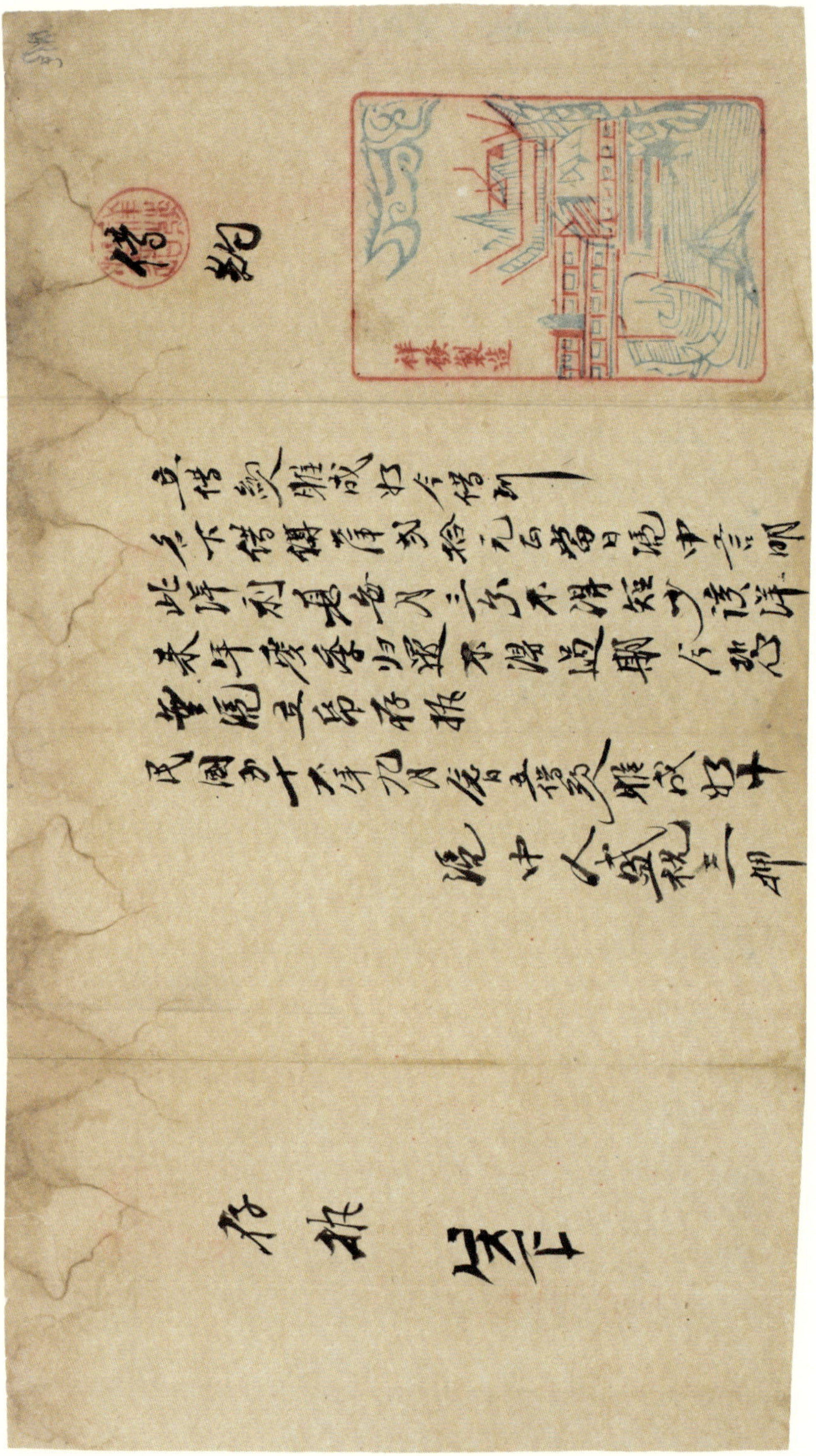

借約

立借約人龍成炳，今借到
名下借銅洋弍拾元正，當日憑中言明
此洋利息每月三分，不得短少，該洋
來年麥季歸還，不得過期。今恐
無憑，立字存據。
民國廿六年九月念日立借約人龍成炳十
憑中人盛毓三 押

存據 [illegible]

祥發製造

074 民國十六年（1927）睢成如借洋約

借約/

立借約人睢成如，今借到/名下，借得大洋式拾元正。當日憑中言明，/此洋利息每月三分，不得短少。該洋/来年麥季归還，不得過期。今恐/無憑，立帋存执。

民國十六年九月念日

立借約人：睢成如（十）/

憑中人：盛祝三（押）/

存执/

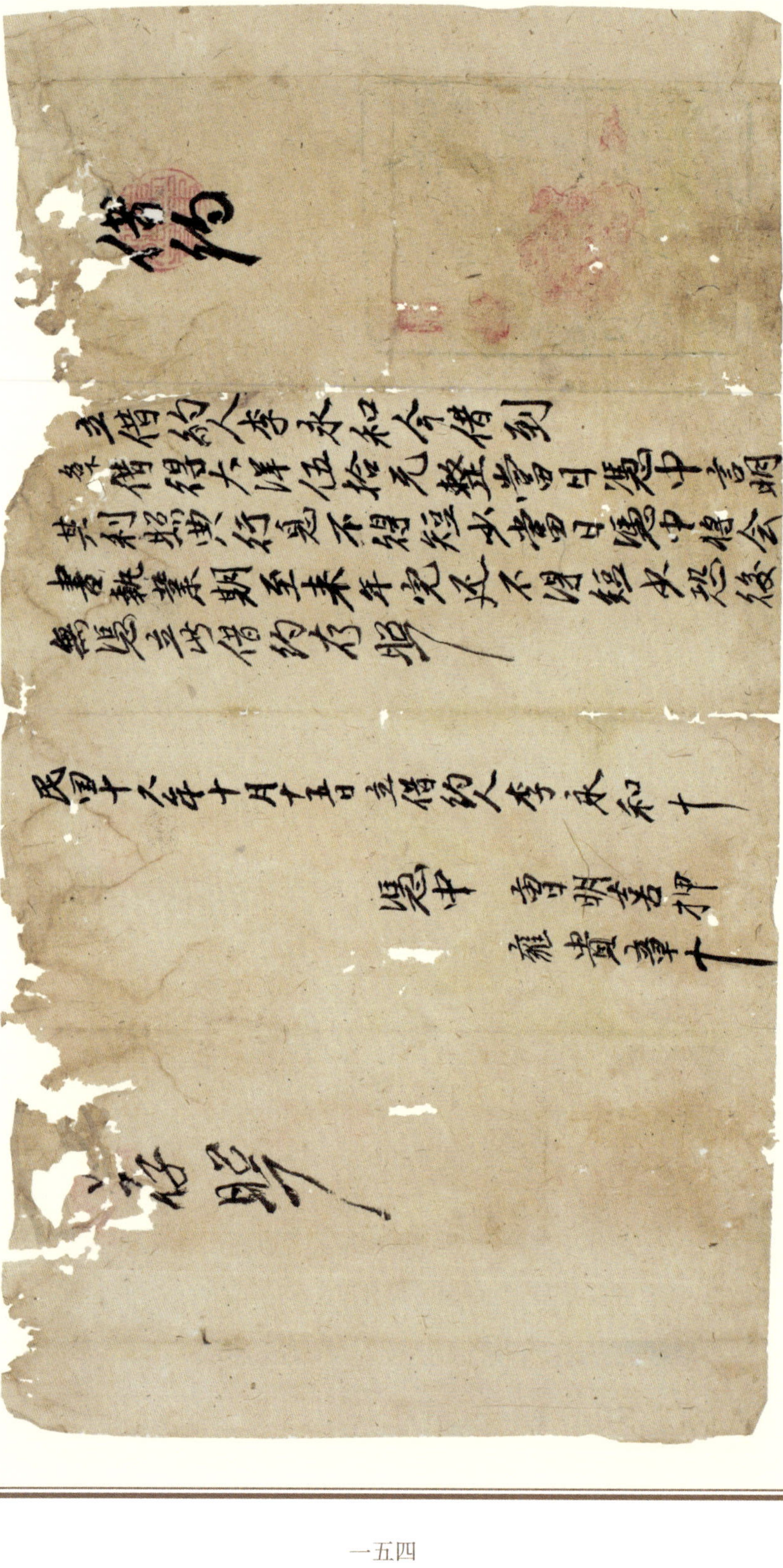

借約

立借約人李永和今借到
名下借得大洋伍拾元整，當日憑中言明
其利照週年行息，不得短少，當日憑中借今
書執據，期至來年完足，不得短少，恐後
無憑，立此借約存照。

民國十六年十月十五日立借約人李永和 十
憑中 李明善押
龍惠章 十

借照

075 民國十六年(1927)李永和借洋約

借約/

立借約人李永和,今借到/名下,借得大洋伍拾元整,當日憑中言明,/其利照典行息,不得短少。當日憑中將会/書執業期至来年完还,不得短少。恐後/無憑,立此借约存照。/

民國十六年十月十五日

立借約人:李永和(十)/

憑中:曹明喜(押)/雍貴章(十)/

存照/

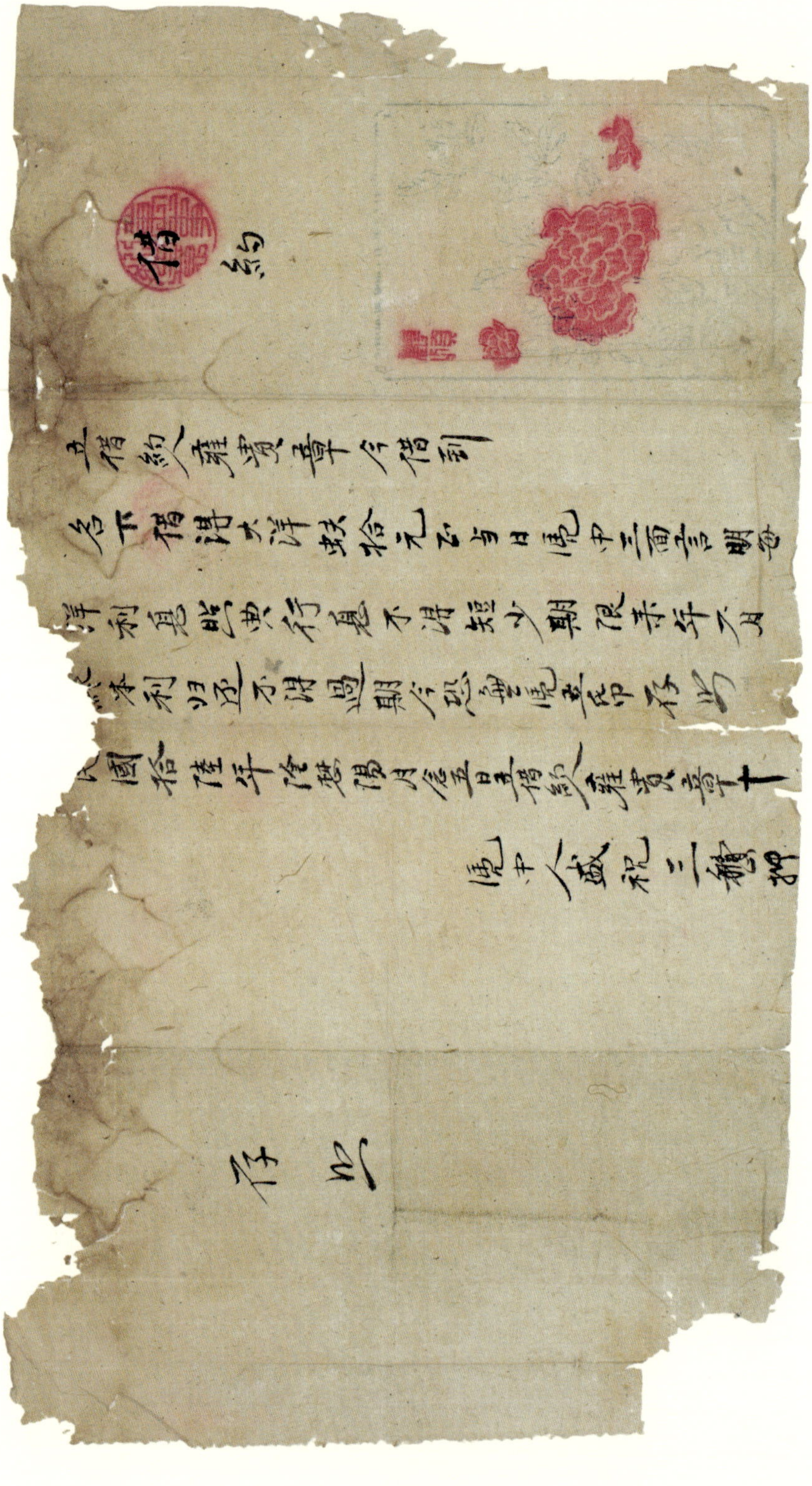

借約

立借約人雍貴章今借到
名下借得大洋蚨拾元正当日凴中三面言明每
洋利息照典行息不得短少期限来年八月
本利归还不得過期今恐無凴立此存照
民國拾陸年陰歷陽月念五日立借約人雍貴章十
凴中人盛祝三穗押

存照

076 民國十六年(1927)雍貴章借洋約

借約/

立借約人雍貴章,今借到/名下,借得大洋蚨拾元正。当日憑中,三面言明,每/洋利息照典行息,不得短少。期限(耒)〔来〕年六月/終,本利归还,不得過期。今恐無憑,立帋存照。/

民國拾陸年陰曆陽月念五日

立借約人:雍貴章(十)/

憑中人:盛祝三(花押)/

存照/

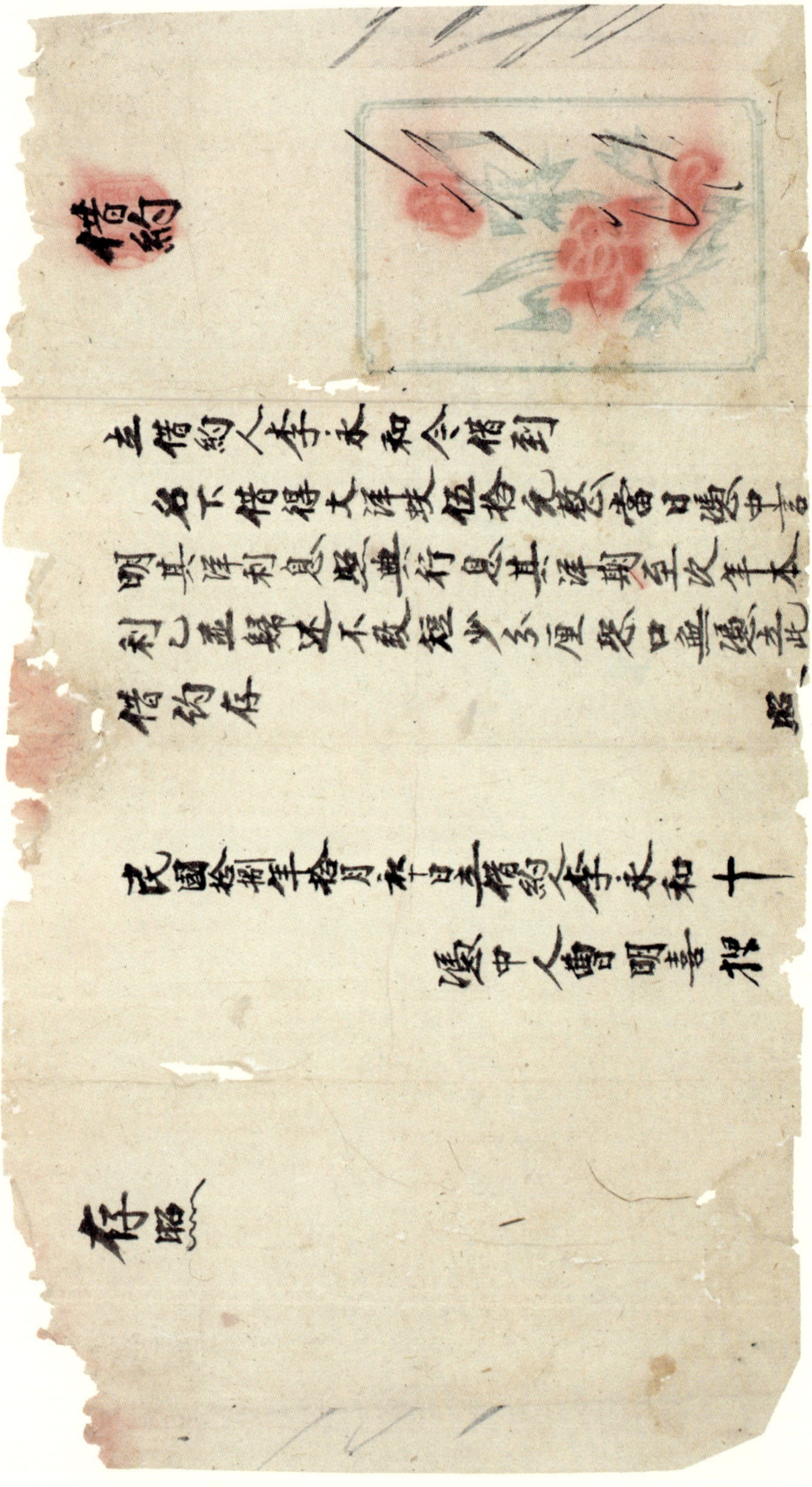

借約

立借約人李永和今借到
名下借得大洋貳伍拾元整，當日憑中言
明其洋利息照典行息，其洋期至次年本
利一並歸還，不致短少分厘，恐口無憑，立此
借約存照。

民國拾捌年拾月廿日立借約人李永和 十

憑中人曹明喜 押

存照

077 民國十八年(1929)李永和借洋約

借約/

立借約人李永和,今借到/名下,借得大洋蚨伍拾元整。當日憑中言/明,其洋利息照典行息,其洋期至次年,本/利乙並歸还,不致短少分厘。恐口無憑,立此/借約存照。/

民國拾捌年拾月初十日

立借約人:李永和(十)/

憑中人:曹明喜(押)/

存照/

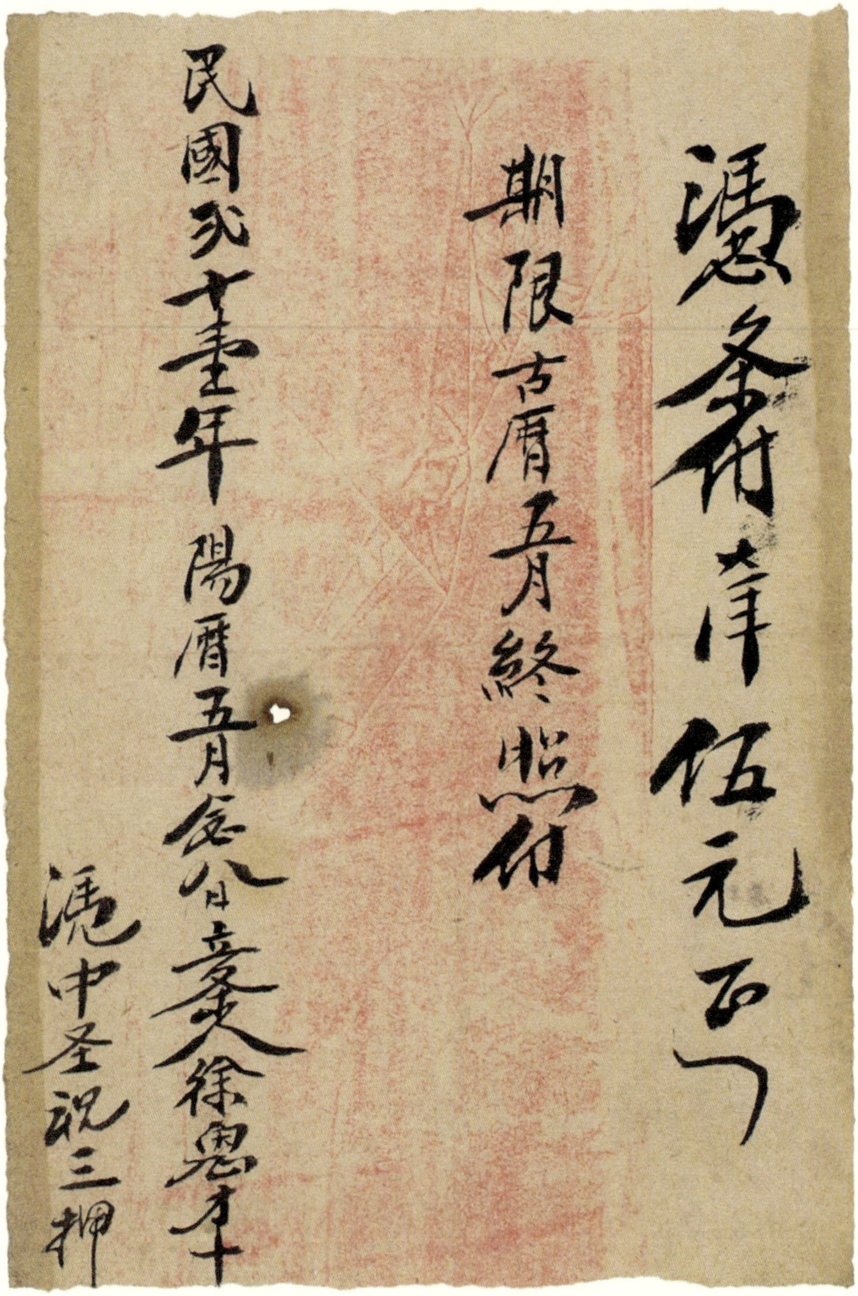
憑条付大洋伍元正

期限古曆五月終照付

民國弍十壹年 陽曆五月念八日 立票徐恩才

憑中聖祝三押

078 民國二十一年(1932)徐恩才支付憑條

憑条付大洋伍元正。/

期限古曆五月終,照付。/

民國弍十壹年陽曆五月念八日

立条人:徐恩才(十)

憑中:(圣)〔盛〕祝三(押)/

凭条收付會洋贰拾元整

期至乙亥年六月初十照得

民國貳拾壹年六月二十六日立會条人石文才十

079 民國二十一年(1932)石文才會條

憑条收付會洋弍拾元整。/

期至乙亥年六月初十照得。/

民國貳拾壹年六月二十六日

立會条人：石文才(十)/

存照

立倚田質借文約人盛永鑄，今借到
堂兄永華名下借得大洋弍佰叁拾元整。當日憑言明祖遺己份高沙田拾伍畝，坐
落本段四圩莊基門面，該田界址照老契為憑，場基壹應在内，該田麥菁在田，當日
言明該田期限四年八熟，期滿之後，依期交生備原價取贖，倘有過期，次年交生備價
取贖，不得攔價拖欠分文。即日憑中價洋壹佰〔弍佰叁拾元〕兑清，分厘不欠。該田季典之後，本田錢
粮由民國二十弍年上忙均归永華赴櫃完納，倘有上年滿完一均不清，均归永鑄負責，
于永華無涉。此事两愿，非中压成。今恐無憑，立紙存照。

民國弍十二年國曆拾弍月十三日

立倚田質借文約人盛永鑄 押
張文慶 十
雍貴章 十
雕成如 押
徐在棠 十
盛錫仁 十
陳涌祥 十
方文榮 押

倚田質借

080 民國二十一年（1932）盛永鑄倚田質借文約

存照/

立倚田質借文約人盛永鑄，今借到/堂兄永華名下借得大洋弍伯叁拾元整。當日憑言明，祖遺己份高沙田拾伍畝，坐/落本段四圩莊基門面。該田界址，照老契爲憑，塲基壹應在内。該田麥菁在田。當日/言明，該田期限四年八熟。期滿之後，低期交生，備原價取贖。倘有過期，次年交生，備價/取贖，不得爛價，拖欠分文。即日憑中價洋弍伯四拾元，壹併兑清，分厘不欠。該田至典之後，本田錢/粮由民國二十弍年上忙，均归永華赴櫃完納。倘有上年漏完，一切不清，均归永鑄負責，/于永華無涉。此事兩愿，非中屈成。今恐無憑，立紙存照。/

民国弍十一年国曆拾弍月十三日

立倚田質借文約人：盛永鑄（押）/

張文慶（十）/雍貴章（十）/睢成如（押）/徐在荣（十）/盛錫仁（十）/陳開祥（十）/方文荣（押）/

倚田質借/

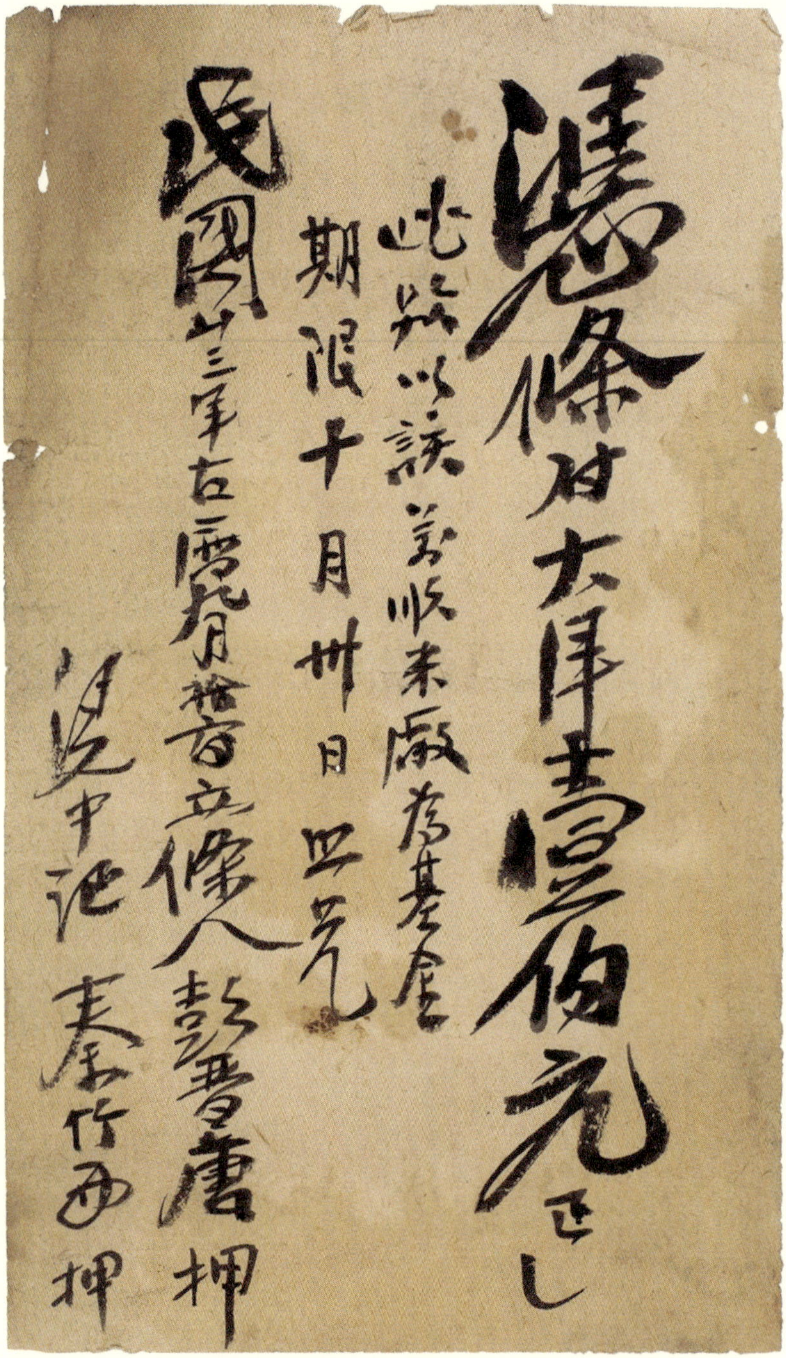

憑條付大洋壹佰元正
此款以該茶帳來廠爲基倉
期限十月卅日照兑
民國卅三年古曆九月拾壹立憑人彭普唐押
經中證 秦竹西押

081 民國二十三年(1934)彭晉唐支付憑條(一)

憑條付大洋壹伯元正。/

此款以該萬順米廠爲基金,/期限十月卅日,照兑。/

民國廿三年古曆九月拾六日

立條人:彭晉唐(押)/

憑中证:秦竹西(押)/

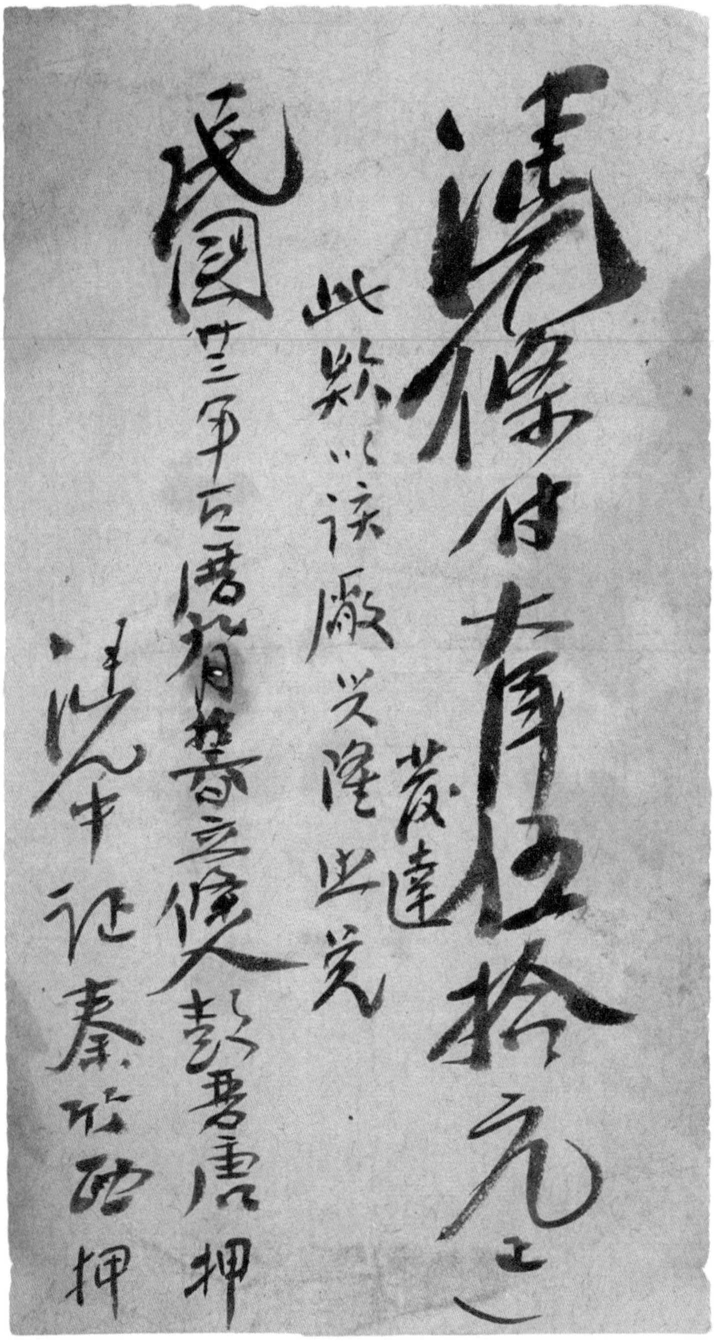
憑條付大洋伍拾元正
茂達
此款以該廠興隆出兌
民國廿三年古曆冬月廿日立條人彭善唐押
憑中證秦作砥押

082 民國二十三年(1934)彭晉唐支付憑條(二)

憑條付大洋伍拾元正。/

此款以该厰興隆發達,照兑。/

民國廿三年古曆九月拾六日

立條人:彭晉唐(押)/

憑中证:秦竹西(押)/

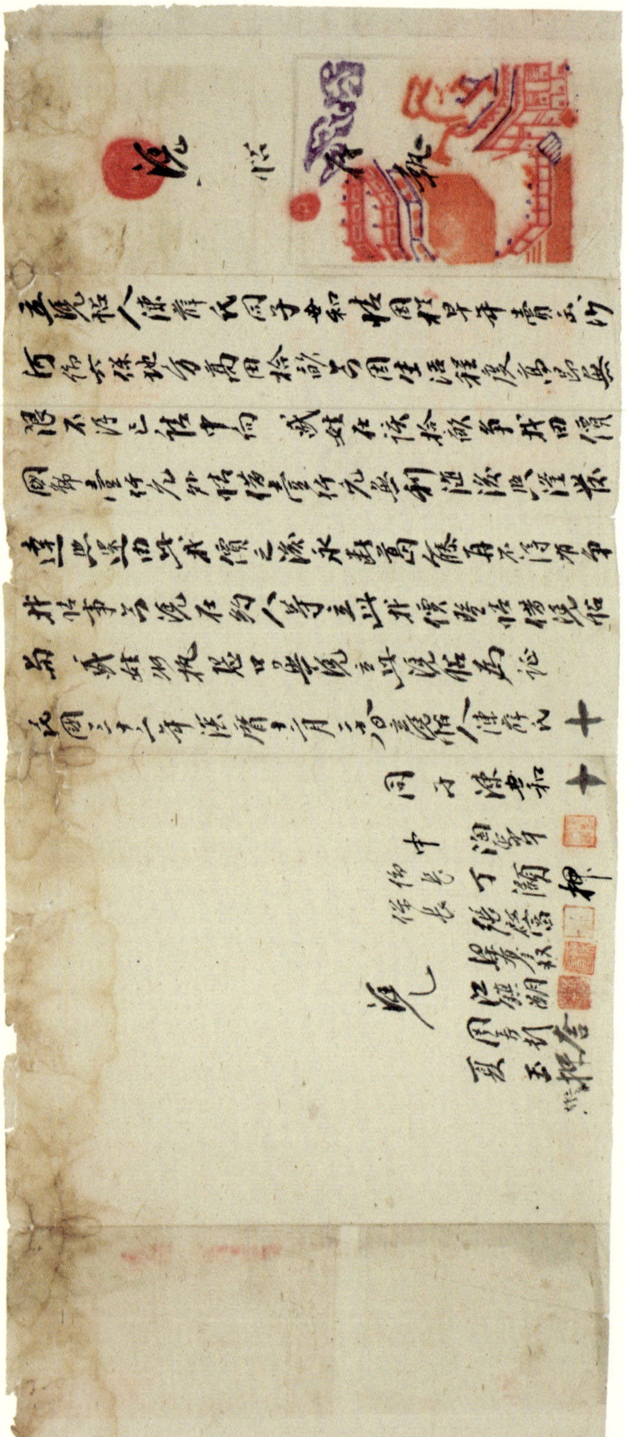

083 民國三十二年(1943)陳薛氏找價暨情借憑帖

憑帖存執/

立憑帖人陳薛氏同子世和,情因於早年賣出沙/河鄉六保地方高田拾畝。今因生活程度高昂無/限,不得已,请中向盛姓在该拾畝争找田價/國幣壹仟元外,情借壹仟元,無利,隨後興隆發/達,照還。由此找價之後,永断葛籐,再不得有争/找情事。今憑在约人等,立此找價暨情借憑帖,/與盛姓收执。恐口無憑,立此憑帖爲证。/

民國三十二年陰曆十二月二十八日

立憑帖人:陳薛氏(十)/同子陳世和(十)/

中:陶聚才(名章)/

鄉長:丁灝(押)/

保長:張啓富(名章)/

憑:梁有鑫(梁友星名章)/江鎮潮(名章)/周寿彭(大吉)/夏玉(押)/

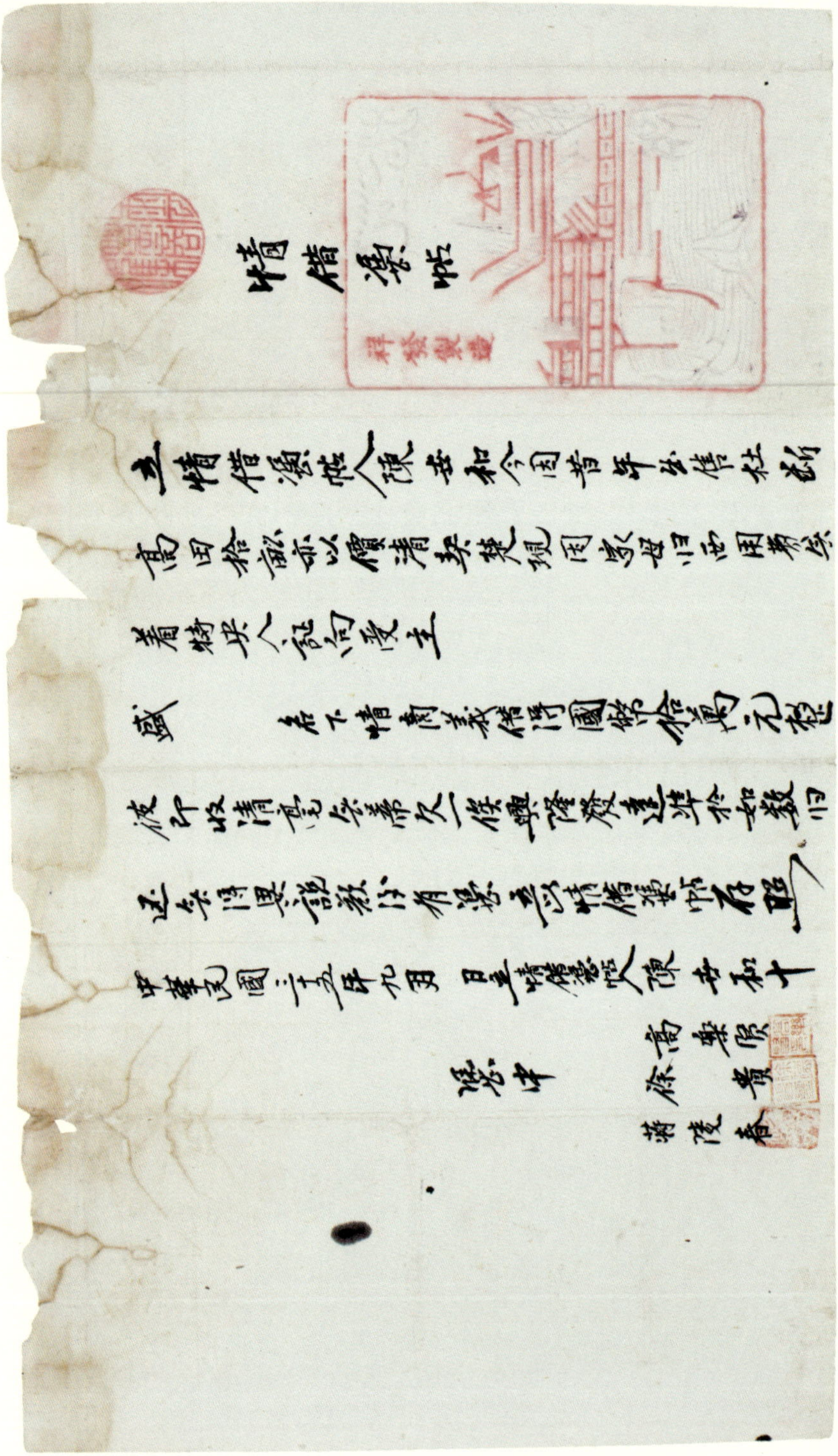

情借憑帖

立情借憑帖人陳壽和今因需手乏借到杜劭
高田名下洋以償清楚其現因家道困難無
着特央人說向處主
處　名下情商義借得國幣洋萬元整
彼即收清再無分文少一併歸隆發達洋於本數歸
還今恐口說無憑特立此情借憑帖存照
中華民國三十五年九月　日立情借憑帖人陳壽和十
高華侯
憑中　徐貴
蔣茂春

084 民國三十五年（1946）陳世和情借憑帖

情借憑帖 /

立情借憑帖人陳世和，今因昔年出售杜断 / 高田拾畝，亦以價清契楚。現因家母归西，用費無 / 着，特央人証向受主 / 盛〇〇名下情商義借，得國幣拾萬元整。/ 彼即收清，毫無蒂欠。一俟興隆發達，準於如数归 / 还，無得異説。欲後有憑，立此情借憑帖存照。/

中華民國三十五年九月〇日

立情借憑帖人：陳世和（十）/

憑中：高樂賢（名章）/ 徐貴（徐德貴章）/ 蔣陵春（名章）/

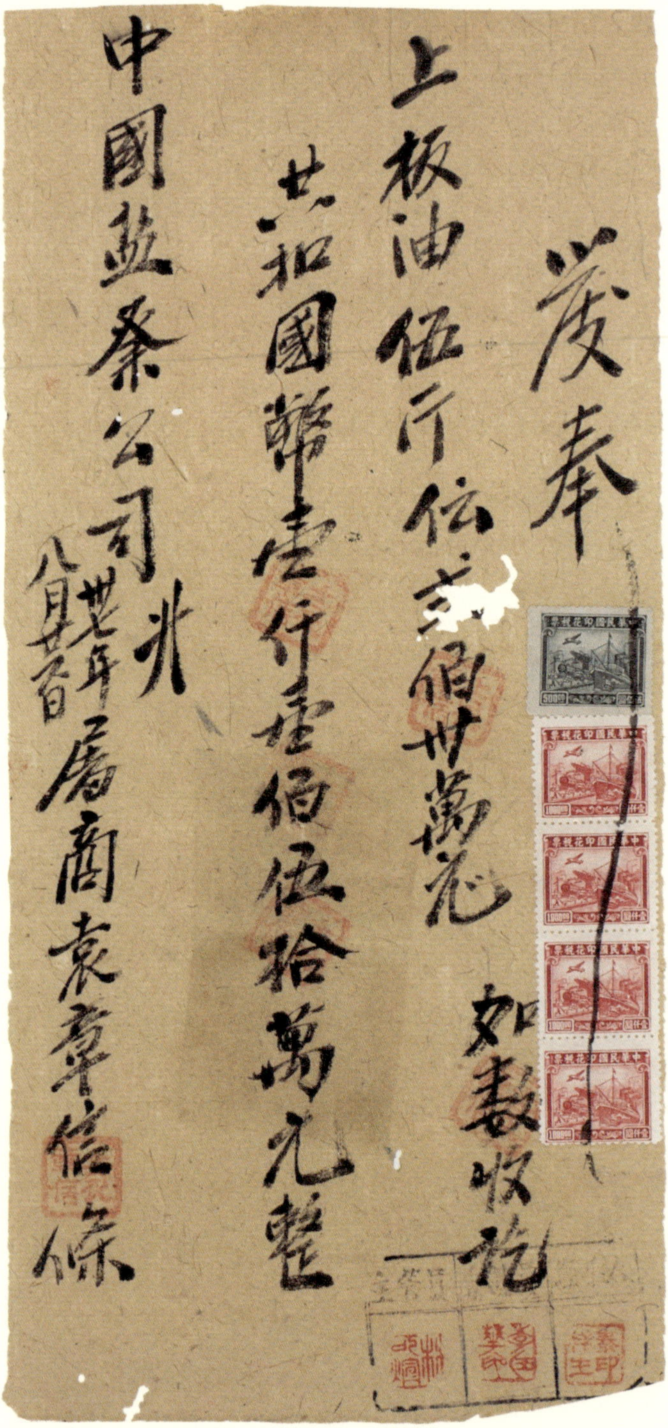
茲奉
上板油伍斤價貳佰卅萬元
如數收訖
共和國幣壹仟壹佰伍拾萬元整
中國鹽業公司 照
卅七年八月廿四日 屬商袁章信條

085 民國三十七年(1948)袁章信便條

發奉/

上板油伍斤,(伝)〔價〕弍佰卅萬元,/共扣國幣壹仟壹佰伍拾萬元整。/中國盐茶公司升/卅七年八月廿六日,屠商袁章信(名章)條/

如数收讫。/

【藍戳】主管員:林可煊(名章)。□□□:李國華印(名章)。經手人:秦祥生印(名章)。

經營契約

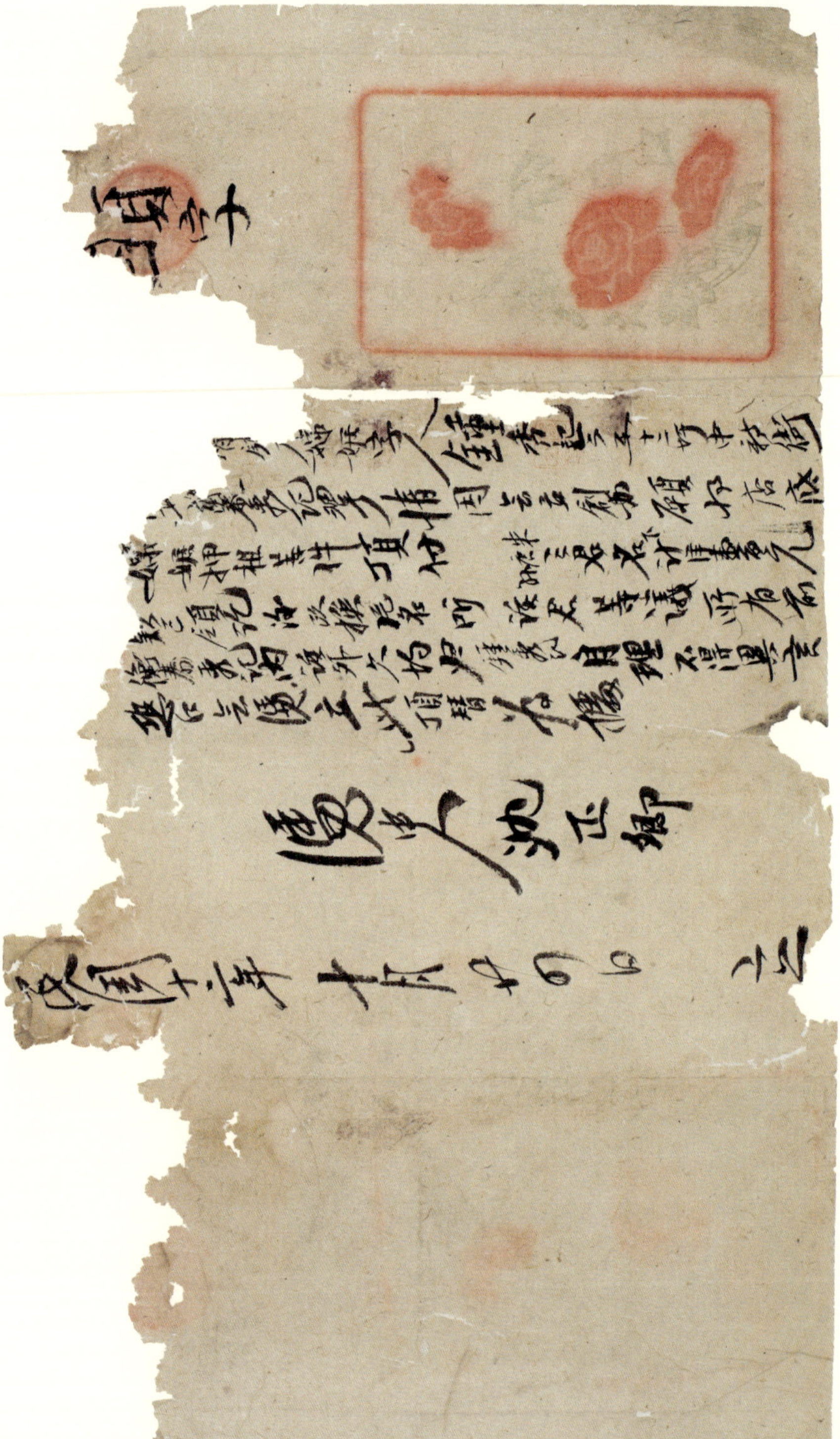

086 民國十二年(1923)鍾秀記押租契約

[頂]字/

□□[替]□□嫁娓字人鍾秀記，今在十二圩中新街/□□[衡]泰秀记油号，情因無(立)〔力〕創办，願將店底/嫁娓押租等件，頂付朱、唐、孫三君名下，計洋壹百元，/[欵]已領訖。後改換(片)〔爿〕名，听該君等議。所有前/衡泰秀记内该外欠，均归鍾秀記自理，不得異言。/恐後無憑，立此頂替爲據。/

憑中人：沈正卿/

民國十二年十月廿四日立/

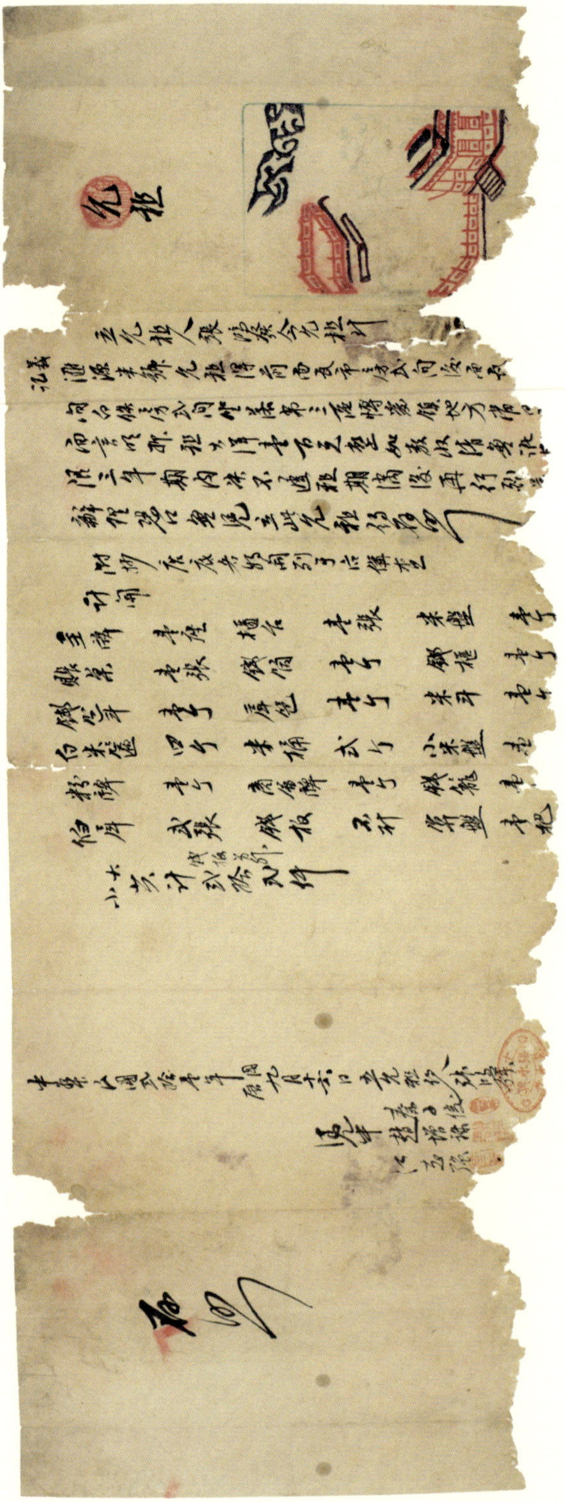

087 民國二十一年(1932)張鴻發允租義記匯源米號約

允租/

立允租人張鴻發,今允租到/義記匯源米號,允租得前面瓦市房弍間,後面瓦〔房〕□/間,白鐵房弍間,坐落第三區博愛鎮地方。當日[三]/面言明,押租大洋壹百元整,如数收清無訛。[期]/限三年,期内决不遲租。期滿後,再行酌[議]/辦理。恐口無憑,立此允租約存照。/

附抄店底各物,開列于后備查。/

計開:/

主牌壹座,櫃台壹張,米盤壹个,/賬桌壹張,錢筒壹个,錢櫃壹个,/鐵笆斗壹个,戽笆壹个,米斗壹个,/白米匾四个,米桶弍个,小米盤壹个,/粉牌壹个,商會牌壹个,錢籠壹[个],/伯戽弍張,錢板不計,算盤壹把。/

大小共計弍拾弍件(錢板另外)/

中華民國弍拾壹年國曆九月十六日

立允租約人:張鴻發/

憑中:秦子俊(秦賢庸名章)/趙增禄(名章)/江志强(江仁麟名章)/

存照/

【圓章】十二圩張永興□木作

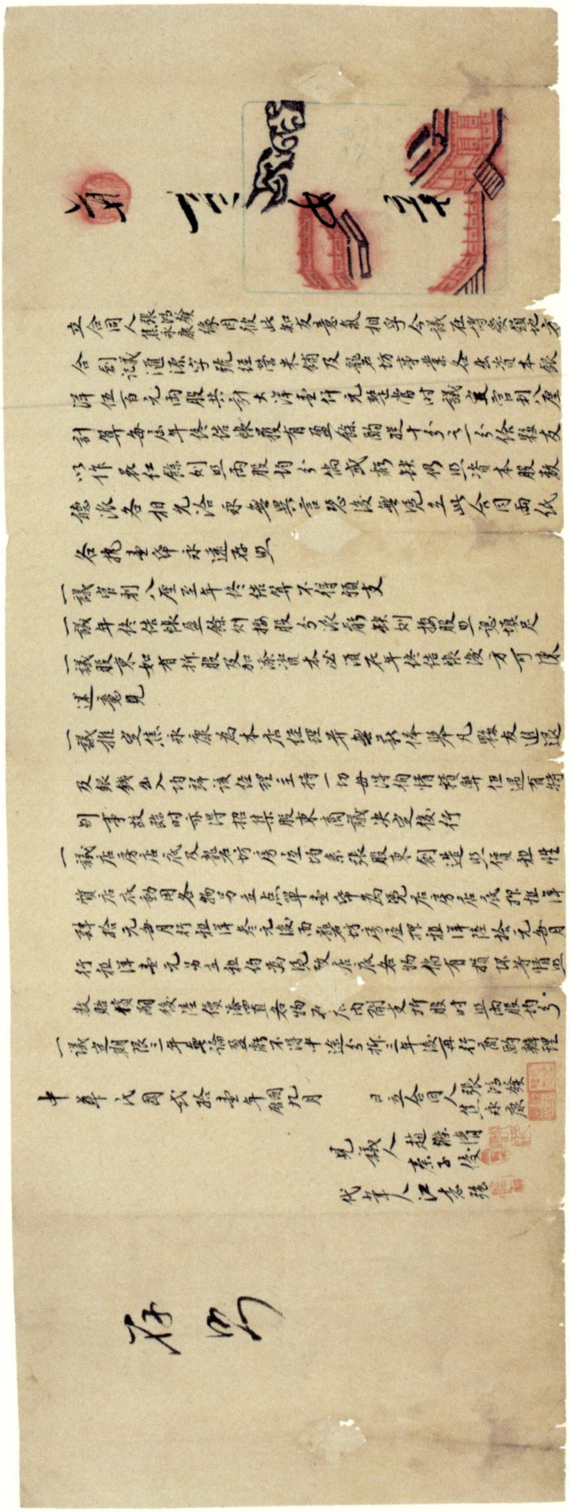

088 民國二十一年(1932)張鴻發、焦永康經營合同

立合同人張鴻發、焦永康,緣因彼此知友,意氣相孚,今議在博愛鎮地方/合創義记匯源字號,經營米舖及磨坊事業。各出資本銀/洋伍百元,兩股共計大洋壹仟元整。當时議定官利八厘計算,/每届年終結帳。獲有盈餘,酌提十分之一,分給夥友,/以作花紅;餘則照兩股均分。倘或虧缺,仍照資本股数/聽派。各相允洽,永無異言。恐後無憑,立此合同兩紙,各执壹帋,永遠存照。

一、議官利八厘,至年終結算,不得預支。/

一、議年終結帳,盈餘則按股分派,虧缺則按股照認填足。/

一、議股東如有拆股及加添資本,必須在年終結帳後,方可陳/述意見。/

一、議推定焦永康爲本店經理,并無薪俸。舉凡夥友進退/及銀錢出入,均歸該經理主持一切,毋得徇情積弊。但遇有特/别事故,臨時亦得招集股東商議,决定後行。/

一、議店房、店底及磨坊房屋,均系張股東創造,照賃租性/質;店底動用各物,另立点單壹帋爲憑。店房、店底押租洋/肆拾元,每月行租洋叁元,後面磨坊房屋押租洋陸拾元,每月/行租洋壹元,另立租約爲憑。致店底各物,倘有損坏等情,照/数賠償。嗣後陸續添置各物,在店内開支。折股時,照兩股均分。/

一、議定期限三年,無論盈虧,不得中途分拆。三年後,再行商酌辦理。/

中華民國式拾壹年國曆九月〇日

立合同人:張鴻發(名章)/焦永康(名章)/

見議人:趙滌清(趙增禄名章)/秦子俊(秦賢庸名章)/

代筆人:江志强(江仁麟名章)/

存照/

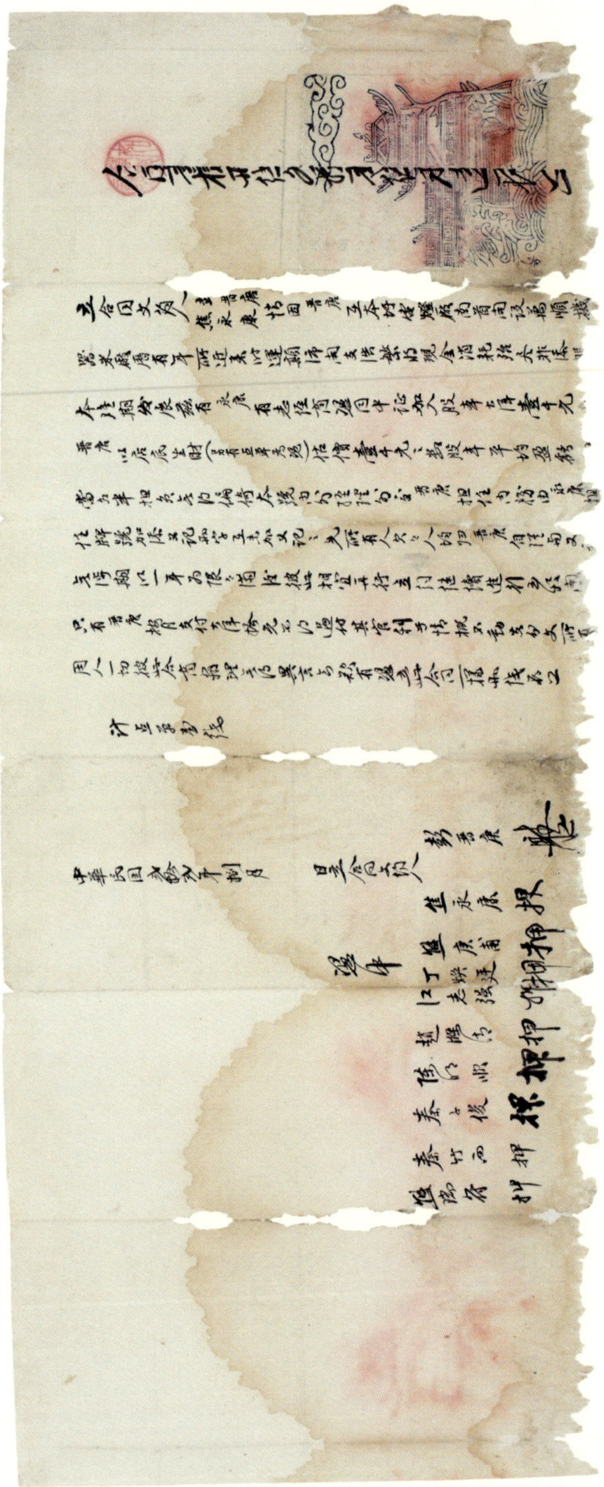

089 民國二十二年(1933)彭晉唐、焦永康經營合同

合同壹樣兩紙,各执壹紙,永遠存照 /

立合同文約人彭晉唐、焦永康,情因晉唐在本圩電燈廠南首,開设萬順機/器米廠,(曆)〔歷〕有年所。近來時運顛沛,開支浩繁,將現金消耗殆尽。非添股/本,難期发展。兹有永康有志經商,憑同中证,加入股本大洋壹千元正。/晉唐以店底生財(另有点单爲憑),估價壹千元之数。股本平均,盈虧亦/當各半担負,無得偏倚。本號内外經理,外交晉唐擔任,内務由永康担/任,牌號加添“义记”兩字。在未加“义记”之先,所有人欠、欠人,均归晉唐自理,與义记/無涉。期以一年为限,限滿後,彼此相宜,再行立約,继續進行。至於開□,/只有晉唐按月支付大洋拾元,不得過付。其官利子情,概不動支分文。所有/用人一切,彼此合商辦理,無得異言。今欲有憑,立此合同,一樣兩紙,存照。/

計点单壹紙。/

中華民国弍拾弍年捌月〇日

立合同文約人:彭晉唐(花押)/焦永康(押)/

憑中:熊庚甫(押)/丁焕廷(押)/江志强(押)/趙滌清(押)/陳明順(押)/秦子俊(押)/秦竹西(押)/熊瑞符(押)/

析產契約

立兄弟分書人劉有純綸經蓋聞江河列派銀漢之源花萼聯芳實共蟠桃之本樂雖殊兩境境之音合雖分兩手足之情實親切叁一脈派分人口家多心力
不齊不依條款就有勤惰不一即欲勉孫相依誠恐反生嫌隙趁此和好邀請族親鄰友同嗬公議將祖遺及續置田地房屋牛犁物件動用傢
伙評配三分於　神主之前各房拈鬮為定水脚車兩部車軸壹條全項公用老住宅瓦房各執壹間尾間派四房承執堂屋廂房前進兩搭完
全公用西首草房叁間亦係公用塲基菜園餘地俱係公用溝塘樹木各隨地段又下圩三連塘中間壹段大四兩房官用對於家庭虧折債務
共欠國幣叁佰玖拾伍圓整歸二房三房兩下償還與四房絲毫無涉但二房公議派應三房多還叁拾圓二房派還壹佰捌拾壹圓伍角三房派還壹
佰肆拾壹圓伍角公共提出豬兩口水牛壹條並灘田玖畝該灘田上價頂首洋柒拾叁圓公許推抵債務
納水路水塲均照舊例住宅前後通行無阻自分之後各執各業永無返悔倘後消長不一各聽天命今欲有憑立此兄弟分書一樣三紙各執壹紙永遠興隆存照
一派定四房下圩水田柒畝內有叁畝伍分額歸大房備價贖田該價洋壹佰肆拾捌圓完全四房收受臨時各無異說四房執業
一派定二房水圩田上叁畝壹坵又派執南首水圩田叁畝陸分貳厘伍毫執南首半截又派執蔡姓當產下圩水田壹畝伍分該田當價二房獨受又派執灘田玖畝該
灘田倘抵債務三四房無得過問但南首窪塘麥季除麥壹斗貳升半秋季除稻貳斗伍升又派碼頭口溝壹段與二房官用又派後大塘小塘南汊獨用二房執業
一派定三房水圩田中叁畝壹坵又派南首水圩田叁畝陸分叁厘伍毫執北首半截又派執蔡姓當產下圩水田壹畝伍分該田當價三房獨受又南首窪塘麥季
除麥壹斗貳升半秋季除稻貳斗伍升又派四擔溝壹段執北首半截又派碼頭口溝壹段與二房官用三房執業
又公議載明豬欄壹口毛缸叁口歸二房獨執又鍋灶水缸歸四房承執又照

中華民國二十八年古曆二月　日立兄弟分書人劉有純綸經　十

劉有純執

憑

胞兄劉有緒　十押

族中劉兩人　押

劉漢卿

劉萬海　十

劉萬洲　十

親中劉長坤　十

夏仁臣

鄧品山　押

周德培　押

090 民國二十八年(1939)劉氏兄弟分書

立兄弟分書人劉有經、劉有綸、劉有純，蓋聞江河列派，〔同分〕銀漢之源；花萼聯輝，實共蟠桃之本。樂雖殊，而塤箎之音〔□〕合；〔□〕雖分，而手足之情實親。切念一脉派分，人口衆多，心力/不齊。不依條款，就有勤惰不一。即欲勉强相依，誠恐反生嫌隙。趁此和好，邀請族親鄰友，同商公議，將祖遺及續置田地房屋、牛犁物件、動用傢/伙，評配三分於神主之前，各房拈鬮爲定。水脚車兩部、車軸壹条，三項公用；老住宅瓦房，各执壹間，尾間派四房承执；堂屋、廂房，前進雨搭，完/全公用；西首草房叁間，亦係公用。塲基、菜園餘地，俱槩公用。溝塘、樹木，各隨地段。又下圩三連塘中間壹段，大、四兩房官用。對於家庭虧折、債務，/共欠國幣叁佰玖拾伍圓整，歸二房、三房兩下償還，與四房絲毫無涉。但二房公議派應三房多還弍拾圓，二房派還壹佰捌拾壹圓伍角，三房派還壹/佰肆拾壹圓伍角。公共提出猪兩口、水牛壹条，並灘田玖畒。該灘田上價頂首洋柒拾弍圓，公評推抵債務。……/納，水路、水塢，均照古例；住宅前後，通行無阻。自分之後，各执各業，永無返悔。倘後消長不一，各聽天命。今欲有憑，立此兄弟分書，一樣三帋，各执壹帋，永遠與隆存照。

一、派定四房下圩水田柒畒，内有叁畒伍分，額歸大房，備價贖回。該價洋壹佰肆拾捌圓，完全四房收受。臨時各無異説，四房执業。/

一、派定二房水圩田上叁畒壹坵；又派执南首水圩田弍畒陸分弍厘伍毫，执南首半截。又派执蔡姓當産下圩水田壹畒伍分，該田當價，二房獨受。又派执灘田玖畒，該/灘田倚抵債務，三、四房無得過問。但南首窪塘，麦季除麦壹斗弍升半，秋季除稻弍斗伍升。又派碼頭口溝壹段，與三房官用。又派後大塘、小塘罱泥獨用，二房执業。/

一、派定三房水圩田中叁畒壹坵；又派南首水圩田弍畒陸分弍厘伍毫，执北首半截。又派执蔡姓當産下圩水田壹畒伍分，該田當價，三房獨受。又南首窪塘，麦季/除麦壹斗弍升半，秋季除稻弍斗伍升。又派四撩溝壹段，执北首半截；又派碼頭口溝壹段，與二房官用，三房執業。/

又公議載明，猪圈壹口，毛缸叁口，歸二房獨执。又鍋灶、水缸，歸四房承执。又照。/

中華民國二十八年古曆二月〇日

立兄弟分書人：劉有經(十)/劉有綸(十，劉萬益印)/劉有純(十)/

胞兄：劉有緒(押)/

憑 族中：劉雨人(押)/劉漢卿(劉有江印)/劉萬海(十)/劉萬洲(十)/

親中：劉長坤(花押)/夏仁臣(十)/鄧品山(押)/周德培(押)/

劉有純執/

兄弟分書，永遠存照 /

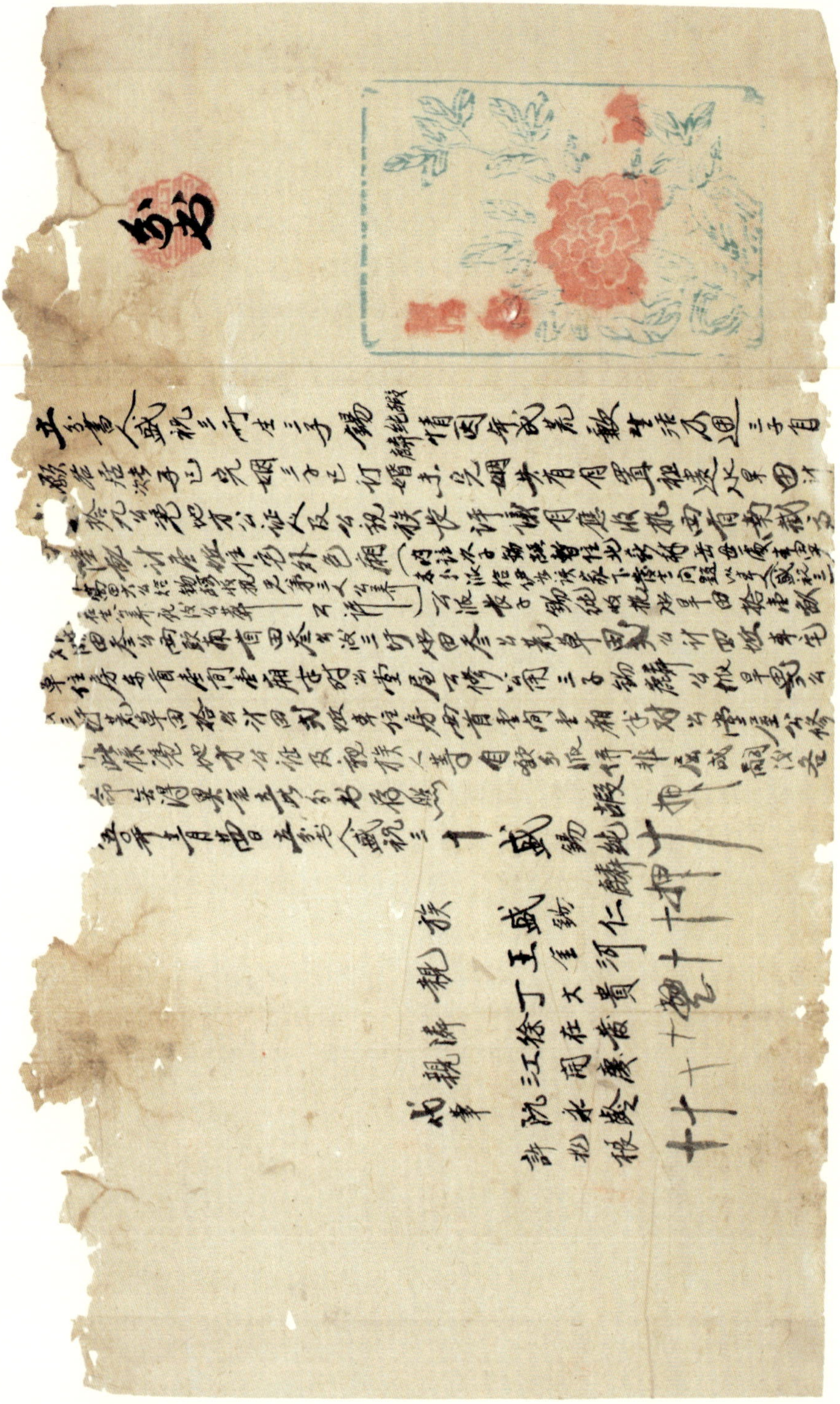

091 一九五〇年盛氏分書

分书/

立分書人盛祝三所生三子錫純、錫㻬、錫麟,情因年成荒歉,生活不週,三子自/願各居。长、次子已完姻,三子已訂婚、未完姻。共有自置、祖遺水旱田计/弍拾九么,憑地方公证人及公親族長评議,自應收执西首南截高/田陸畝,计壹坵。住宅外,包廂内住次子錫㻬,暂住北薪村岳母處,本田产未分派給伊。如该家下發生問題,以本人(盛祝三)/□□寓田六么,給錫㻬收执。兄弟三人,公養□□。在生公養,死後公葬公评。公派。長子錫純收执水旱田拾壹畝/外,畊田叁么,西頭南首田叁么,後三圩水田叁么,荒草田弍么,计四坵;本宅/□草住房,东首壹間壹廂半;对出堂屋,公修公用。三子錫麟公派旱田弍么、/後三圩荒草田拾么,计田弍坵。本住房西首壹間壹廂半;对出堂屋,公修/〔公〕用。此係憑地方公证及親族人等自願分派,併非屈成。嗣後各/〔安天〕命,無得異言。立此分书存照。/

〔一九〕五〇年十二月廿四日

立分书人:盛祝三(十)盛錫純(十)/盛錫㻬(押)/盛錫麟(押)/

族:盛錫仁(十)/

親:王金河(十)/丁大貴(花押)/

鄰:徐在發(十)/

親:江開慶(十)/

代筆:阮永齡(十)/許抱根(十)/

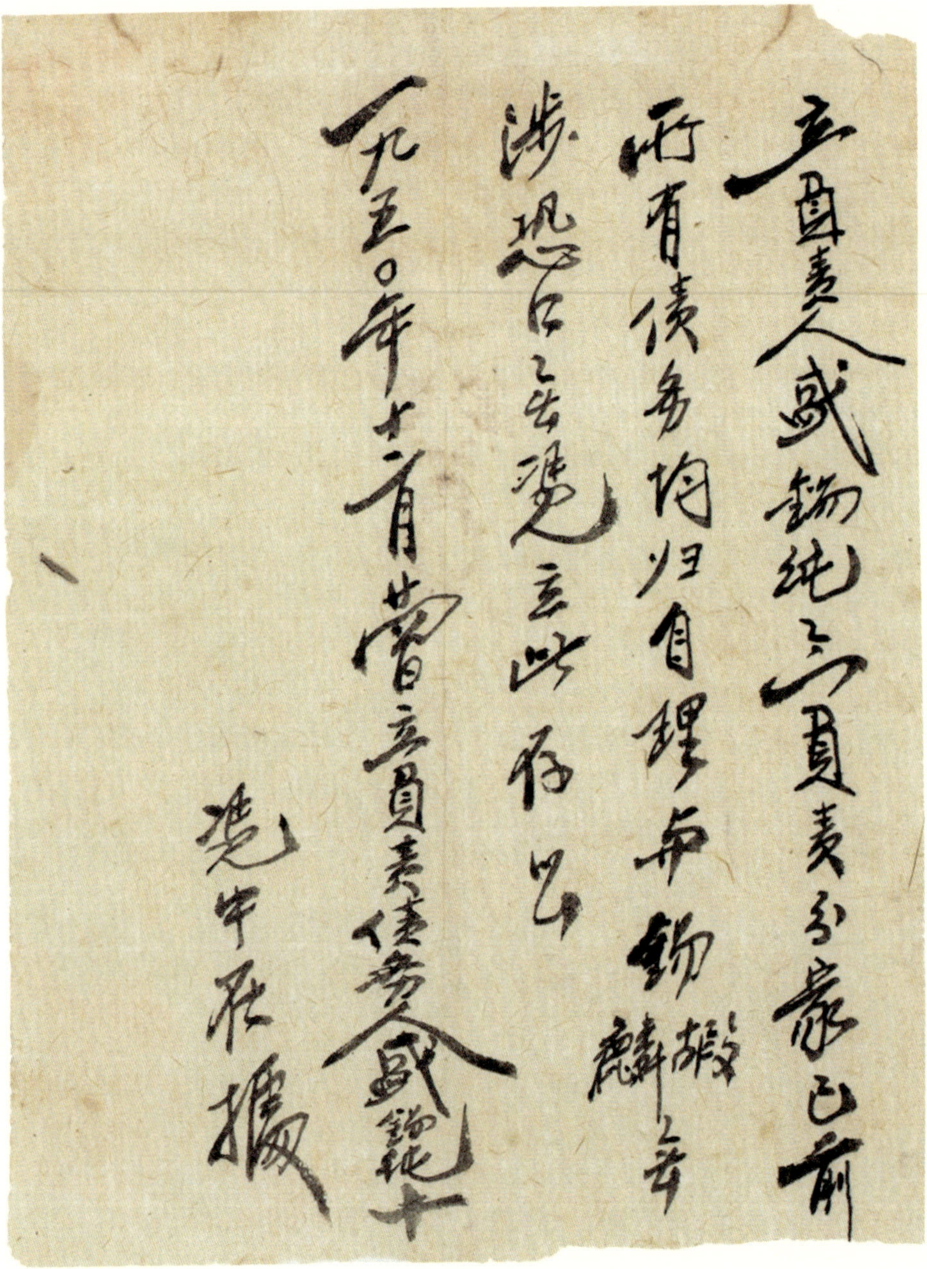

立負責人盛錫純，立負責分家已前所有債務均歸自理，與錫駿、麟二弟無涉。恐口無憑，立此存照。

一九五〇年十二月廿四日　立負責債務人盛錫純　十

憑中張攝

092 一九五〇年盛錫純負責債務約

立負責人盛錫純，今負責分家已前/所有債务，均归自理，與錫瑕、錫麟無/涉。恐口無憑，立此存照。/

一九五〇年十二月廿四日

立負責債务人：盛錫純（十）/

憑中在據/

税收契票

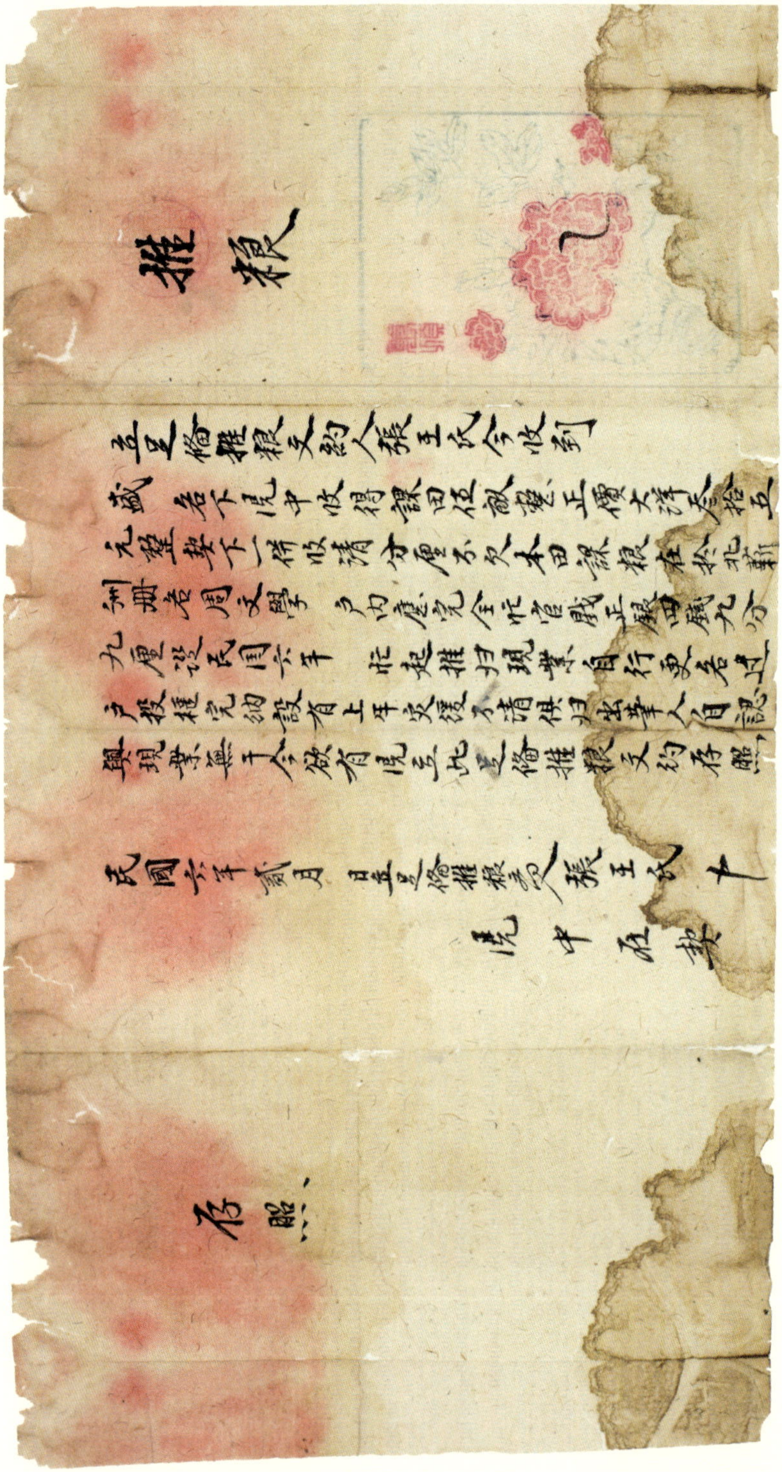
推稅

立足倫推稅文約人張王氏今收到
戚名下凡中收得課田伍畝坐上歷大洋叁拾五
元整其洋一併收清分厘不欠本田課稅在於北新
洲册名周文學戶內應完全所管戶收正稅田賦九分
九厘從民國六年起推归現業自行更名過
戶投推完納設有上年交後不清俱归出業人自認
與現業無干今欲有憑立此足倫推稅文約存照

民國六年貳月　日立召倫推稅文約人張王氏　十
憑中　丞書

存照

093 民國六年（1917）張王氏推糧文約

推粮/

立足備推粮文約人張王氏，今收到/盛〇〇名下，憑中收得課田伍畝整，正價大洋叁拾五/元整，契下一併收清，分厘不欠。本田課粮在於北薪/洲册名周文學户内，應完全忙官戥正銀四錢九分/九厘，從民国六年〇忙起，推归現業，自行更名过/户，投櫃完纳。設有上年灾缓不清，俱归出筆人自認，/與現業無干。今欲有憑，立此足備推粮文約存照。/

民國六年貳月〇日

立足備推粮立約人：張王氏（十）/

憑中在契/

存照/

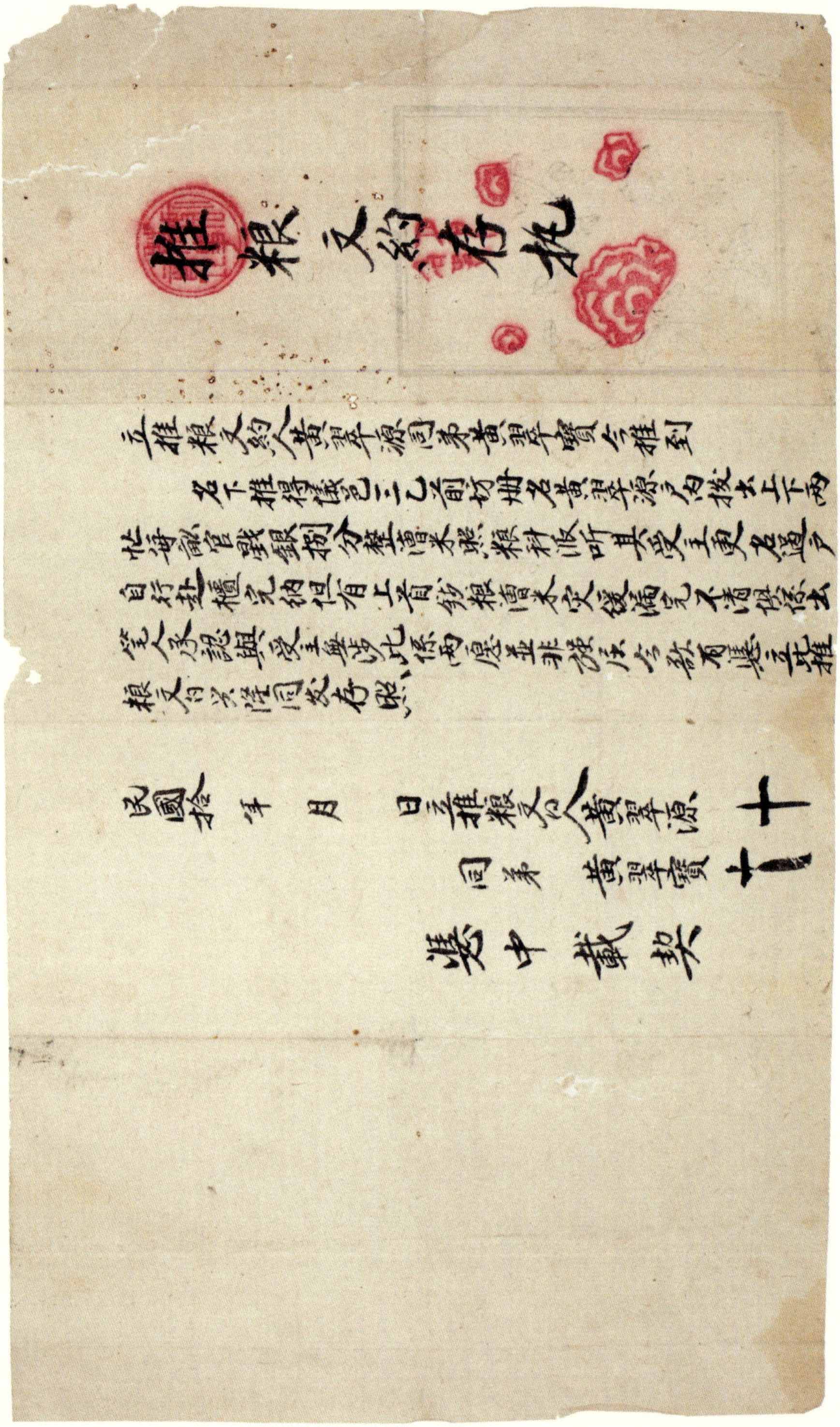
推粮文約存執

立推粮文約人黄翠源同弟黄翠寶今推到
名下推得儀邑三乙萠坊册名黄翠源户内拨出上下两
忙每畝官戥銀捌分整漕米照粮科派听其受主更名過户
自行赴櫃完納但有上首錢粮漕米灾緩漏完不清俱係出
笔人承認與受主無涉此係两愿並非[illegible]今欲有凴立此推
粮文約一紙隨同契存照

民國拾　年　月　日立推粮文約人黄翠源　十
同弟　黄翠寶　十
凴中　載契

094 民國十年（1921）黄翠源推糧文約

推粮文約存执／

立推粮文約人黄翠源同弟黄翠寶，今推到／〇〇〇名下，推得儀邑三乙前坊册名黄翠源户内，拨出上下兩／忙每畝官戥銀捌分整，漕米照粮科派，听其受主更名過户，／自行赴櫃完纳。但有上首錢粮、漕米灾缓漏完不清，俱係出／笔人承認，與受主無涉。此係两愿，并非强屈。今欲有憑，立此推／粮文约，興隆同发，存照。／

民國拾年〇月〇日

立推粮文约人：黄翠源（十）／同弟黄翠寶（十）／

憑中載契／

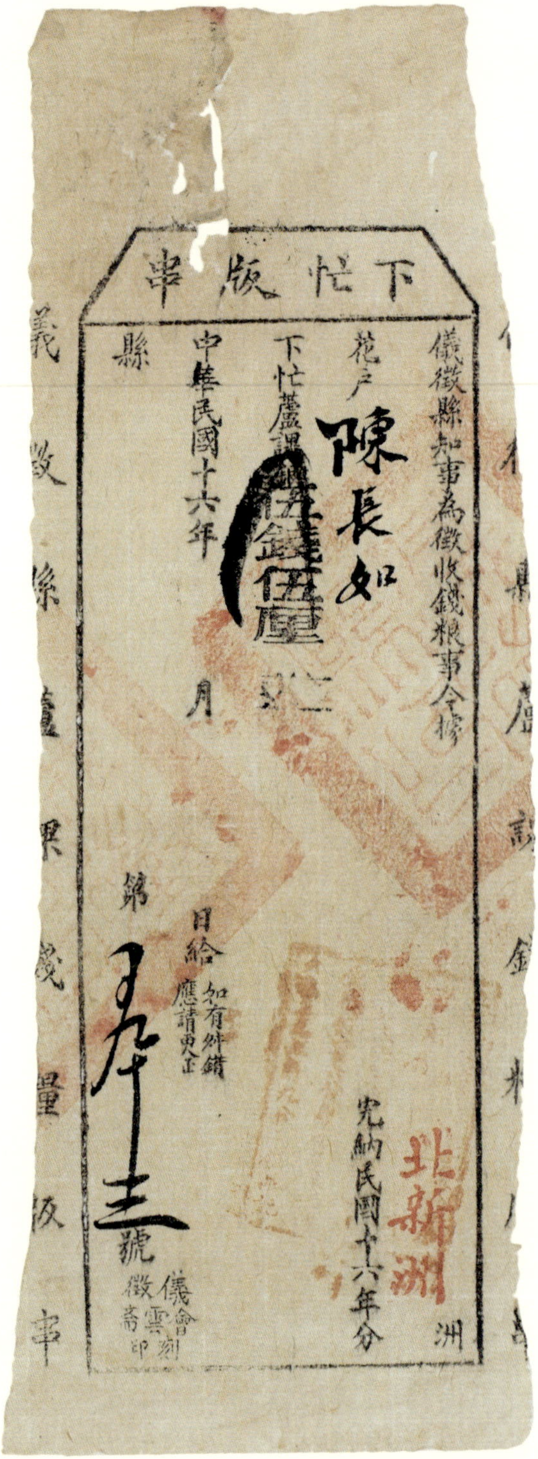
下忙版串

儀徵縣知事為徵收錢粮事今據

花户 陳長如

下忙蘆課[illegible]伍錢伍厘 二文

中華民國十六年 月 日給

如有舛錯 應請更正

縣 第[illegible]號

完納民國十六年分 北新洲 洲

儀徵雲斋會刻印

義徵縣蘆課錢量版串

095 民國十六年(1927)陳長如蘆課下忙版串

儀徵縣蘆課錢糧版串 /

下忙版串 /

儀徵縣知事爲徵收錢粮事。今據北新洲 / 花户陳長如,完納民國十六年分 / 下忙蘆課銀伍錢伍厘。/

中華民國十六年〇月〇日給。

如有舛錯,應請更正。/

縣第一〇九十三號

儀徵會雲齋刻印 /

【硃印】儀徵縣印

蘆課上忙版串

儀徵縣上忙版串　字第[illegible]號

儀徵縣財政局令據

上忙錢糧銀伍錢伍[illegible]坊陳長如戶完納民國十七年

逾限罰金及手數料及其他帶徵等款臨時加載註明此外不准浮收分文

每兩應徵銀洋如下

正稅壹元伍角

省稅貳角伍分

縣稅叁角

自治叁角

公安隊玖角

警察陸角

建設[illegible]角

積谷陸角

公安隊不敷叁角

學費壹角

教育不敷壹角伍分

共每兩折徵大洋肆元陸角陸分

如有舛錯應請更正

中華民國　年　月　日

096 民國十七年(1928)陳長如蘆課上忙版串

儀徵縣上忙版串〇字第九五四號

蘆課上忙版串/

逾限罰金及/手數料及其/他帶徵專欵,/臨時加戳注/明,此外不准/浮收分文/

儀徵縣財政局今據北薪洲坊陳長如户,完納民國十七年/上忙錢粮銀伍錢伍厘。/

每兩/應徵/銀洋/如下:/

正税壹元伍角/

省税貳角伍分/

縣税叁角/

自治叁角/

公安隊玖角/

警察陸角/

建設貳角/

積谷陸角/

公安隊不敷叁角/

學費壹角/

教育不敷壹角伍分/

共每兩折徵大洋肆元陸角陸分。/

如有舛錯,應請更正。/

中華民國〇年〇月〇日/

【硃印】儀徵縣財政局關防(兩方)

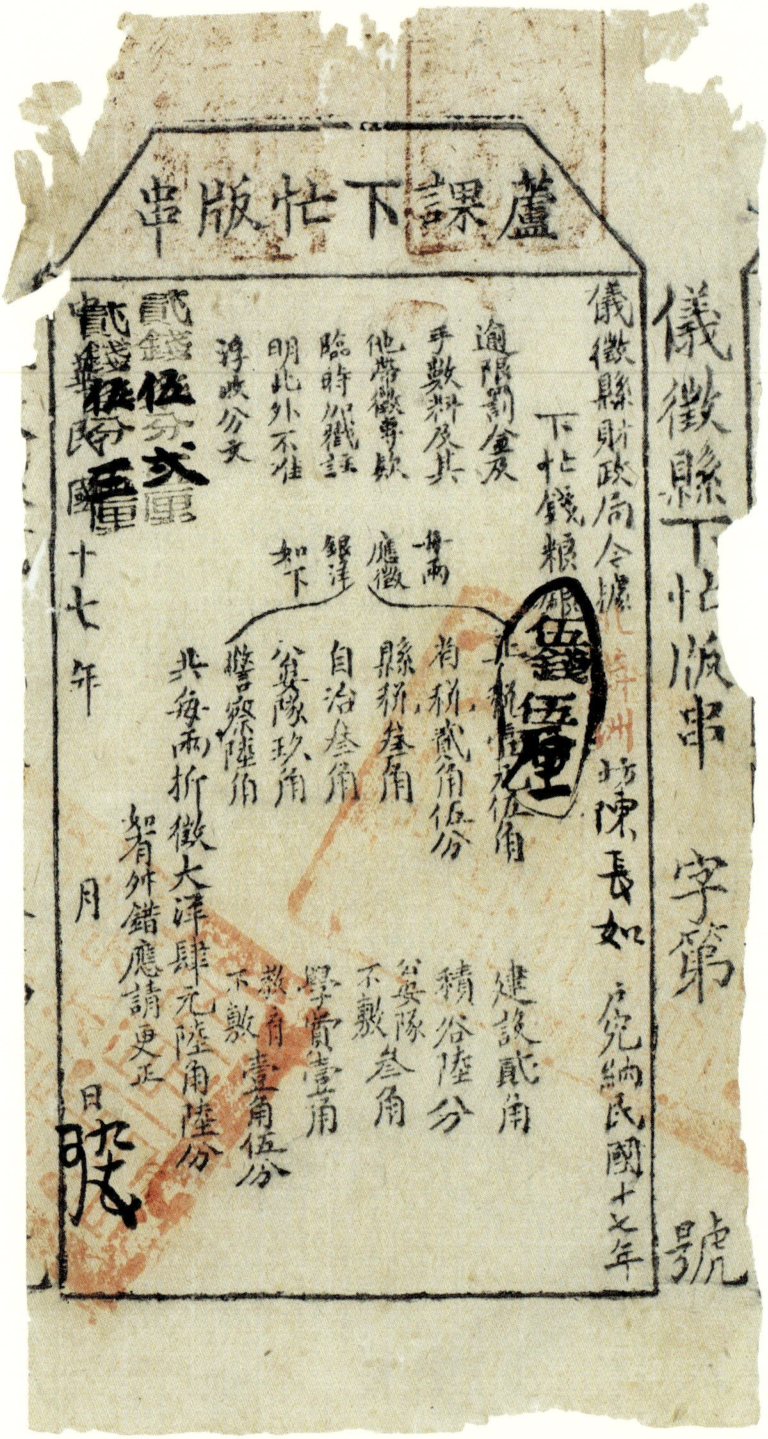

蘆課下忙版串

儀徵縣下忙版串　字第　號

儀徵縣財政局令據北新洲坊陳長如户完納民國十七年

下忙錢糧銀壹錢伍厘

建設貳角

逾限罰金及

手數料及其

他帶徵等款

臨時捐註

明此外不准

浮收分文

一每兩

應徵

銀洋

如下

省稅貳角伍分

縣稅叁角

自治叁角

公安隊玖角

警察陸角

積谷陸分

公安隊不敷叁角

學費壹角

教育不敷壹角伍分

共每兩折徵大洋肆元陸角陸分

如有外錯應請更正

貳錢伍分文厘

實徵貳錢捌分伍厘

中華民國十七年　月　日

097 民國十七年(1928)陳長如蘆課下忙版串

儀徵縣下忙版串〇字第〇號

蘆課下忙版串/

逾限罰金及/手數料及其/他帶徵專欵,/臨時加戳注/明,此外不准/浮收分文/

儀徵縣財政局今據北薪洲坊陳長如户完納民國十七年/下忙錢粮銀伍錢伍厘。/

每兩/應徵/銀洋/如下:/

正稅壹元伍角/

省稅貳角伍分/

縣稅叁角/

自治叁角/

公安隊玖角/

警察陸角/

建設貳角/

積谷陸分/

公安隊不敷叁角/

學費壹角/

教育不敷壹角伍分/

共每兩折徵大洋肆元陸角陸分。/

如有舛錯,應請更正。

中華民國十七年〇月〇日九五四

【硃印】儀徵縣財政局關防(两方)

【墨戳】貳錢伍分弍厘/貳錢伍分三厘/

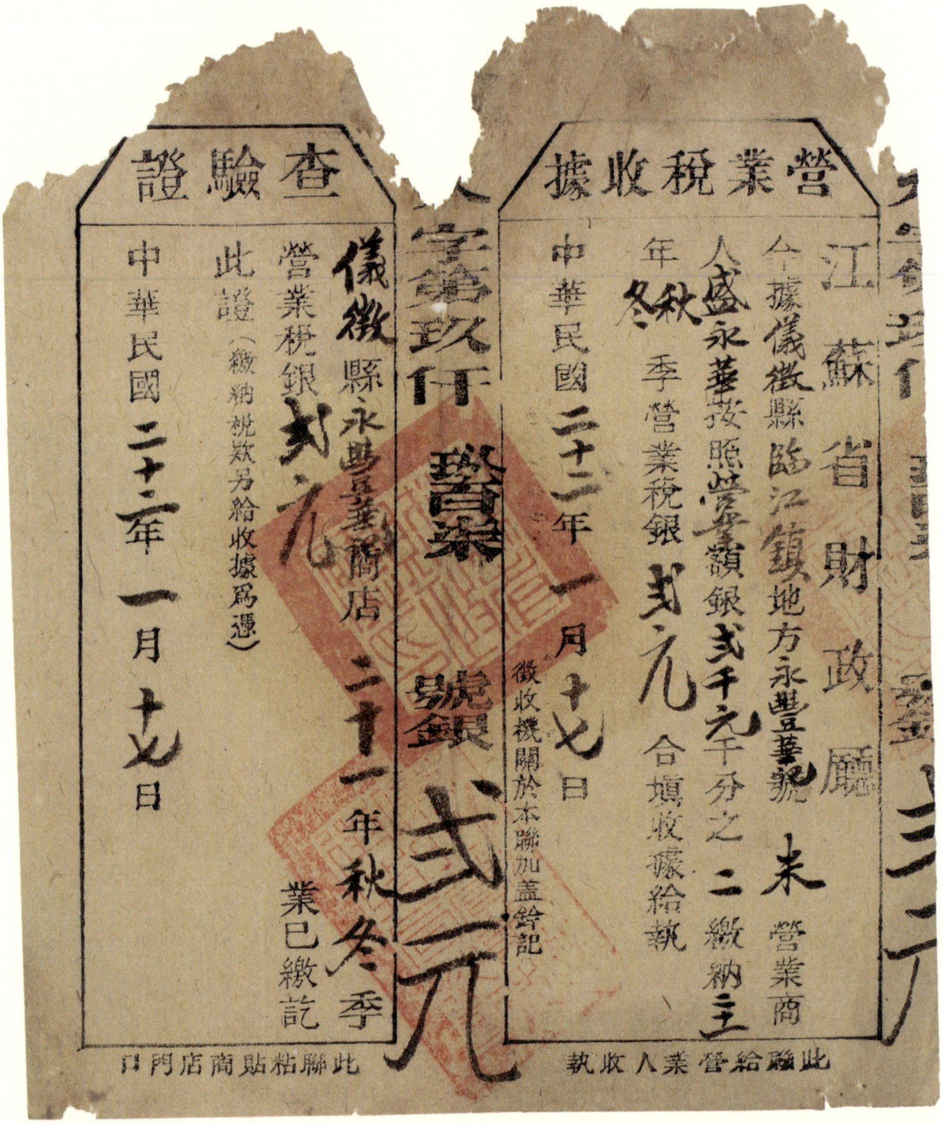

營業稅收據

江蘇省財政廳

今據儀徵縣臨江鎮地方永豐華號未營業商

人盛永華按照營業額銀弍千元千分之二繳納主

年秋冬季營業稅銀弍元合塡收據給執

中華民國二十二年一月十七日

徵收機關於本聯加蓋鈐記

此聯給營業人收執

人字第玖仟　營業　號　銀弍元

查驗證

儀徵縣永豐華商店二十二年秋冬季

營業稅銀弍元業已繳訖

此證（繳納稅欵另給收據爲憑）

中華民國二十二年一月十七日

此聯粘貼商店門口

098 民國二十二年(1933)盛永華營業税收據

□字第玖仟玖百柒號銀弍元/

營業税收據/

江蘇省財政廳/

今據儀徵縣臨江鎮地方永豐華记號米營業商/人盛永華,按照營業額銀弍千元千分之二,繳納二十一/年秋冬季營業税銀弍元,合填收據給執。/

中華民國二十二年一月十七日/

徵收機關於本聯加蓋鈐記/

此聯給營業人收執/

查驗證/

儀徵縣永豐華记商店二十一年秋冬季/營業税銀弍元,業已繳訖。/此證。

(繳納税款,另給收據爲憑。)/

中華民國二十二年一月十七日/

此聯粘貼商店門口/

【硃印】江蘇省財政廳印　　儀縣營業税徵收局鈐記

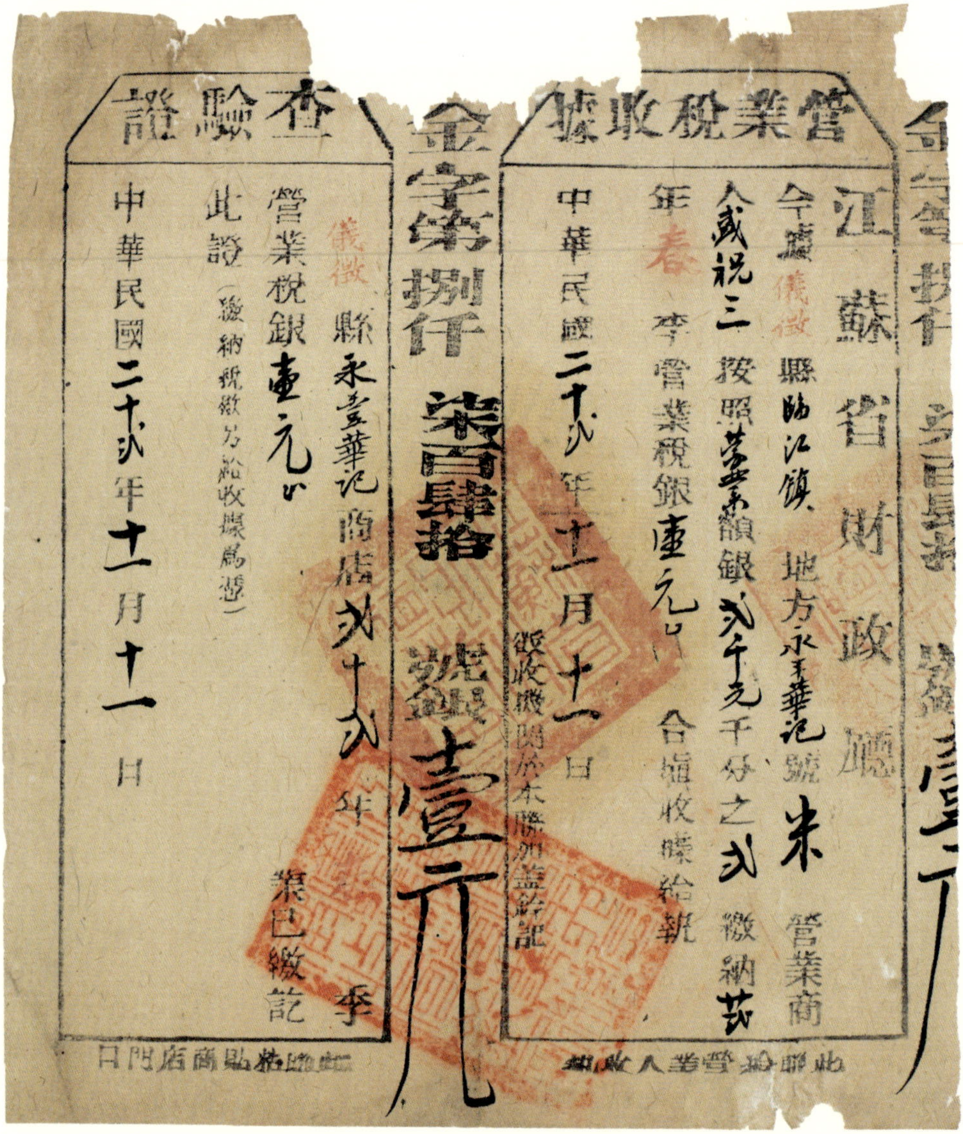
營業稅收據

江蘇省財政廳

今據儀徵縣陷江鎮地方永豐華記號朱營業商

人戚祝三按照營業額銀弍千元千分之弍繳納廿六

年春季營業稅銀壹元正合塡收據給執

中華民國二十六年十二月十一日

徵收機關於本聯加蓋鈐記

此聯給營業人收執

金字第捌仟柒百肆拾號

壹元

查驗證

儀徵縣永豐華記商店弍十六年季

營業稅銀壹元正業已繳訖

此證（繳納稅款另給收據爲憑）

中華民國二十六年十二月十一日

此聯粘貼商店門口

099 民國二十二年(1933)盛祝三完納春季營業稅收據

金字第捌仟柒百肆拾號銀壹元/

營業稅收據/

江蘇省財政廳/

今據儀徵縣臨江鎮地方永丰華记號米營業商/人盛祝三,按照營業額銀弍千元、千分之弍,繳納廿弍/年春季營業稅銀壹元。合填收據給執。/

中華民國二十弍年十一月十一日/

徵收機關於本聯加蓋鈐記/

此聯給營業人收執/

查驗證/

儀徵縣永豐華记商店弍十弍年春季/營業稅銀壹元正,業已繳訖。/此證。

(繳納稅款,另給收據爲憑。)/

中華民國二十弍年十一月十一日/

此聯粘貼商店門口/

【硃印】江蘇省財政廳印　　江蘇省第四區儀縣營業稅徵收局鈐記

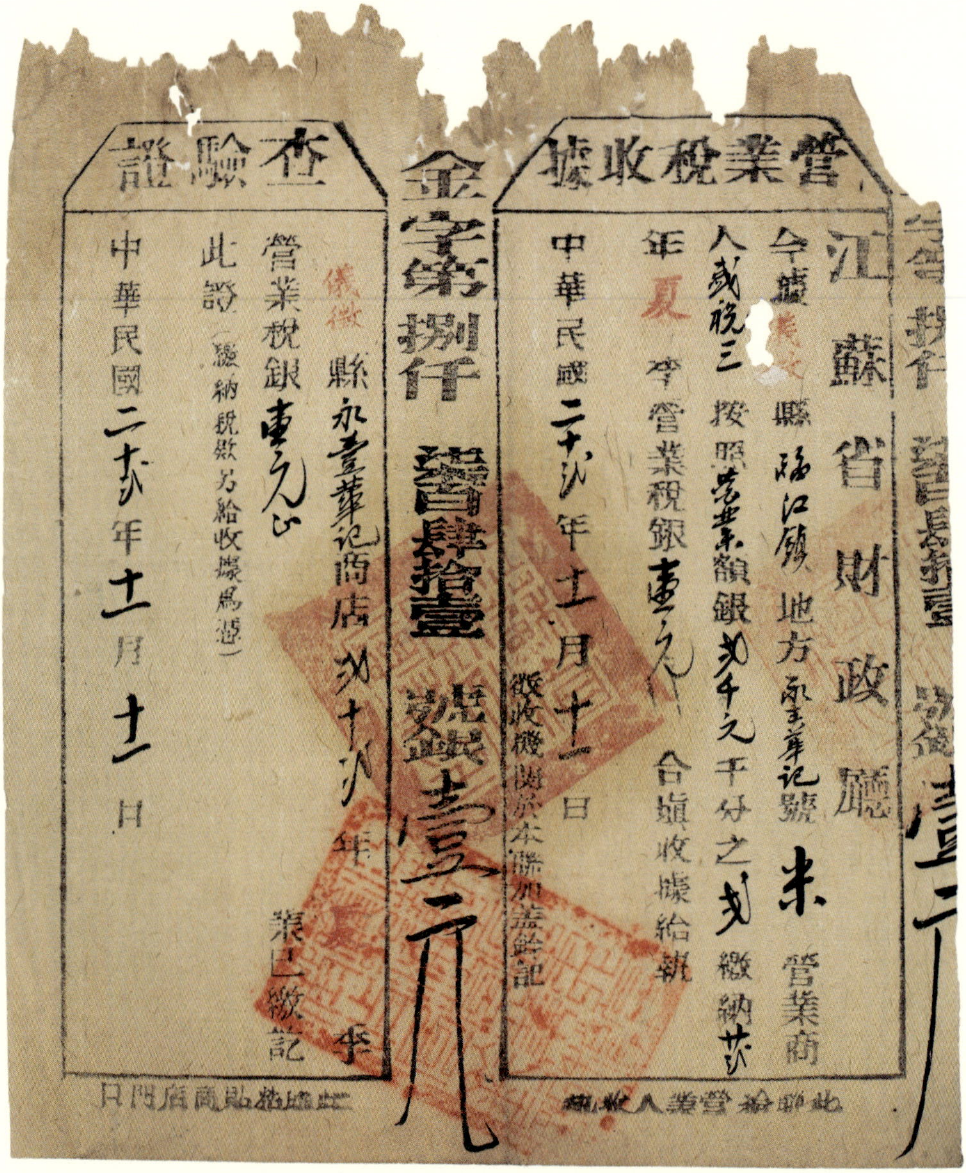

營業稅收據

江蘇省財政廳

今據儀徵縣瓜江鎮地方永豐華記號朱營業商

人貳稅三按照營業額銀叁千元千分之貳繳納廿八

年夏季營業稅銀壹元八角合填收據給執

中華民國二十八年十一月十二日

徵收機關蓋本縣印鈐記

此聯給營業人收執

金字第捌仟營肆拾壹號壹二

查驗證

儀徵縣永豐華記商店廿八年夏季

營業稅銀壹元八角業已繳訖

此證（繳納稅款另給收據爲憑）

中華民國二十八年十一月十二日

此證粘貼商店門口

100 民國二十二年(1933)盛祝三完納夏季營業稅收據

金字第捌仟柒百肆拾壹號銀壹元/

營業稅收據/

江蘇省財政廳/

今據儀徵縣臨江鎮地方永丰華记號米營業商/人盛祝三,按照營業額銀弍千元、千分之弍,繳納廿弍/年夏季營業稅銀壹元。合填收據給執。/

中華民國二十弍年十一月十一日/

徵收機關於本聯加蓋鈐記/

此聯給營業人收執/

查驗證/

儀徵縣永豐華记商店弍十弍年夏季/營業稅銀壹元正,業已繳訖。/此證。

(繳納稅款,另給收據爲憑。)/

中華民國二十弍年十一月十一日/

此聯粘貼商店門口/

【硃印】江蘇省財政廳印　　江蘇省第四區儀縣營業稅徵收局鈐記

儀徵縣徵收田賦執照

第一期

田賦執照

儀徵縣政府爲製給執照事今據新洲坊糧戶盛永錦

額完二十三年份銀弍兩四錢八分四厘應徵一期四成銀〇兩九錢九分四厘

合國幣銀拾〇元〇角〇分四厘除留存根備查外合製印照

給執

中華民國二十三年　月　日給第　號

如有舛錯
呈請更正

永

儀徵縣徵收田賦執照

101 民國二十三年(1934)徵收盛永鑄田賦執照

儀徵縣徵收田賦執照/

第一期/田賦執照/

儀徵縣政府爲掣給執照事。今據北薪洲坊粮户盛永鑄,/額完二十三年份銀弍兩四錢八分四厘。應徵一期四成,銀〇兩九錢九分四厘,/合國幣銀拾乙元〇角〇分四厘。除留存根備查外,合掣印照/給執。/

如有舛錯,/呈請更正。/

中華民國二十三年〇月〇日給,第九二號/

【硃印】儀徵縣徵收印

【硃戳】循照舊案,工銀每兩帶徵,徵收□□大洋弍角□厘;漕米每石帶徵,/徵收□□大洋五角/

奉令:自本年十二月十一日起,/每□□□□滯納金/大洋□□□厘/

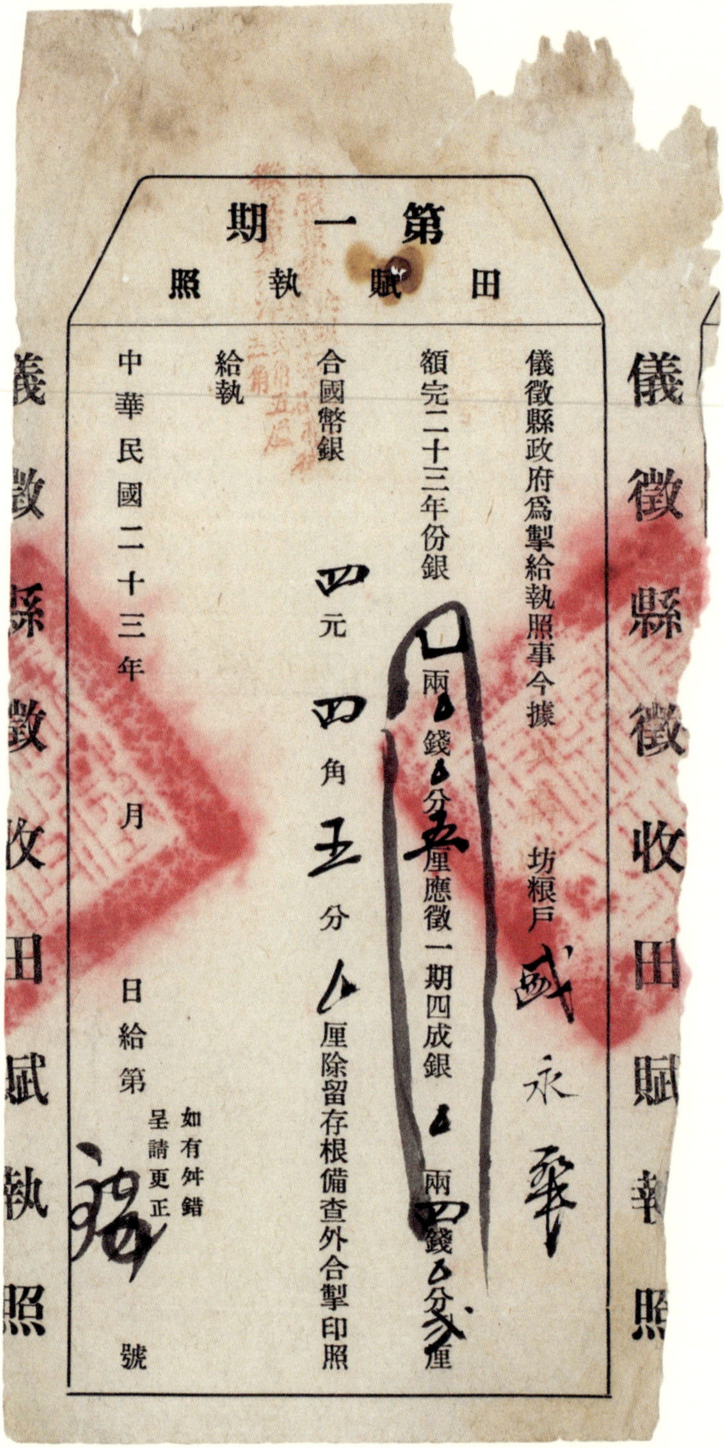

儀徵縣徵收田賦執照

第一期

田賦執照

儀徵縣政府爲製給執照事今據 坊糧戶 盛永華

額完二十三年份銀 [illegible]兩〇錢〇分五厘應徵一期四成銀〇兩四錢〇分弍厘

合國幣銀 四元四角五分〇厘除留存根備查外合掣印照

給執

中華民國二十三年 月 日給第 號

如有舛錯呈請更正

儀徵縣徵收田賦執照

102 民國二十三年(1934)徵收盛永華田賦執照

儀徵縣徵收田賦執照/

第一期/田賦執照/

儀徵縣政府爲掣給執照事。今據北薪洲坊粮户盛永華/額完二十三年份銀乙兩〇錢〇分五厘,應徵一期四成,銀〇兩四錢〇分弍厘,/合國幣銀四元四角五分〇厘。除留存根備查外,合掣印照/給執。/

如有舛錯,/呈請更正。/

中華民國二十三年〇月〇日給,第二五四號/

【硃印】儀徵縣徵收印

【硃戳】循照舊案,工銀每两带徵,徵收□□大洋弍角五厘;漕米每石帶徵,/徵收□□大洋五角/

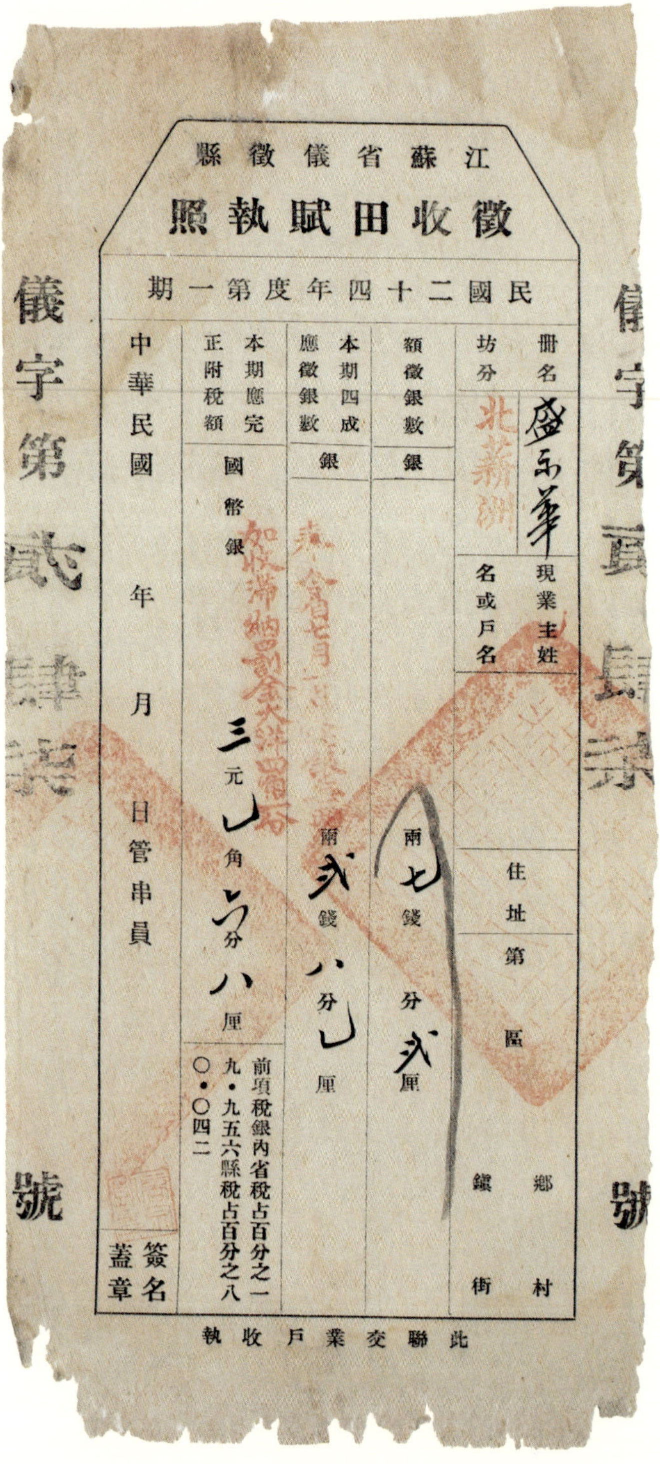

儀字第貳肆柒號

江蘇省儀徵縣

徵收田賦執照

民國二十四年度第一期

冊名：盛乐華

坊分：北薪洲

現業主姓名或戶名

住址第　　區　　鄉村　　鎮街

額徵銀數：銀　兩七錢　分貳厘

本期四成應徵銀數：銀　兩貳錢八分乙厘

卅五年七月[illegible]

本期應完正附稅額：國幣銀三元山角六分八厘

加收滯納罰金大洋[illegible]

前項稅銀內省稅占百分之一九·九五六縣稅占百分之八〇·〇四二

中華民國　　年　　月　　日管串員　　簽名蓋章

此聯交業戶收執

儀字第貳肆柒號

103 民國二十四年(1935)徵收盛永華第一期田賦執照

儀字第貳肆柒號/

江蘇省儀徵縣/徵收田賦執照/

民國二十四年度第一期/

册名：盛永華

坊分：北薪洲

現業主姓/名或户名：〇

住址：第〇區〇鄉〇村/〇鎮〇街/

額徵銀數：銀〇兩七錢〇分弍厘/

本期四成/應徵銀數：銀〇兩弍錢八分乙厘/

本期應完/正附税額：國幣銀三元乙角六分八厘/

前項税銀内，省税占百分之一/九.九五六，縣税占百分之八/〇.〇四二/

中華民國〇年〇月〇日，管串員：高宗凱(名章)簽名/蓋章/

此聯交業户收執/

【硃印】儀徵縣政府印

【硃戳】奉令：自七月一日起，忙銀每两/加收滯納罰金大洋四角一分/

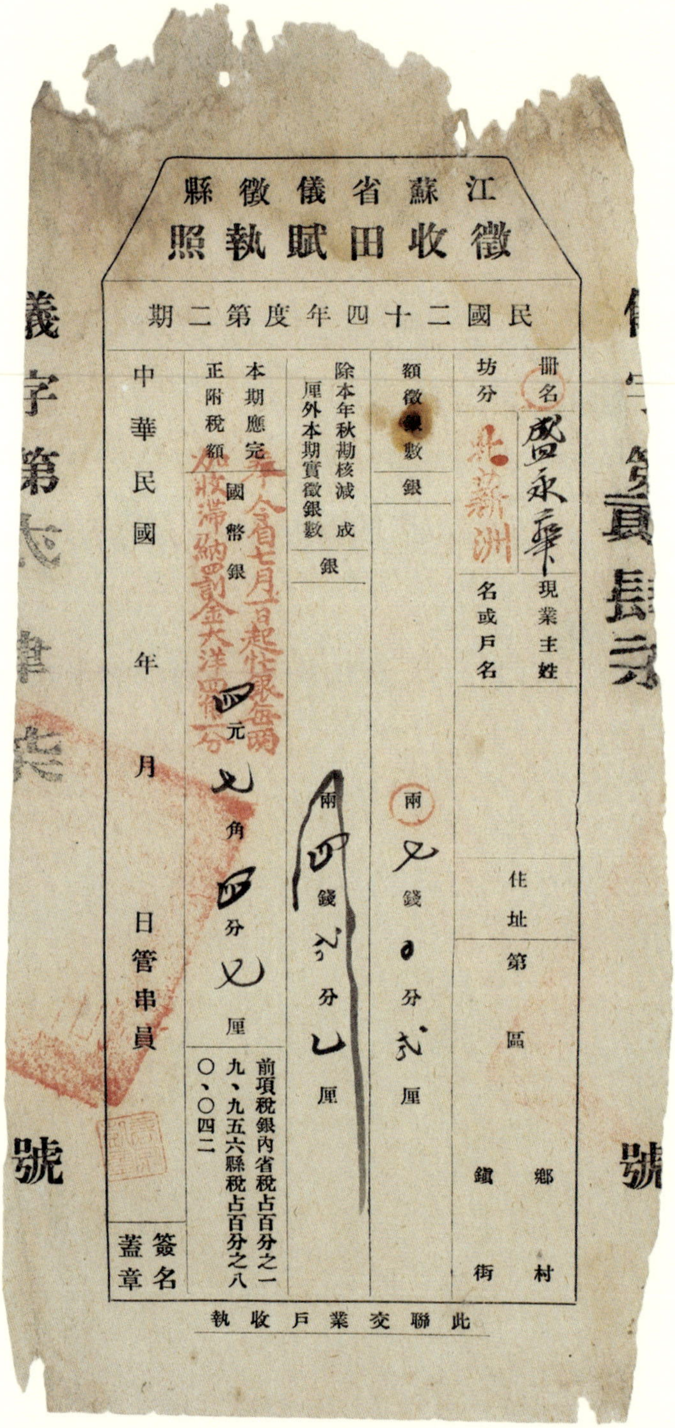

儀字第　號

江蘇省儀徵縣

徵收田賦執照

民國二十四年度第二期

冊名 盛永華 現業主姓名或戶名

坊分 北新洲

住址第　區　鄉村　鎮街

額徵數銀 兩 又 錢 0 分 弍 厘

除本年秋勘核減成厘外本期實徵銀數 銀 兩 四 錢 六 分 乚 厘

本期應完正附稅額 國幣銀 四 元 又 角 四 分 又 厘

奉令自七月一日起忙銀每兩加收滯納罰金大洋四角一分

前項稅銀內省稅占百分之一九、九五六縣稅占百分之八〇、〇四二

中華民國　年　月　日管串員

簽名蓋章

此聯交業戶收執

104 民國二十四年(1935)徵收盛永華第二期田賦執照(一)

儀字第貳肆柒號

江蘇省儀徵縣/徵收田賦執照/

民國二十四年度第二期/

册名:盛永華

坊分:北薪洲

現業主姓/名或户名:〇

住址:第〇區〇鄉〇村/〇鎮〇街/

額徵銀數:銀〇兩七錢〇分弍厘/

除本年秋勘核減〇成/〇厘外,本期實徵銀數:銀〇兩四錢弍分乙厘/

本期應完/正附稅額:國幣銀四元七角四分七厘/

前項稅銀内,省稅占百分之一/九.九五六,縣稅占百分之八/〇.〇四二/

中華民國〇年〇月〇日,管串員:高宗凱(名章)簽名/蓋章。/

此聯交業户收執/

【硃戳】奉令:自七月一日起,忙銀每兩/加收滯納罰金大洋四角一分/

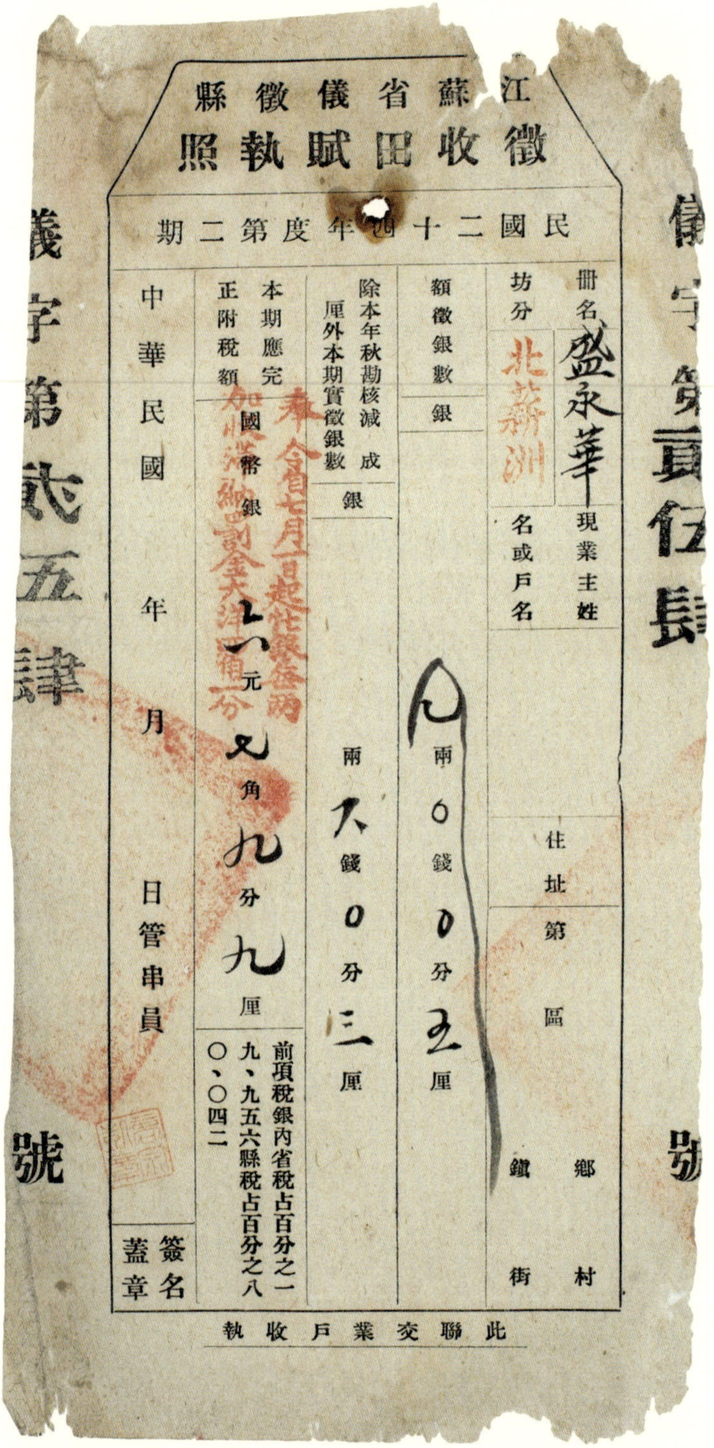

江蘇省儀徵縣
徵收田賦執照

民國二十四年度第二期

儀字第貳伍肆號

冊名 盛永華
坊分 北新洲
現業主姓名或戶名
住址第 區 鄉村 鎮街

額徵銀數 銀 兩 錢 分 厘

除本年秋勘核減 成 厘外本期實徵銀數 銀 兩 錢 分 厘

本期應完正附稅額 國幣銀 元 角 分 厘

前項稅銀內省稅占百分之一九、九五六縣稅占百分之八〇、〇四二

中華民國 年 月 日管串員

簽名蓋章

號

此聯交業戶收執

105 民國二十四年(1935)徵收盛永華第二期田賦執照(二)

儀字第貳伍肆號/

江蘇省儀徵縣/徵收田賦執照/

民國二十四年度第二期/

册名:盛永華

坊分:北薪洲

現業主姓/名或户名:〇

住址:第〇區〇鄉〇村/〇鎮〇街/

額徵銀數:銀乙兩〇錢〇分五厘/

除本年秋勘核減〇成/〇厘外,本期實徵銀數:銀〇兩六錢〇分三厘/

本期應完/正附税額:國幣銀六元七角九分九厘/

前項税銀内,省税占百分之一/九.九五六,縣税占百分之八/〇.〇四二/

中華民國〇年〇月〇日,管串員:高宗凱(名章)簽名/蓋章。/

此聯交業户收執/

【硃戳】奉令:自七月一日起,忙銀每兩/加收滯納罰金大洋四角一分/

儀字第　號

江蘇省儀徵縣

徵收田賦執照

民國二十四年度第二期

冊名　盛賜純

坊分　北濟圳

現業主姓名或戶名

住址　第　區　鄉村　鎮街

額徵銀數　銀　兩　錢　分　厘

除本年秋勘核減　成　厘外本期實徵銀數　銀　兩　錢　分　厘

本期應完正附稅額　國幣銀　元　角　分　厘

前項稅銀內省稅占百分之一九、九五六縣稅占百分之八〇、〇四二

中華民國　年　月　日管串員

簽名蓋章

此聯交業戶收執

106 民國二十四年(1935)徵收盛錫純田賦執照

儀字第捌叁貳號/

江蘇省儀徵縣/徵收田賦執照/

民國二十四年度第二期/

册名:盛錫纯

坊分:北薪洲

現業主姓/名或户名:〇

住址:第〇區〇鄉〇村/〇鎮〇街/

額徵銀數:銀乙兩弍錢四分弍厘/

除本年秋勘核減〇成/〇厘外,本期實徵銀數:銀〇兩七錢四分五厘/

本期應完/正附税額:國幣銀八元四角〇分〇厘/

前項税銀内,省税占百分之一/九.九五六,縣税占百分之八/〇.〇四二/

中華民國〇年〇月〇日,管串員:高宗凱(名章)簽名/蓋章。/

此聯交業户收執/

【硃印】儀徵縣政府印

【硃戳】奉令:自七月一日起,忙銀每两/加收滯納罰金大洋四角一分/

鹽運契約

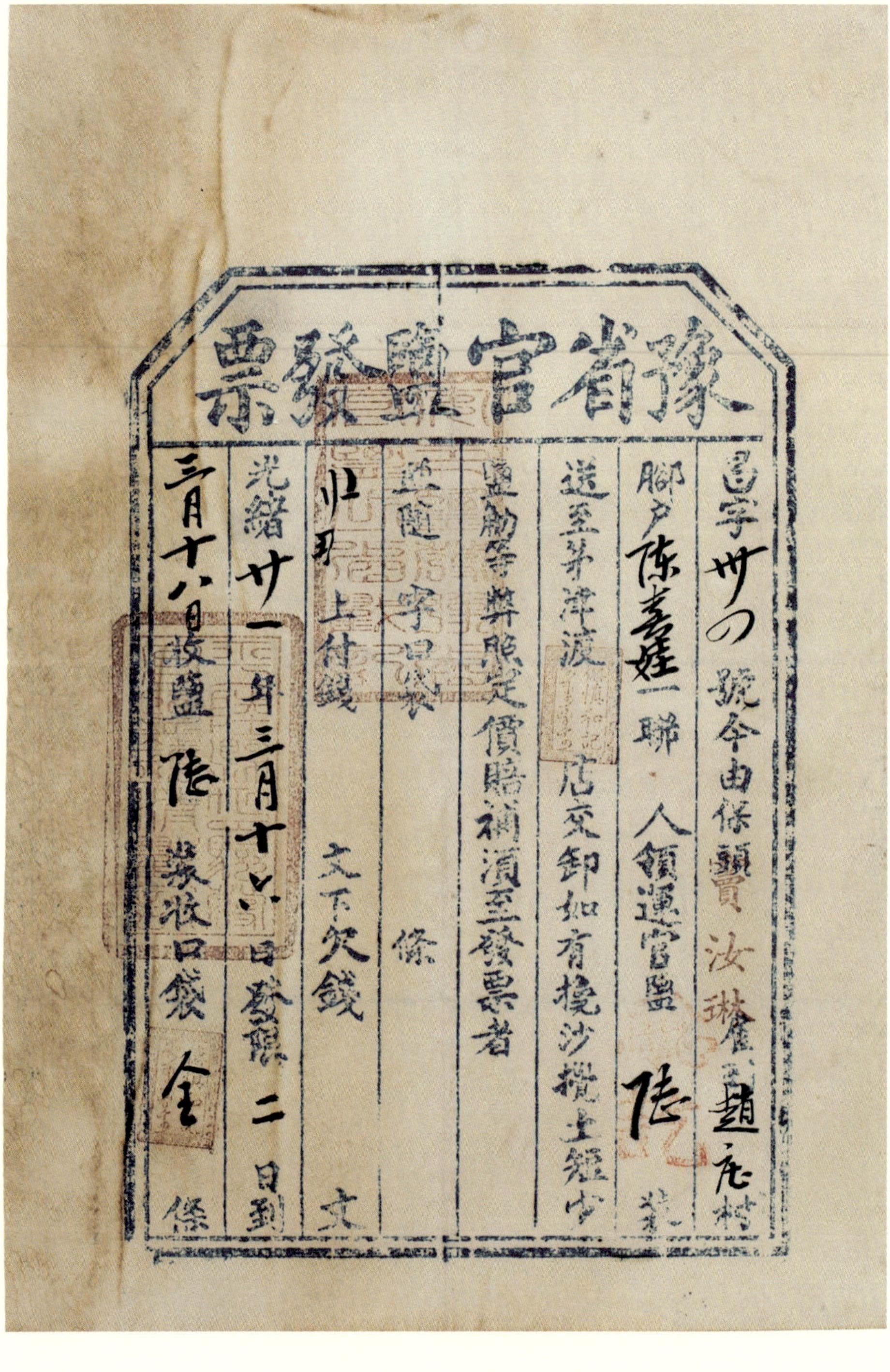

豫省官鹽發票

邑字廿四號今由保頭賈汝琳雀、趙彥村

腳戶陳喜娃一聯人領運官鹽 陸 [illegible]

送至茅津渡店交卸如有攙沙攪土短少

鹽觔等弊照定價賠補須至發票者

進隨字号收 條

[illegible]上付錢 文下欠錢 文

光緒廿一年三月十六日發限 二 日到

三月十八日收鹽 陸 袋收口袋 全 條

107 光緒二十一年(1895)竇汝琳豫省官鹽發票

豫省官鹽發票/

昌字卅四號,今由保頭竇汝琳雇到趙庄村/脚户陈喜娃一聯〇人,領運官鹽陸裝,/送至茅津渡德慎和記(硃戳)店交卸。如有攙沙攪土、短少/鹽觔等弊,照定價賠補。須至發票者。/照隨〇字口袋〇條/二十六兩,上付錢〇文,下欠錢〇文/光緒廿一年三月十六日發,限二日到/三月十八日收鹽陸裝,收口袋全條。/

【硃戳】:驗訖/

德慎和記(滿漢雙文)/

安邑鹽發豫商/官鹽出省戳記/

平陸縣征驗發/官鹽錢清戳記/

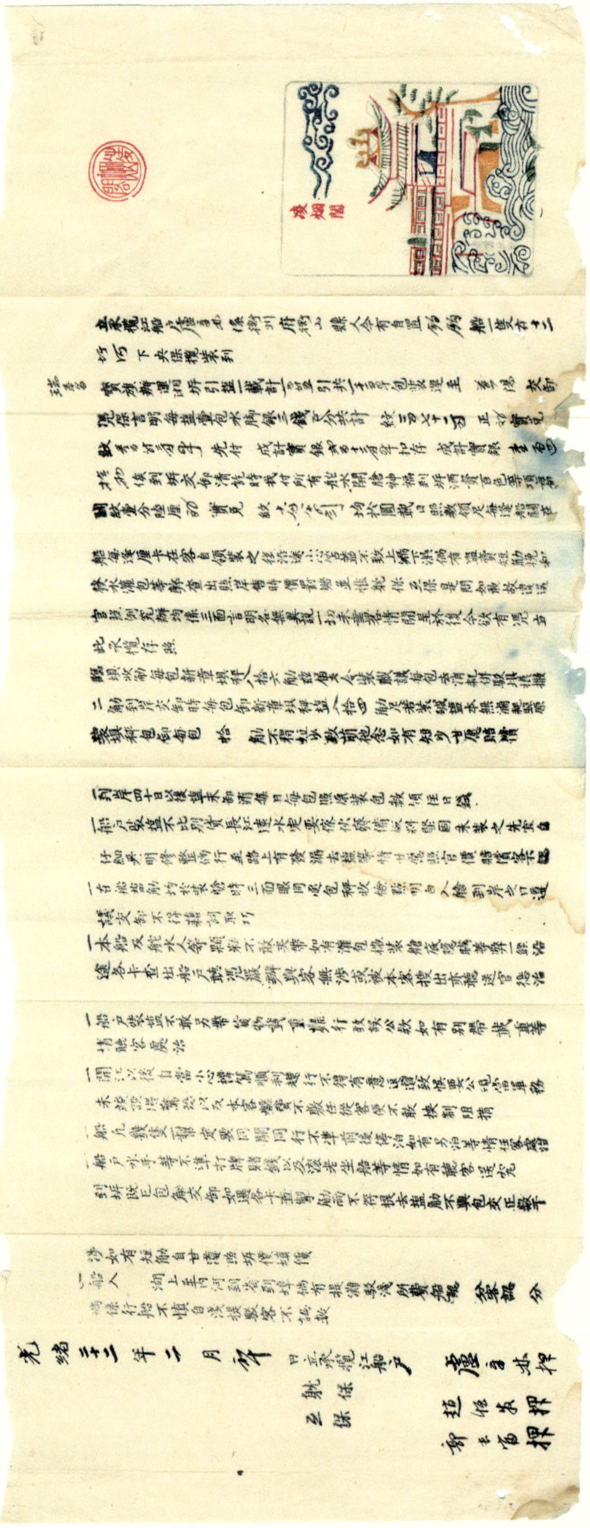

108 光緒二十二年(1896)盧章林承攬江船契約

立承攬江船户盧章林,係衡州府衡山縣人。今有自置釣鈎船一隻,在十二/圩河下,央保攬裝到/瑞泰昌寶旗辦運湘岓引鹽一載,計一百五十五引,共一千二百四十包,裝運至益陽交卸。/憑保言明,每鹽壹包,水脚銀三錢正分,共計紋三百七十二兩正,九八實兑/紋叁百九十三兩四錢。先付〇成,計實銀弍百十三兩四錢;扣存〇成,計實銀壹百四/拾兩,俟到岓交卸清訖時找付。所有舵水、開艙神福、到岓酒資、百色等項,每包/關紋壹分陸厘,九八實兑紋十八兩八千四八,均於圓載日,照数領足。每逢船關,在/船;每逢厘卡,在客。自領裝之後,沿途小心笘蓋,不致上漏下濕。倘有盜賣、短觔、(挽)〔搀〕和、/發水、灌包等弊,查出,照岸售時價罰賠,並惟躭保、互保是問。如敢故違,送/官照例究辦。均係三面言明,各無異説。一切未盡各情,開呈於後。今欲有憑,立/此承攬存照。/

臨垻收觔,每包新章垻秤八拾六觔。茲届春令裝載,議每包去消耗併駁垻揁撒/二觔。到岸交卸時,每包卸新章垻秤鹽八拾四觔足。若裝碱鹽,本無滷耗,照原/裝垻秤包卸。每包〇拾〇觔,不得短少,致萌他念。如有短少,甘愿賠償。/

一、到岸四十日以後,鹽未卸清,每日每包照原裝包数領住日錢。/

一、船户裝鹽,不比别貨。長江遠水,定要傢伙齊備,板料堅固。未裝之先,宜自/仔細看明修整。倘行至路上,有發漏去鹽等情,甘愿照官價賠償,客不認。/

一、在船鹽觔,均於裝艙時,三面眼同,逐包秤收,檢點明白入艙。到岸之日,遵/議交卸,不得藉詞取巧。/

一、本船及舵水人等,顆粒不敢夹帶。如有灌包、撒裝、艙底隱瞞等弊,一經沿/途各卡查出,船户聽憑嚴辦,與客無涉。或被本客搜出,亦聽送官懲治。/

一、船户裝鹽,不敢另帶貨物,載重難行,致誤公欵。如有别帶載重等/情,聽客處治。/

一、開江以後,自當小心撑駕,順利趲行,不得有意逗(遭)〔遛〕,致悮要公。現當軍務/未竣,設遇驚恐以及本客盤費不敷,任從客便,不敢挾制阻揹。/

一、船凡幾隻一幫,定要同開同行,不(凖)〔准〕前後停泊。如有另泊等情,任客處治。/

一、船户、水手等,不(凖)〔准〕打牌賭錢以及滚老坐船等情。如有,聽客送究。/

到岓既已包觔,交卸如遇各卡查掣觔兩不符,提去鹽觔,不與包交正数干/涉。如有短觔,自甘遵照岓價填償。/

一、船入〇〇湖上,至内河到省、到埠,倘有提灘駁淺,所費船認〇分,客認〇分。/倘係行船不慎,自淺提駁,客不認数。/

光绪二十二年二月初十日

立承攬江船户:盧章林(押)/

躭保:趙恒官(押)/

互保:郭長富(押)/

立公議公推公舉堆工務全體等，恢因雜亂無章，與事怕無頭緒，我業實難興創，而今民國成立，無論何行何業

非結團體，推舉數人，俾無能言公正，何患興旺。今邀我業全體切實參議，公推全體代表姜步盛、丁茶方，兼外務，稽賬催款，外交

調查朱兆貴、司帳孫茂義、……之秉、財政吳洪俊、謝寶，有八人為我全體之主正，無論何事，只得邀約全大众與事，只要與公……前進

[illegible]相應，無得神前宿後，如有奸猾之人在中從……

新……人……手，拚絕情甘願服，恐口無憑，立此公議公舉簿……

民國十年夏曆五月　日立公議公推公舉堆工務全體人

邑德煋十　閔洪如十　徐加雀十　朱兆龍十　朱兆才十　謝廣儀十　唐寶珠十　許廣盛十　顧大倫十　蕭長青十　張奎慶十　孔慶來十　孫福元十　謝長森十　姚學富十　高水[illegible]　劉加銀十　高水桂十　王紅甫十

梅蔚喜十　曹順亮十　梅寶十　薛松旺十　翟合樹十　萬學富十　朱兆發十　朱兆喜十　郭金山十　周有福十　刁朋寶十　周有餘十　周家福十　周慶昌十　謝寶童十　張如畢十　劉朋貴十　王明仁十

公共抑希永為存照

內務、收執

109 民國十年(1921)公舉堆工代表

立公議公推公舉堆工夥全體等,俟因雜乱無章,與事忙無頭緒,我業實難興創。而民國成立,無論何行何業,/非結團體,推舉数人,均要能言公正,何慮興旺?今邀我業全體,切實參議,公推全體代表姜步盛、丁萬方兼外務、稽賬、催欵,外交/調查朱兆鑾、□□□,司賬孫楚善、□□康,財政史洪俊、謝寶有八人,爲我全體之主正,無論何事,只得一邀均至。大凡與事,只要與公〔有〕益,只可前進。/…… 相應,無得伸前宿後。如有奸猾之人,在中途……/款……簽字杵絶,情甘瞑服。恐口無憑,立此公議公舉筆……/

民國十年夏曆五月〇日

立公議公推公舉堆工夥全體人:/

包德信(十)/陶洪如(十)/徐加雀(十)/朱兆龍(十)/朱兆才(十)/謝廣儀(十)/唐寶珠(十)/許廣盛(十)/顧大倫(十)/蕭長寿(十)/張奎慶(十)/孔慶來(十)/孫福元(十)/謝長發(十)/姚學富(十)/高永祥(十)/劉加銀(十)/高永桂(十)/王紅開(十)/梅嶺書(十)/曹頌堯(十)/梅寶(十)/薛松旺(十)/翟全樹(十)/萬學富(十)/朱兆發(十)/朱兆喜(十)/鄒金山(十)/周有福(十)/刁朋賓(十)/周有餘(十)/周家福(十)/周慶豐(十)/謝寶童(十)/張如畢(十)/劉朋貴(十)/王明仁(十),/公共押齊,永爲存照。/

内務收執/

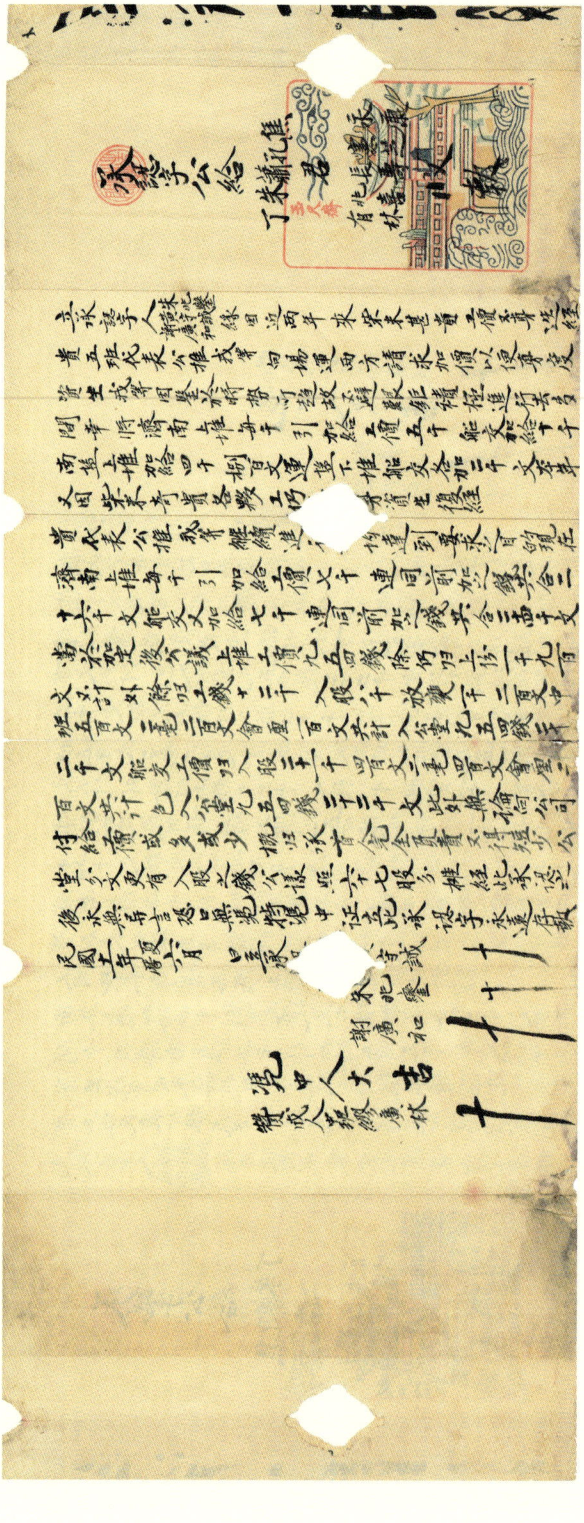

承認字公給

焦孔蕭朱丁 君 收執

立承認字人朱叱鑾 黃守誠 謝廣和 緣因近兩年來栄末甚貴，工價不身送經

貴五班代表公推我等向場運兩方請求加價，以便尊度

資生。我等因鑒於時勢所趨，故不避艱鉅，積極進行，去歲

閏年將濟南上堆每千引加給工價五千，船交加給十千，

南岸上堆加給四千，捌百文，運鹽下堆船交各加二千文，本年

又因栄末奇貴，各樂工仍

貴代表公推我等繼續進行，均達到要求之目的。現在

濟南上堆每千引加給工價七千，連同前加之錢共合二

十六千文，船交又加給七千，連同前加之錢共合二十三千文。

當於加定後公議，上堆工價九五四錢，除仍歸上伤一千九百

文，又計外餘歸工錢十二千，入股八千，放費一千二百文，中

班五百文，二毫二百文，會厘一百文，共計入公堂九五四錢二十

二千文。船交工價歸入股二十一千四百文，二毫四百文，會厘二

百文，共計包入公堂九五四錢二十二千文。此外無論向公司

付給價或多或少，概歸承首全負責，不得短少公

堂分文。更有入股之錢，公議照六十七股分攤。經此承認之

後，永無異言。恐口無憑，特憑中證，立此承認字，永遠存執。

民國十年夏曆六月 日立承認字人 朱叱鑾 黃守誠 謝廣和

憑中人 大吉

贊成人 羅繆廣林

110 民國十一年(1922)鹽工承認增資契約(一)

承認字公給蕭君長壽、孔君憲芝、朱君兆喜、焦君永康、丁君有林收執/

立承認字人黄守誠、朱兆鑾、謝廣和,緣因近兩年來,柴米甚貴,工價不敷,迭經/貴五班代表,公推我等,向場、運兩方請求加價,以便敷度/資生。我等因鑒於時勢所趋,故不避艱鉅,積極進行。去岁間,幸將濟南上堆每千引加給工價五千,船交加給十千,/南盐上堆,加給四千捌百文,運鹽下堆、船交各加二千文。本年/又因柴米奇貴,各夥工仍〔不〕敷資生,復經/貴代表公推我等,繼續進行口,均達到要求之目的。現在/濟南上堆,每千引加給工價七千,連同前加之錢,共合二/十六千文;船交又加給七千,連同前加之錢,共合二十四千文。/當於加定後,公議:上堆工價九五四錢,除仍归上份一千九百/文不計外,餘归工錢十二千,入股八千,放甕一千二百文,中/班五百文,二毫二百文,會厘一百文,共計入公堂九五四錢二十/二千文。船交工價归入股二十一千四百文,二毫四百文,會厘二/百文,共計包入公堂九五四錢二十二千文。此外,無論向公司/付給工價或多或少,概归承首人完全負責,不得短少公/堂分文。更有入股之錢,公議照六十七股分攤。經此承認之/後,永無异言。恐口無憑,特憑中证,立此承認字,永遠存執。/

民國十一年夏曆六月〇日

立承認〔字人:黄〕守誠(十)/朱兆鑾(十)/謝廣和(十)/

憑中人:大吉/

贊成人:中班繆廣林(十)/

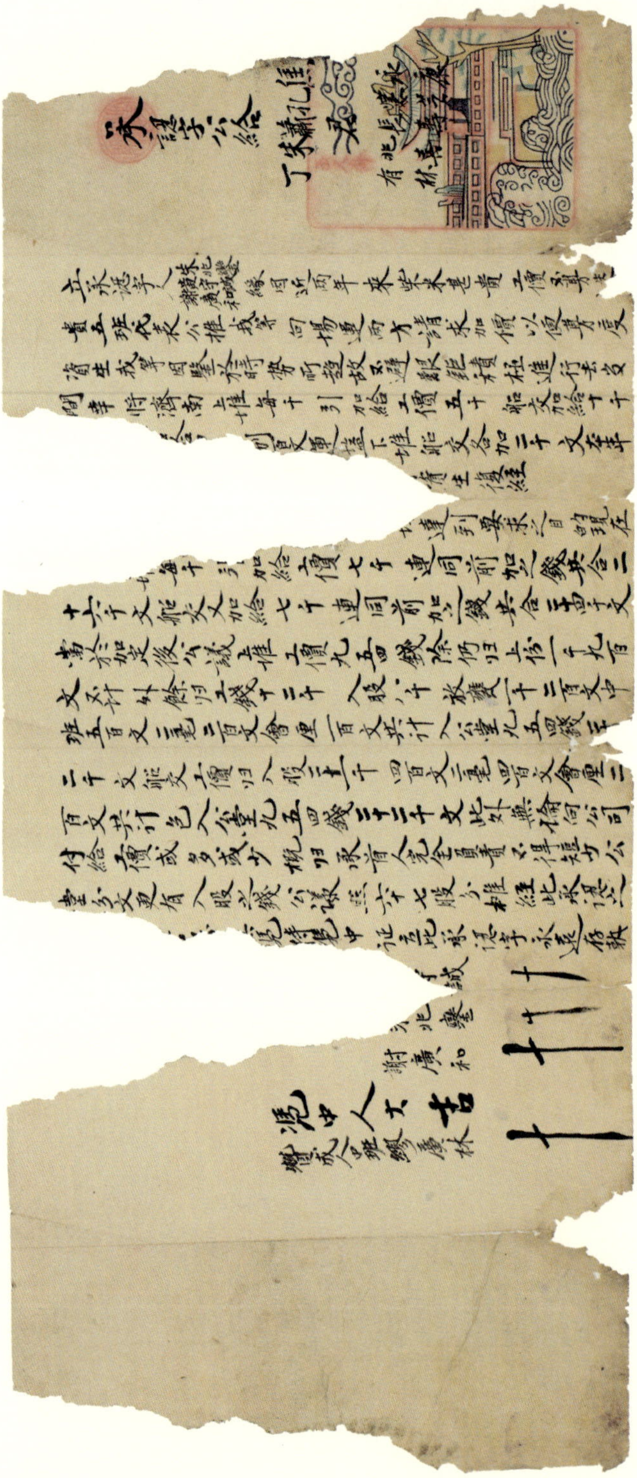
承認字公給
丁朱蕭孔集 君
有林 北長 壽 永康

立永遠字人朱兆鑾 謝廣和 黃守誠 緣因近兩年來柴米甚貴 工價不敷
貴五班代表公推我等 向場運兩方請求加價以便敷度
資生我等因鑒於時勢所趨故不避艱鉅積極進行去歲
閏年時濟南上堆每千引加給工價五十 船交加給十千
則…文運鹽下堆船交各加二十 文本年
資生復經
達到要求之目的現在
每千引加給工價七千 連同前加之錢共合二
十六千文船交文加給七千 連同前加之錢共合三十四千文
當於加定後公議上堆工價九五四錢除仍歸上份一千九百
文不計外餘歸工錢十二千 入股八千 放費一千二百文中
班五百文二毫二百文會厘一百文共計入公堂九五四錢三
二千文船交工價歸入股二十二千 四百文二毫四百文會厘二
百文共計色入公堂九五四錢二十二千文此外無論向公司
付給工價或多或少概歸承首人完全負責不得短少公
堂分文更有入股之錢公議照六十七股分攤經此承認之
…恐後無憑特憑中証立此承認字永遠存執
…誠
朱兆鑾 十
謝廣和 十
憑中人大吉 十
贊成人邱班 繆廣林 十

111 民國十一年(1922)鹽工承認增資契約(二)

承認字公給蕭君長壽、孔君憲芝、朱君兆喜、焦君永康、丁君有林/

立承認字人黄守誠、朱兆鑾、謝廣和,緣因近兩年來,柴米甚貴,工價不旉,迭□/貴五班代表,公推我等,向場、運兩方請求加價,以便旉度/資生。我等因鑒於時勢所趨,故不避艱鉅,積極進行。去岁/間,幸將濟南上堆每千引加給工價五千,船交加給十千,/……捌百文,運鹽下堆、船交各加二千文。本年/……資生,復經/……達到要求之目的。現在/□□□堆,每千引加給工價七千,連同前加之錢,共合二/十六千文;船交又加給七千,連同前加之錢,共合二十四千文。/當於加定後,公議:上堆工價九五四錢,除仍归上份一千九百/文不计外,餘归工錢十二千,入股八千,放饔一千二百文,中/班五百文,二毫二百文,會厘一百文,共计入公堂九五四錢二十/二千文。船交工價归入股二十一千四百文,二毫四百文,會厘二/百文,共計包入公堂九五四錢二十二千文。此外無論向公司/付給工價或多或少,概归承首人完全負責,不得短少公/堂分文。更有入股之錢,公議照六十七股分攤。經此承認之/……無憑,特憑中证,立此承認字,永遠存執。/

……守誠(十)/朱兆鑾(十)/謝廣和(十)/

憑中人:大吉/

贊成人:中班繆廣林(十)/

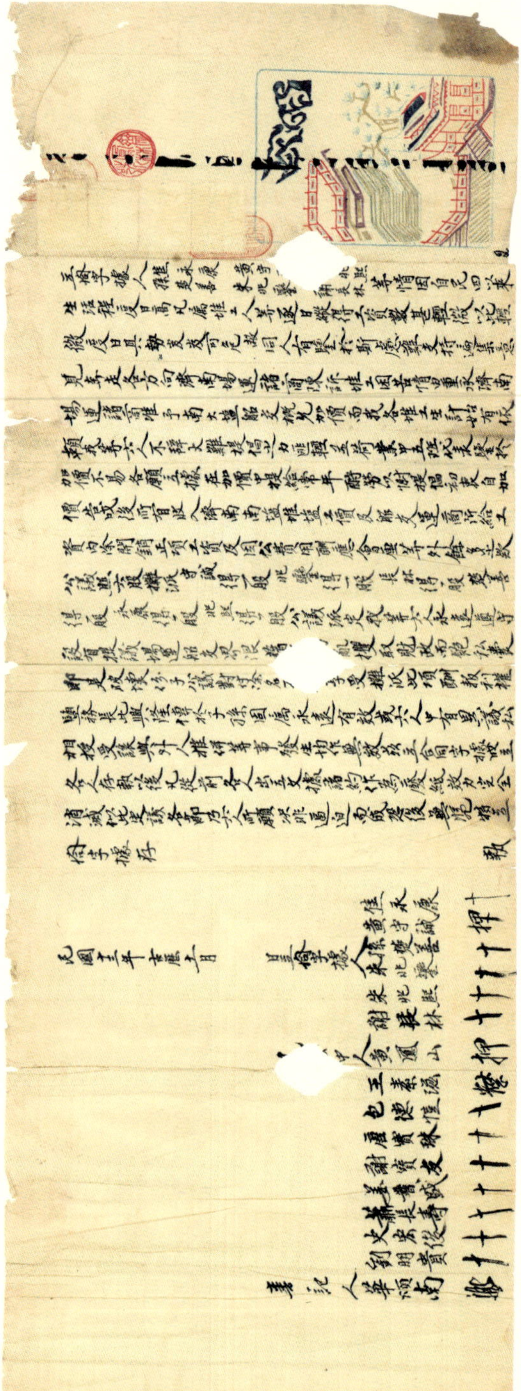

112 民國十三年(1924)焦永康等提成合同

立合同字據人:焦永康、黄守〔誠〕、〔朱〕兆熙、孫楚善、朱兆鑾、謝長林等,情因自民四以來,/生活程度日高,凡屬堆工人等,逐日縱得工資,數甚輕微。以此輕/微度日,其勢岌岌可危。/敝同人有鑒於斯,慮難支持,遍集意/見,奔走各方,向濟南場運諸商陳訴堆工困苦情由。重承濟南/場運諸商,准予南大鹽船、交,概允加價,而我各堆工生計,始有依/賴。我等六人,不辞大難,提倡之力匪輕。並荷業中五班代表,鑒於/加價不易,各願立據,在加價中提給常年酧勞,以慰提倡初衷。自加/價告成後,所有收入濟南南鹽堆鹽工價,及船、交運商所給工/資内,除開銷正項工資及因公費用、酬應、會厘等外,餘多之欵,/公議照六股攤派。守誠得一股,兆鑾得一股,長林得一股,楚善/得一股,永康得一股,兆熙得一股。公議派定,我等六人,永遠遵守。/設有提議場運船交界限,藉□□亂,攫取財政而飽私囊,/即是破壞份子,公議對付除名,不□享受攤派此項酬報利權。/鹽務長此興隆,傳於子孫,固属永遠有效。或六人中有異議,私/相授受,讓與外人、推併等事發生,均作無效。兹立合同字據成立,/各人存執以後,凡從前各人出立文據諸約,作爲廢紙,效力完全/消滅。似此定議各節,乃六人所願,决非逼迫而成。恐後無憑,特立/合同字據,存執。/

民國十三年古歷十一月〇日

立合同字據人:焦永康(十)/黄守誠(押)/孫楚善(十)/朱兆鑾(十)/朱兆熙(十)/謝長林(十)/

憑〔議〕中人:黄鳳山(押)/王素滋(花押)/包德愷(十)/唐寶珠(十)/謝寶友(十)/姜普盛/蕭長壽(十)/史宏俊(十)/劉朋貴(十)/

書記人:華頌南(花押)/

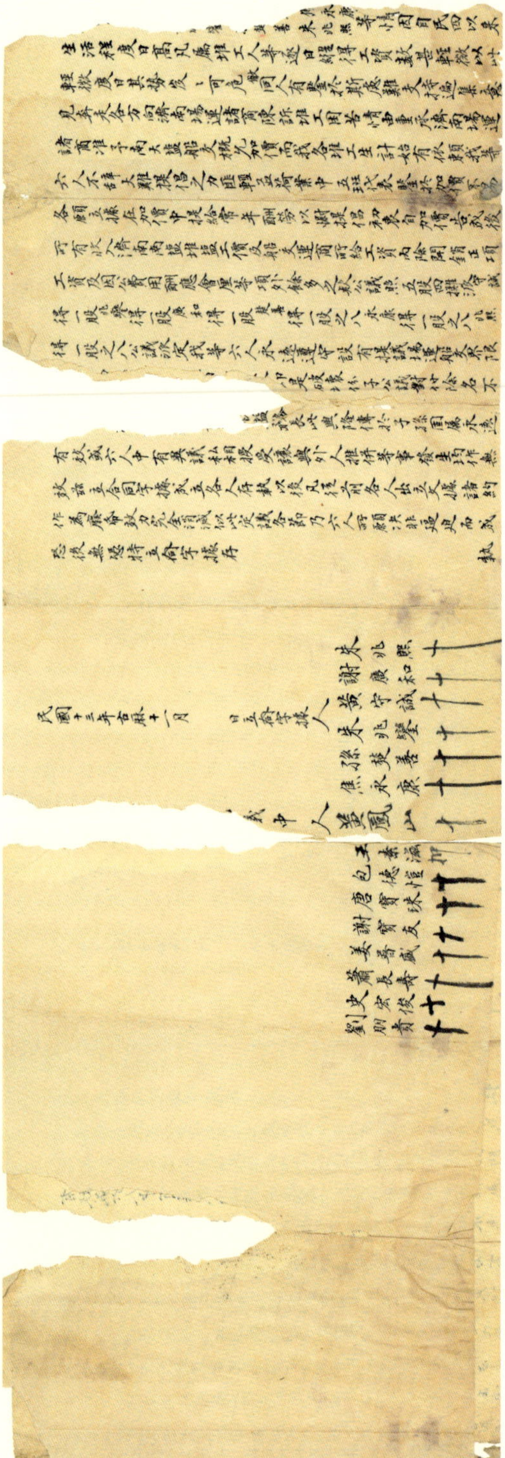
……鑒……善 朱兆熙 永康 等情因自民四以來
生活程度日高凡屬堆工人等逐日維得工資數甚輕微以此
輕微度日其勢岌岌可危歟同人有鑒於斯處難支持遍集衆
見奔走各方向濟南場運諸商陳訴堆工困苦情由重承濟南場運
諸商准予南大鹽船支概允加價而我各堆工生計始有依賴我等
六人不辭大難提倡之力匪輕並荷業中五班代表鑒於加價不易
各願立據在加價中提給常年酬勞以斷提倡初衷自加價告成後
所有收入濟南南鹽堆鹽工價及船支運商所給工資內除開銷正項
工資及因公費用酬應會屋等項外餘多之款公議照五股四攤派守誠
得一股兆鑒得一股廣和得一股楚善得一股之八永康得一股之八兆熙
得一股之八公議派定我等六人永遠遵守設有提議場運船支界限
……即是破壞係子公議對付除名不
……鹽務長此興隆傳於子孫同屬永遠
有效或六人中有異議私相授受讓與外人推併等事發生均作無
效話立合同字據或立各人存執以後凡後前各人出立文據諸約
作為廢命致力究全消滅似此定議各節乃六人所願決非逼迫而成
恐後無憑特立合字據存　執

民國十三年古曆十一月　日立合字據人
朱兆熙十
謝廣和十
黃守誠十
朱兆鑒十
孫楚善十
焦永康十
……議中人
黃鳳山十
王秦瀛押
包德愷十
唐寶珠十
謝寶友十
姜壽盛十
蕭長壽十
史宏俊十
劉朋貴十

113 民國十三年（1924）朱兆熙等提成合同

……焦永康、〔朱兆〕鑾、〔孫〕楚善、朱兆熙等，情因自民四以来，/生活程度日高，凡属堆工人等，逐日縱得工資，數甚輕微。以此/輕微度日，其势岌岌可危。敝同人有鑒於斯，慮難支持，遍集意/見，奔走各方，向濟南場運諸商陳訴堆工困苦情由。重承濟南場運/諸商，准予南大鹽船、交，概允加價，而我各堆工生計，始有依賴。我等/六人，不辞大難，提倡之力匪輕。並荷業中五班代表，鑒於加價不易，/各願立據，在加價中提給常年酬勞，以慰提倡初衷。自加價告成後，/所有收入濟南南鹽堆鹽工價，及船、交運商所給工資内，除開銷正項/工資及因公費用、酬應、會匣等項外，餘多之欵，公議照五股四攤派。守誠/得一股，兆鑾得一股，廣和得一股，楚善得一股之八，永康得一股之八，兆熙/得一股之八。公議派定，我等六人，永遠遵守。設有提議場運船交界限/……即是破壞份子，公議對付除名，不/……鹽務，長此興隆，傳於子孫，固属永遠/有效。或六人中有異議，私相授受，讓與外人、推併等事發生，均作無/效。兹立合同字據成立，各人存執以後，凡從前各人出立文據諸約，/作爲廢帋，效力完全消滅。似此定議各節，乃六人所願，决非逼迫而成。/恐後無憑，特立合同字據，存執。/

民國十三年古曆十一月〇日

立合同字據人：朱兆熙（十）/謝廣和（十）/黄守誠（十）/朱兆鑾（十）/孫楚善（十）/焦永康（十）/

〔憑〕議中人：黄鳳山（十）王素滋（押）/包德愷（十）/唐寶珠（十）/謝寶友（十）/姜普盛（十）/蕭長壽（十）/史宏俊（十）/劉朋貴（十）/

监照

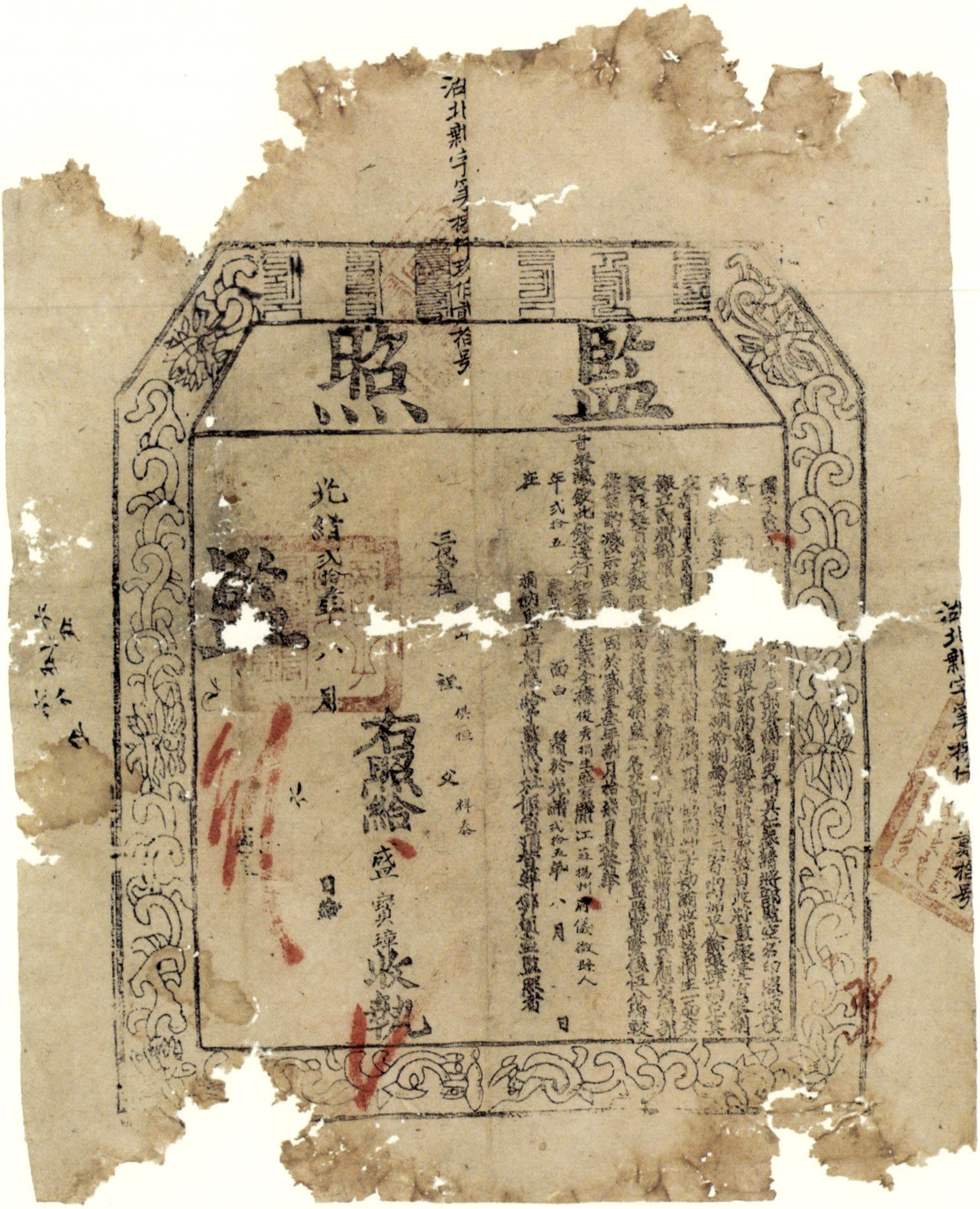
監照

江蘇揚州府儀徵縣人

年貳拾五

面白

父 祥泰

右照給 盛寶璋 收執

光緒貳拾年八月 日

114 光緒二十五年(1899)盛寶璋監照

監照/

湖北□字第捌仟玖伯貳拾號

國子監爲發給執照事。前於咸豐叁年,准户部咨稱,御史何其仁奏請,將部監空名印照頒發/各省收捐,並酌减銀數一摺,本部酌議頒發部照、監照數目,並將監銀壹百零捌/兩之數,每名减銀貳拾兩,止交銀捌拾捌兩整。向來每百兩内,加□餘銀肆兩,免其/交納。由順天府暨各藩司將照均散各廳州縣,協同紳士勸諭收捐。該捐生一面交/銀,立即發部照並監照各一張,填名給領,准其一體鄉試,並報捐官職。至應交解部/飯銀,每百兩交飯銀壹兩伍錢。每捐監一名,交部照費貳錢、監照費壹錢伍分,均較/從前酌减,以示鼓勵,等因。於咸豐叁年捌月拾柒日□奏,奉/旨:“依議,欽此。”欽遵,行知各省在案。今據俊秀捐生盛寶璋,江蘇揚州府儀徵縣人。/年式拾五歲,身〇面白〇鬚,於光緒式拾五年八月〇日/在〇〇捐納監生,相應給予監照,以杜假冒頂替等弊。須至監照者。/

三代:曾祖□山,祖棋恒,父祥泰/

右照給盛寶璋收執/

光緒式拾五年八月〇日給

監:行。

【硃印】國子監印(滿漢雙文)

附录

土地契约

001 乾隆五十五年(1790)周正夫杜卖民田文约

立杜绝卖出民高田地人周正夫,同侄明远、国文,侄孙寿山,今将祖遗公产田一处,坐落西门外周家营地方、/洪姓坟前山边高地,拨出高田大小五丘,公同商议,因每年高田并无粮食,情愿央中说合,卖出到/黄名下为业,以作阴地应用。当日言明,眼同估值,公得受价银叁拾壹两整。其田钱粮,俱系卖主正/夫等同己分田一样自纳,不与买主相干。其银契下两交明白,并无悬欠。今欲有凭,立此卖出民田/文约存照。/

乾隆五十五年九月〇日

立卖出民田文约人:周正夫(十),/同侄周明远(十)/周国文(十),/侄孙周寿山(十)/

凭中:周文赞(十)/周正山(十)/孙右李(十)/吴汉云(十)/王昆宜(十)/陈登云/

正契/

【朱印】仪征县印(满汉双文)

002 嘉庆十九年(1814)张照寿等杜卖阴地文约

立杜卖荒山塘边余地文契人张照寿、胞弟照福,今将自己祖遗受分荒地乙处,坐落西门外石碑山后周家茔地方,其地东/至塘边为界,西至田边为界,南至田边为界,北至水沟为界。四至踹交明白。今凭亲、中立契,卖与/黄〇〇名,永远获荫风水。所卖空地,上有土墩,阻塞神路,有碍风水,愿情凭中挑墩平地,俟后永不得阻塞神路。当日三面/言明,得受地价工银,牙砝双足,兑银拾两整,彼即一平收楚。自卖之后,听凭买主在山开神路,挑塘栽树等情。倘有山主亲族/邻坟、重复盗卖以及一切人等争论异说,俱系出笔人一面承管,与买(私)〔丝〕毫无涉。此系两厢情愿,并非强屈成交。今欲有/凭,立此永远存照。/

再批:言明,诚恐日后挑塘,余土不得在上堆存。又照。/

嘉庆拾玖年三月〇日

立卖荒地文契人:张照寿(十)/张照福(十)/

亲中:张有山(十)/周裕丰(花押)/周兴祥(十)/王晓升(花押)/

塘边神路文契/

003 道光十二年(1832)凌永仁山田旱塌典契

立典出民山田旱塌文契人凌永仁同侄大杏,今将祖遗自己受分民山田地塌一处,坐落仪邑白洋山坊三个墩东北地方,计:水旱种柒斗,计五/埫;水田壹丘,大旱塌壹丘,东至李姓田埂心,南至李姓田埂心,西至李姓田埂心为界,北至姚姓田埂心为界。四至注明,宽窄在内。麦青在田,连青推出,受/户收割。其塌内有马蹄老坟冢捌座。本田钱粮漕米,言明当日契下出笔人付回大钱贰百文,每年生利,代纳完粮。今因手底正用,伯侄商议明白,自央中说合,情愿立契典出,与/〇〇〇名下,听凭在上招佃耕种,收租执业。当凭亲、中三面言定,典得受时值估价九八串大钱拾陆仟文整,其钱彼即契下乙并交兑,毫无挂欠/分文,亦非货利准折。此系两相情愿,非干强屈成交。其田塌言定年限肆年,捌熟为满。俟年期满足,仍将原钱取赎,不得短滥分文。自典之后,/恐有远近房族争论,以及重复包套、典当,上首一切不楚,俱系出笔人承管。今欲有凭,立此典出民山田旱塌文契,执业存照。/

足备与契,/不必另立/

道光拾贰年叁月〇日

立典出民山田旱塌文契人:凌永仁(十)/同侄大杏(十)/

亲:缪德宏(十)/

凭 中:王玉山(十)/张玉扣(十)/任士惠(十)/李天成(十)/

牙:徐彩臣(花押)/

典契/

【墨戳】仪征县正堂王(花押),/无官戳不准挂号,/给田坊经牙徐彩臣/

004 道光十二年(1832)殷晓初倚抵正契

王长福执/

殷晓初等转殷大圩/

倚抵正契/

足备收付,与契/相同,故不另立/

立转倚出大粮屯田地文契殷晓初、殷于天、殷致和、殷霭庭,今将祖遗原倚左所蓝伍大粮屯田壹处,坐落仪邑三乙坊殷家大圩地坊,计总契内拨出屯田肆拾肆亩整。内拾叁亩五分,/每亩夏包小麦肆斗,秋包稻壹担柒斗;内拾式亩,每亩夏包小麦叁斗六升,秋包稻壹担伍斗;内柒亩五分,每亩夏包小麦肆斗,秋包稻壹担捌斗;内捌亩,每亩夏包小麦/式斗六升,秋包稻壹担叁斗;内叁亩,每亩夏包小麦叁斗六升,秋包稻壹担陆斗。又祖遗分派民田叁亩五分,每亩夏包小麦肆斗,秋包稻壹担捌斗,系致和、霭庭二人承分，与长、次／两房无涉。其屯田钱粮册名王道英、董守仁，应完粮银，照总契田亩分派，应完官戥粮银壹两陆钱柒分；又民田地丁册名钱粮，另立推粮付执。随田场基、石磙、车木、／农具，一切俱照田亩公用。水路照旧通行，出入无阻。秋青在田，老种存佃，神祠公祀树木不计。其田四至，眼同指交为界，宽窄在内。当将上首原吐退红、墨式契，／查交附质。今因正用，自浼亲、中说合，将此屯田并致和、霭庭承分民田，统共出笔，情愿转倚与／王〇〇名下，在上收租抵利。当日凭中估值，当年时价，得受倚抵屯、民二田典价曹平来关玖式兑银叁伯捌拾两整。其银彼即一趸收楚，并未悬欠分／厘，亦非利债准算。其田言明期抵五年拾熟为满，仍备原价，交生取赎，分文不烂。自倚之后，毫无异说。倘有军伍不清以及亲族人等争论，俱系出笔人／一面承管，与倚抵无涉。此系两相情愿，并非强屈成交。今欲有凭，立此转倚抵大粮屯民田地文契存照。／

道光拾贰年七月〇日／

立转倚抵出屯民田地文契：殷晓初（花押）／殷于天（花押）／殷致和（花押）／殷霭庭（花押）／

亲中：朱炳材（花押）／李鹤松／周锡篯（花押）／周奉六（花押）／

【朱印】仪征县知事印（两方）

【墨戳】此契于民国三年四月／〇日验明，填给仪字／第一万三千二百五十五号新契／为凭。／仪征县验讫／

005 道光十四年（1834）陈德兴等拨卖田地文约

立拨卖出文约人陈德兴、陈鼎兴、陈大兴，今将祖遗北薪洲开垦□四段六圩洲田玖亩肆分，其田西至吴姓田边为界，东至□□□□／为界，南至江埂外脚为界，北至坐身埂划心为界。□照册推出与买主完纳，正银□钱陆分玖厘。凭中拨卖出与／丁〇〇名下，当日得受价银九八钱贰拾贰〔仟〕陆拾文整。其钱一平兑楚。自卖之后，听凭买主耕种，毋得异说。倘恐〔无凭〕，／今立此拨卖文约，永远存照。／

再批：东戗埂，照亩公执公修。又照。／

道光十四年九月〇日

立拨卖出文约人：陈德兴（花押）／陈鼎兴（十）／陈大兴（花押）／

〔凭中〕：□□周（花押）／□□培（花押）／□□□（花押）／□□年（花押）／□标（花押）／李纯贵（十）／陈启荣（十）／

正契／

006 咸丰十一年（1861）林玉荣卖出阴地文契

坟地文契／

立卖出坟山地文契人林玉荣，今将祖遗荒山一处，坐落北门外长山头破山口林家茔之阳，其/地坐东北，向西南，癸山丁向，兼丑未三分。一穴两棺，计开足丈尺，罗圹壹道，实高四尺，罗圹足宽三尺，内/堂穿心实壹丈弍尺，进前址神路壹道无阻，直出徐姓田地为界，后址以本圹根脚为界，/左右以江姓罗圹根脚外为界，四址明白，出卖与/江〇〇名下，听凭在上扦葬为茔。当日凭中说合，穿井、盘坟、做工，一应在内，当日/得受九八大钱伍仟文整。比即钱契两清，丝毫无欠。言明三年之内，坟地各处坍卸，林姓/包修。三年之外，江姓自行修理。倘有前后左右地界不清，以及族亲争论，均系出笔人一/面承当。今欲有凭，立此文契，子孙永远存照。/

咸丰拾壹年八月十六日

立卖出坟山地文契人：林玉荣（十）/

凭中：林竹贤（花押）/

再批：新坟左首余地一处，计宽四丈，计长七丈，田口为界，四址踹明。凭中说合，一并出卖与〇〇〇名下，听凭在上栽松扦葬。当日得受九八大钱叁仟/陆伯文正，一并收清，毫无挂欠。倘有老坟前后左右不清，亦系出笔人一面承当。今欲有凭，立此永远存照。/

同治元年二月十二日。再立凭据人：林玉荣（十）/

凭中：林竹贤（花押）/

007 同治四年（1865）靳学莲杜卖圩田官契

立杜断卖出民芦课圩田地文契靳学莲，今将原买[丁]姓民芦课圩田地壹处，坐落北薪洲旧港坊二段课字号三圹总田内，拨出圩田拾五亩整，随田场基、埂沟划沓、坐身岸，一应在内，北大涵系同三/段公用公修，南小涵水公用，北小涵公用公修，水[沟]……出入无阻。其田四至，东、西至俱以刘姓田子埂心为界，南至南划心为界，北至坐身岸后划心为界。四至眼同踹交明白。本田每年完纳/芦课上下忙官戥粮银壹两伍钱陆分，推与受[主]……〔今因正〕用，自浼说合，情愿将此民芦课圩田地，立契〔杜〕[断]卖出与/陈〇〇名下，听凭在上耕种收租，永远执[业]。当日凭中，三面言明，照时口值，得受杜卖正价玖捌典钱拾陆仟伍伯文整。酬亲、画字折席，交田，并拔根杜断，一应在正价之内。比即契下，一趸兑/交清楚，分文无欠，并无利货准折，亦无重[复]……卖之后，永无生枝加找异说。倘有亲族内外一切人等争论，以及上首违碍不清情事，[俱系]出笔人一面承管，与受主毫无干涉。此系两相/情愿，并非强屈成交。今欲有凭，立此杜断卖〔出民芦课圩〕[田]地文契，永远存照。再批：以契为凭，无从另立收帖推粮〔存照〕。/

同治肆年伍月〇日

立杜断卖出民芦课圩田地文契：靳学莲/

凭 上首：丁守清/
中：刘道富/崔永才/魏香兰/陈有富/倪淦/
地〔保〕：罗则/
圩头：郭正明/

官契/

第国叁拾式号/

〔仪征县正堂给田房〕官牙江国柱准此

【朱印】仪征县印(满汉双文)

008 同治五年(1866)蒋国明等杜卖田地官契

立杜断卖出民芦课圩田地文契蒋国明，今将原买周姓成熟民芦课圩田地壹□，〔坐〕落旧港坊二段课字号四圩二圹地方，计水圩田拾亩零肆分四厘叁毫，并无场基。其田□□/直界。本田四址：东至周姓田子埂心为界，西至唐姓田子埂心为界，南至江埂为界，北至□身岸后划心为界。水划、水沟、水路，照旧通行，出入无阻。南江埂照田亩每亩派式尺叁寸，公□□□/照古取泥。倘恐做埂取泥，在于外划。北大涵东盘头，照亩公摊，其东戕岸埂，与现主无□，□□修做。本田芦课钱粮，在于北薪洲册名周大兴户内。每年应完上下忙官戥银壹两零玖分□□/六毫，推与买主，听凭更名过户，照册完纳，无从另□推粮。随田□住房壹间，并无装□□□周姓红、墨契式纸，又上上首张姓红、墨式纸，又老上首墨契壹纸，司尾俱全，共计五纸。……/纸，一并查交附执。今因正用，自浼中说合，情愿将此民芦课圩田地，寸土丘角不留，尽行□□断卖出与/夏〇〇名下，听凭在上耕种收租，永远执业。当日凭中，三面言明，照时估值，得受杜卖正价玖捌典钱贰拾陆仟文整。其酬亲、画字折席，交田一切小礼，俱在正价之……/一趸兑交清楚，分文无欠。并无利货准折，亦无重复包套情由。自卖之后，永断葛……说。倘有叔伯弟兄、亲族内外，一切人等争论，以及上首违碍不清情事，俱系……/管，与受主毫无干涉。此系两相情愿，并非强屈成交。今欲有凭，立此杜断卖出民芦〔课圩田〕地文契，永远存照。再批：秋菁在田。又照。/

同治伍年七月〇日

立杜断卖出民芦课圩田地文契：蒋国明/同母叶氏/

凭 亲：熊有相/
中：叶长发/周大兴/酆有富/唐祖善/陈学讲/周文升/盛麒衡/董继德/朱如祥/
圩头：郭正明/

官契/

第国式拾陆/
仪征县〔正堂〕给田房官牙江国柱准此/
【朱印】仪征县印(满汉双文)
【墨戳】仪征县/正堂秦(花押),/给南门外坊田房/经牙江国柱准此

009 同治五年(1866)林玉春杜卖阴地文约

立卖山地文约人林玉春,今将祖遗荒山一处,坐落仪邑北门外陈公塘坊破山口徐家营地坊。其地东西宽陆尺,南北长柒丈,俱合裁尺。/东至本山为界,西至江姓祖茔为界,北至族兄玉荣荒山为界。眼同脚踏,踹交清楚。今因正用,央中说合,情愿出卖与/江〇〇名下,听凭在上开山安葬,栽培树木。当日凭中,三面言明,得受正价九六钱壹仟伍伯文整。比即钱据两交,分厘无欠。倘有上/首不清以及亲族人等争论,俱系出笔人一面承管,无得异说。今欲有凭,立此杜断文约存照。/

同治五年十月〇日
立杜卖荒山坟地文约人:林玉春(十)/
凭中:叔林凤周(十)/兄林玉荣(十)/

010 同治十年(1871)朱兆麟杜卖田地文契

立杜卖断民圩下脚田地文契人朱兆麟,今将祖遗承分内原领郭〇〇主人水田乙处,坐落仪邑三乙坊毛脸庄大圩地/坊,计下脚田肆亩,每亩夏季小麦四斗,秋季籼稻壹担捌斗,随田脚车一部,公用水路,照旧通行,出入无阻,老种自/备。情因九年拾月,将此田推与郭〇〇主人,倚抵欠陈租在者。郭〇〇主人谕佃户王春和所种。不料本年朱兆麟难/以度日,(在)〔再〕三亲自到门,央请保彩、中人,向王春和母子商议,将此田寸土丘角,尽行不留,杜卖断出,与/王〇〇名下,在上耕种包租,子孙永远为业。当日凭中,三面言明:当年时值估价,得受粪本九八大钱拾壹仟文整。/比时钱纸两交,亲手一等兑楚,毫无挂欠分文。因杨姓上首老契,兵乱之时,失落无存,未便查交,今立新断契为凭。倘日以后查出老纸,均皆以作废纸无用。其田倘有亲族内外人等争论,俱系出笔人一面承管,与/受业人毫无干涉。再者,加找等情,俱系郭老板一面承管,亦非货物利债准折。此系两相情愿,非中强屈/成交。今欲有凭,立此杜卖断民圩下脚田地文契,子孙永远存照。/

同治拾年拾壹月〇日
立杜卖断民圩下脚田地文契人:朱兆麟(十)/
族:朱兆贵(十)/
凭 中:王玉珍(十)/王玉山(十)/

庄头：黄恒缃(十)/张永桃(十)/殷执喜(十)/周永虎(十)/殷永锁(十)/黄藻衫(花押)/

杜断正契/

011 光绪四年(1878)周学文杜卖田地文契

杜断文契/

立杜断卖出芦课荒草田文契人周学文，今将原置芦课草田壹处，坐落仪邑南门外北薪洲坊二段三圩/草田壹丘，五亩整。其田四址：东至孙姓田埂心为界，西至张姓田埂心为界，南至南划沟心为界，北至后划心为界。/四址交明，随田沟划塘沓，壹应在内。此田水路，有北大涵壹道，中腰涵壹道。两处水涵水路，公修官用，照旧通/行，出入无阻。本田钱粮在于北薪洲课字号内，册名周学文，官戥银四钱九分九厘整。从此推交受主完纳，执串/听凭更名过户，另立推粮为据。此田并无老契查交，今立新契为凭。嗣后如有检出老契，以作废纸无用。现/因正用不足，央中说合，情愿寸土丘角不留，立出杜断文契，与/张名下在上收割执业。当日凭中照时估值，得受杜断正价九八串钱拾仟文整。比即契下，钱契两交清楚，壹并/足兑，分厘不欠。及酬亲、画字、交田小礼，均在正价。自卖之后，拔根杜绝，永断割藤，并无加找等情。俟后倘有上/首不清，以及内外亲族人等，壹切违碍不清，均系出笔人壹力承当，与受业人毫无干(陟)〔涉〕。此是两相情愿，并/非中人强屈成交。恐后无凭，立此杜断芦课草田文契，子孙永远存照。/

光绪四年二月〇〇日

立杜断卖出芦课荒草田文契人：周学文(十)/

凭中人：鄷有富(十)/孙春林(十)/张大兴(十)/马长发(十)/郭正明(十)/

【朱印】仪征县知事印(两方)

【朱戳】验讫/

民国四年十二□八□/清理仪征沙田局验讫/

【墨戳】此契于民国〇年〇月/〇日验明，填给仪字/第五千六〇二十二号新契/为凭。/仪征县验讫/

012 光绪四年(1878)殷执茂杜卖水田文契

杜断存照/

立杜断卖出屯〔粮〕田文契人殷执茂，今将原领王〇〇主人水租田壹亩柒分五厘，脚斗秋包租/戽籼稻壹担叁斗，夏包小麦式斗七升，麦菁在田，稻种自备如丑。登田估看，脚车壹部官/用，水沟照旧，上下通行，出入无阻。因上年永兴当出多年，今因乏用，央中说合，杜断卖出，与/〇〇〇名下，在上耕种为业。凭亲、族、中，时值估价，得受九八大钱叁拾壹仟文正，当日钱纸两交，并无／分文悬欠，亦非货物准折。此系两相情愿，并非强屈成交。酬亲、画字折席，交田小礼，俱／在正价之内。租斗不清，（惟）〔违〕碍不楚，亲族人等争论，俱系出笔人一面承管，与受业毫无干／涉。今恐无凭，立杜断卖出文契，子孙永远存照。／

光绪四年三月式拾六日

立杜断卖出文契人：殷执茂（十）／

族中：殷执如（十）／殷执高（十）／殷永宽（十）／

凭 庄头：殷执喜（十）／

中：殷执杏（十）／王文照（十）／王锡庚（花押）／

013 光绪十二年（1886）睢王氏拨卖水圩田地文契

□□卖断民水圩田地文契人睢王氏同子大偶、大顺，今将自己承分民水圩田壹处，坐落仪邑朴树湾河南三乙坊殷家大圩地方总契内，拨卖断民水圩田拾贰亩伍分整，每亩夏包小麦肆／□□□，秋包籼稻壹担捌斗，随田脚车壹部公用。麦稻老种，二季种备，秋青在田，树木不计，潮沟水路，上下出入照旧，通行无阻。其田四至不开，悉照上首老契来脚为界。本田钱粮在于／□乙坊册名睢大偶□□，□下忙官戳银壹两整，漕米照粮科派。听其现业更名过户，赴柜完纳。今因正用，自己央请亲中说合，情愿照契内田亩，寸土丘角不留，尽行立契出笔，拨卖断与／□○○名下，在上自……业。当日凭中言明时值，当年拨卖断正价曹平关纹足兑银肆拾叁两柒钱伍分整。当日银契两交清白，并无分厘悬欠，亦非利货准折等情／……均卖在正价之内。自拨卖之后，永断葛藤。倘有上首远近业主，以及门族亲房、外人争论，并重复包套，一切违碍不楚，俱系出笔人／……一纸，并上首墨契一纸□□。今立新契为凭。此系两相情愿，并非中人强屈成交。今欲有凭，立此拨卖断民水圩田地文契，子孙永远存照。／……契内□□脚车……／

光绪拾弍年八月○日

立拨卖断民水圩田地文契人：睢王氏（十）／同子大偶（花押）／大顺（十）／

凭亲：王春华（十）／王文勋（十）／

凭中：尹朝亮（十）／陈万财（十）／殷右林（十）／汪鲁堂（十）／冯正宽（十）／黄春泉（花押）／祁正兴（花押）／

正契／

【墨戳】仪征县正堂李（花押），／□□□□□□□□，／经牙祁正兴戳记／

014 光绪十二年（1886）黄咸德等析田合同

立合同人壹样弍纸，各执壹纸，永远存照／

立合同人黄咸德、黄咸荣、黄咸汇、黄咸灏，今凭中立到，/ 情因堂弟兄四人，于本年八月间凭中合置雎姓出笔水田拾亩零伍分，又仓房基地、场基，俱 / 系注明新契。汇承分水田陆亩七分五厘，并仓房基地、场基归汇承执，俟后与德、灏、荣 / 无得过问。德承分水田弍亩五分，荣承分水田壹亩，灏承分水田弍分五厘，当交下雎出 / 笔印契一纸，司尾全系德附执。又交下雎出笔墨契一纸，并原买墨契一纸，又上首印 / 契一纸，统存汇附执。荣承执合同一纸，各人各兑田亩价银，粮照每亩捌分科纳，各 / 更名过册，无得推诿异言。今欲有凭，立此合同一样式纸，各执壹纸，永远存照。/

光绪十弍年八月〇日

立合同人：黄咸德（十）/ 黄咸汇（十）/ 黄咸灏（十）/ 黄咸荣（十）/

凭 族：黄春泉（花押）/

凭 中：陈永源（十）/ 冯正宽（十）/ 王春和（十）/ 祁得人（花押）/

收执 /

015 光绪三十二年（1906）刘贵玲杜卖芦课田地官契

官契纸

布字肆百玖拾玖号

江宁承宣布政使司为颁给仪征县官契纸事。今据 /

立杜断卖出民圩芦课田地文契人刘贵玲，今将祖置靳学莲出笔芦课圩田壹处，坐落北薪洲旧港坊二 / 段课字号三圹地方，计卖出芦课圩田贰拾亩整，随田场基、石磙、埂沟、划沓、身岸，一应在内。大涵系同三段公修 / 公用，中石涵壹道、南小涵壹道，均皆用水出入无阻。水沟水路，照旧通行，出入无阻。其田四址：东西至周、陈二姓田子埂心 / 为界，南至南划心为界，北至坐身岸后划心为界。四至眼同指交清白。本田钱粮册名刘宪章户内，额完全 / 年上下忙官戥银贰两零捌分，推归受户完纳，另立推粮为凭。当将原买靳学莲出笔印墨契贰纸，/ 随契一并查交附执。今因正用，自浼中说合，情愿将此祖置靳姓出笔民圩芦课田地，凡在分内，埂沟划沓，寸土 / 丘角，一概不留，尽行立契杜断卖出，与 / 盛〇〇名下，听其在上自行耕种，完粮执业。当日凭中、牙，三面言明，照时估值，得受民圩芦课田地杜断正价曹 / 平贰柒宝银伍拾两整，随契亲手一并收楚，银契两交，分厘不欠。所有酬亲、画字折席，交田小礼，一切等费，俱在正价 / 之内，并非利货准折，亦无重复包套情由。自卖之后，永无生枝、加找异言。倘有族亲内外一切人等争论，以及上首 / 不清情事，俱系出笔人一面承管，与受户毫无干涉。此系两相情愿，非中强屈成交。今欲有凭，立此杜断 / 卖出民圩芦课田地文契，子孙永远执业存照。/

立杜断卖出民圩芦课田地文契人：刘贵玲（花押）/

凭
亲：杨加和(十)/
原中：马正金(十)/马汉章(十)/余得舟(十)/刘道富(十)/刘德福(花押)/
四邻：周太来(十)/陈雪银(十)/王安怀(十)/徐文奎(十)/余顺洪(十)/
牙：黄文杰(花押)/

光绪三十二年三月

【朱印】仪征县印(满汉双文,两方)　　仪征县知事印

【朱戳】洲场项下：/奉饬每两加捐足制钱陆拾/文,又带收学堂经费钱拾文/
光绪叁拾贰年拾壹月八日颁收/

【墨戳】仪征县正堂舒/给小市口坊田房/官牙黄文杰戳记/
此契于民国〇年〇月/〇日验明,填给仪字/第一万一千三百十八号新契/
为凭。/仪征县验讫/

016 光绪三十四年(1908)盛永林推并田地文约

推并/

立推并田地文约人盛永林,情因分家派田拾/伍亩一分,摊債四十四元壹股,永林无力承认,情愿将/后三圩派六亩七分整推出,与长房、三房执业耕种。/此債均归于长房、三房偿还,于二房无涉。嗣后二房若/要收田回头,将四十四元一并付出于长房、三房,洋不起利,田/不起租。此系两相情愿,无得一言反悔。今欲有凭,立此/推并田地文约存照。/

光绪叁拾肆年四月二十四日

立推并人：盛永林(拾)/

凭中在纸。/

存照/

017 宣统元年(1909)李文财出典田地文契

典契存执/

立典出民圩芦课田地文契人李文财,今将祖遗坐落仪邑南门外北薪洲坊二段四圹丁圩高沙田拾四亩整,其/田四址：东至李姓田埂心为界,南至大埂外三弓为界,西至官田埂心为界,北至大路北划心为界。四址交明,水/涵水路,照古通行无阻。本田钱粮,从今推出,受主照李彭贵册完纳。此田言明,自当自赎。今因正用不/足,央中说合,情愿立出典契,与/陈名下,在上耕种执业。当日凭中言明,照时估值,得受典价英洋肆拾圆整。即日席下,银契两/交明白,并无挂欠分厘。其田期限,三年六熟为满。俟后银到取赎,并无短烂分文。此田亦无重复包/套等情。自典之后,倘有亲族邻友壹

切为碍，俱系出笔人承管，与受主毫无干(陟)〔涉〕。此系两相情愿，并 / 非中人强屈成交。恐后无凭，立此典契丰收存照。/

宣统元年二月〇日

立典出民圩芦课田地文契人：李文财(十) / 同子李兴发(十) /

田邻：李传芝(十) / 李传教(十) /

凭中：周太来(十) / 雎恒松(十) / 樊长福(十) / 代章生(十) /

018 民国三年(1914)盛尤氏推出归并田地文约

推断存照 /

立推出归并田地文约人盛尤氏同子永祷，情因老大房无 / 嗣，有余盛公田十四亩五分正，落于老三房承种数年。老二房 / 理结此产，理合推出王圩田五亩，二、三房公摊公派。内有本庄住基东首脚田乙 / 方，壹并推出，与老二房在上耕种收割，所有脚田，听其起房 / 造屋、做场等情。余下之田，仍然照古，各执各业。外有门面十 / 五亩，有祖坟壹座，新坟不添，旧坟不动。自推出归并之后，两无 / 异说。另有廿五亩，老契存执。今欲有凭，立此推出归并，永远 / 存照。/

民国三年四月〇日

立推出归并田地文约人：盛尤氏(十) / 同子永祷(十) /

凭中：高宝荣(十) / 樊长福(十) / 徐德(十) / 唐老太(十)

019 民国三年(1914)王某殷家大圩新契纸

江苏省新契纸

国税厅筹备处印发

仪字第壹万叁千贰百伍拾伍号

仪征县东区市乡，所有者王姓，抵契

不动产要项：

地目：屯圩田

位置：三乙坊殷家大圩

面积：肆拾肆亩

四至界限：

东：载契

南：同上

西：同上

北：同上

取得原由：

金额：银叁百捌拾两

年月：道光十二年

原有者：殷晓初等

居间者：朱炳材

税银：〇

缴纳年月：〇

呈验凭证：抵契壹纸

沿革摘要：殷晓初、殷于天、殷致和、殷霭庭，抵与王姓

区分种类：〇

验明登注册籍号次：壹万叁千弍百五十五号

手数料：

纸价：壹元

注册费：壹角

县知事：郝炳章

中华民国叁年四月〇日

【朱印】江苏国税厅筹备处印发关防　仪征县知事印

020 民国□年徐某芦圩课田新契纸

江苏省新契纸

国税厅筹备处印发

仪字第壹万陆百拾捌号

仪征县〇〇市乡，所有者：徐

不动产要项：

地目：芦圩课田

位置：〇

面积：〇

四至界限：

东：在契

南：在契

西：在契

北：在契

取得原由：

金额：四十七千五百文
年月：同治
原有者：周夏谷
居间者：金芳余
税银：〇
缴纳年月：〇
呈验凭证：印契
区分种类：〇
沿革摘要：周夏卖与徐
验明登注册籍号次：一万六百十八号
手数料：
纸价：一元
注册费：一角
仪征县知事：郝炳章
中华民国〇年〇月〇日
【朱印】仪征县知事印

021 民国□年吴某圩田新契纸

江苏省新契纸
国税厅筹备处印发
仪字第叁千叁百贰拾捌号
仪征县〇〇市乡，所有者：吴
不动产要项：
地目：圩田
位置：北薪洲
面积：拾亩
四至界限：
东：载契
南：载契
西：载契
北：载契
取得原由
金额：拾六千文

年月：同治三年
原有者：蒋蒋氏
居间者：杨起发
税银〇
缴纳年月：〇
呈验凭证：墨契
区分种类：丙
沿革摘要：蒋蒋氏卖吴
验明登注册籍号次：叁仟三百二十八〔号〕
手数料：
纸价：免收
注册费：乙角
仪征县知事：郝炳章
中华民国〇年〇月〇日
【朱印】仪征县知事印
【朱戳】民国六年三月八日/清理仪征沙田局验/

022 民国三年(1914)陈万祥杜卖民塘文约

民塘文契/

立杜倒断民塘文约人陈万祥，今将祖遗承分派定仪邑东门外三乙前坊汪/大圩潮水沟地方，东至黄翠峰埂边为界，西至忠保沟埂边让三尺为界，/南至油北殷忠林大坝基心捌丈材尺为界，四趾注明。今因正用，央中说合，情愿/立笔倒断于/王名下，听其在上罱泥塘粪、车鱼栽菱，一切应用执业。凭中言明，其塘正/价英洋蚨肆圆整。又大洋壹元，贴与陈姓行利。每年菱租完讫。比时/洋、纸一并交清，分厘不欠，亦非货物准折等情。其塘上上首租斗不/清，(一)〔以〕及重复包套、一切违碍不楚，俱是出笔人一面承认，与受业人/毫无干涉。两下情愿，非中屈成。恐后无凭，立此杜倒断民塘文约存照。/

中华民国三年阴历三月〇日
立杜倒断民塘文约人：陈万祥(十)/
凭中人：朱恒隆(十)/陈其立(十)/殷忠保(十)/殷得定(十)/殷忠林(十)/黄翠林(花押)/
永远存照/

023 民国四年(1915)金遐林杜卖芦课水田官契

官契/

仪字第肆拾玖号税□〇圆〇角〇分〇厘/

立杜断卖出芦课水圩田文契人金遐林同子生有,今将原受林姓民芦课田壹处,坐落仪邑旧港坊北薪洲弍段弍/圩头圹地方,计田拾弍亩整,随田埂、沟划、沓坐、身岸,一应在内。其田,东西戕岸,[照]亩公派公修。南划边间,头埂各顶田头。南/江大埂,照亩公派公修。东戕岸并无水路,西戕岸本圩大、新涵路,照旧通行,公修公用,出入无阻。该田界址,东至张姓田子埂/心为界,西至[胡姓]田子埂心为界,南至南划心为界,北[至]坐身岸后划心为界。熟田场基,仍照捌拾贰亩科派。四址凭中眼同/□□□□□□□□□今田钱[粮],在于北薪洲芦□□□□兆贵户内,应完上下忙官戥正银壹两□〔钱〕肆分整。从民国肆年/上忙起,推[归]现户自行更名过割,投柜完纳。此田仅有[承]受林姓墨契壹纸,查交附执。上首老契,未便[查交]。俟后查出片纸只/字,均作废纸无用。凭中现立杜断新契为凭,另立推粮为据。今因正用,自浼央中说合,情愿将此民芦课田,寸土丘角,尽/行立契,杜断卖出,与/石〇名下,永远在上执业耕种完粮。当日凭中,照时估值,得受民芦课田杜[卖正]价大洋柒拾伍元整,酬亲、画字,交田小礼,一/切等费,俱在正价之内。彼即契下两交,丝毫不欠,亦非利货准折、重复包套情由。麦菁在田。自杜断之后,永断割藤。倘/有上首灾[缓漏]完不清,以及族亲内外一切人等争论,违碍不楚,俱系出笔人一面承管,与受业□□无涉。此系两相情/[愿],[并]□□□□□□成交。今欲有[凭]……/

中华民国四年贰月〇日

立卖契人:金遐林/同子生有/

族:金生宝/

亲:冯汉三/

凭 上首:林兆贵/

中:张凤元/盛宝璋/卫如升/唐立基/郭发/陈兆富/韩瑞芳/石广珍/时玉彩/

【墨戳】仪征县/知事郝(花押)/给旧港坊田房/官牙□□□戳记/

此纸于民国十□年二月/〇〇日验,[给]/第15212[号]/为凭,仪征县政府验讫/

024 民国五年(1916)陈学银典出田地文契

典契正据/

立典出民圩芦课荒熟田文契人陈学银，今将祖遗芦课田壹处，坐落仪邑南门外北薪洲二段三圩地方，其田／拾五亩整。东至盛姓田埂心为界，西至王姓田埂心为界，南至南划心为界，北至后划心为界。四址交明，其田水路／照（右）〔古〕通行，出入无阻。随田沟划、塘沓、场基，壹应在内。本田钱粮，在于北薪洲陈有德户内，上下两忙官戳壹／两陆钱陆分玖厘。自此推归受主完纳，其田自当自赎。今因正用不足，央中说合，情愿立出典契，与／居名下，在上耕种，收割柴薪。当日凭中，照时估值，得受典价英洋伍拾圆整，即席下壹并足兑，／分厘丝毫不欠。其田期限，叁年六熟为满。年限之后，银到取赎，并无烂价分文。自典之后，倘有上首／不清及亲族内外人等争论，壹切违碍不楚，均系出笔人壹面承当，与受主无（陟）〔涉〕。此田并非重复包套、准／折货利等情。此系两愿，并非中人强屈成交。今恐无凭，立此典契丰收存照。／

民国伍年正月〇日

立典出民圩芦课荒熟田文契人：陈学银（十）／

凭中人：徐文奎（十）／余景和（十）／王安怀（十）／盛永华（十）／盛宝璋（花押）／周太来（十）。／

【朱戳】洪宪元年三月十三日／清理仪征沙田局验讫／

025 洪宪元年（1916）居金玉倒换部照凭单

倒换部照凭单

仪字第壹千陆拾玖号

清理江苏沙田总局为给发凭单事。案查／财政部呈定清理江苏沙田章程第八条：办理升转，应令各业户／将旧有契据及单照、串票，一律呈验，按其现业亩分，填给部照注／册，等因。遵经刊章示谕在案。兹据业户检齐契据等件，遵章呈验，／并缴照册费，前来。除注册备查外，合先给发凭单。嗣后持单来局，／倒换／部照执业，不再收费。倘部照未发之前，准以此单买卖作凭。须至凭单者。／

计开：／

仪征县业户居金玉管业北新洲二段三圩／沙田壹拾五亩〇分〇厘，／东至盛姓田埂心，西至王姓埂心，南至南划，北至后划心，／呈验墨典契壹纸，印照〇纸，单串〇纸，／随缴照册费每亩银元一角，计收银元壹元捌角〇分〇厘。／

洪宪元年三月十三日给／

字第乙千六十九号／

【朱印】清理江苏沙田仪征县之关防　　清理江苏沙田局之关防

【朱戳】财政部批准注册／处分，每执照费加收／合计大洋壹角式分／

典契／

典户所缴照册费，于回 / 赎时，由原业照数认还 /

026 民国六年（1917）张王氏杜卖荒草田地文契

立杜断卖出……/ 亩整。该田四址，东至孙姓……/ 此田水路，有北大涵壹道……/ 正银四钱九分九厘整。从民国六年……/ 契为凭，另立推粮为据。今因正用，□□□中说合，情愿将□课田杜卖，正价大洋蚨叁拾……/ 盛〇〇名下，在上执业，收割柴薪，开垦无阻。当□□□□□，永断割藤。倘有上……以及族亲……/ 正价之内。彼即契下两交，丝毫不欠，亦非利货准折□□。□□有凭，立此杜断卖出民芦课荒草田地文契，永远存照。……/ 论，违碍不清，俱系出笔人一面承受，……/

民国六年七〔月〇日〕

〔立杜断卖出民芦课〕荒草田地文契人：张王氏（十）/

族：张文庆（十）/ 张正荣（十）/

〔凭〕亲：张张氏（十）/

中：王永宽（十）/ 孙宏贵（十）/ 盛宝璋（花押）/ 刘德福（花押）/ 柏遐龄（花押）/

027 民国六年（1917）王恩普杜倒断租田文契

立杜倒断出民圩水租屯田文约人王恩普，今将祖遗承分阄分派定屯租田壹处，坐落仪邑三乙坊马庄南大埂外圩地方，原领 / 王〇〇主人名下领种民圩水租屯田壹亩柒分伍厘，其田脚斗，每亩夏包小麦贰斗柒升整，秋包籼稻壹担叁斗整。本田白田白交，老种自备。其田四址，东至 / 张姓埂心为界，西至现业埂边为界，南至葛姓沟边为界，北至曹姓场边为界。四址注明，眼同指交明白。其田水路水坞、潮沟涵坝，上下出入，通行 / 无阻。本田并无沟塘、车木农具，埂冈坡塌，大小树木，宽窄在内，一应不动。其田上首老纸，当时检交与现业付执，另立杜倒断正据为凭。今因正用，/ 自浼族亲说合，情愿将此田寸土丘角不留，尽行立笔杜倒断，出与 / 王〇〇名下，听其在上自行耕种完租，子孙执业。当日凭中言明，其田杜倒断，当年时估粪本正价，得受英龙洋蚨肆拾肆圆整。彼时洋纸两交，/ 一并兑楚，分厘不欠，亦非货物利债准折等情。其田倘恐上年陈欠租斗不清，以及内外族亲人等争论，重复包套，一切违碍不楚，俱系出笔人 / 一面承管，与现业毫无干涉。自杜倒断之后，两无异说，允断葛藤。此乃两相情愿，并非屈成。今欲有凭，立此杜倒断民圩水租屯田大发存照。/

中华民国陆年冬月〇日

立杜倒断出民圩水租屯田文约人：王恩普（十）/

族中：王德奎（十）/ 王仕镭（十）/
凭 亲中：曹怀恩（十）/ 王仕钿（十）/ 王恩友（十）/
原中：冯善夫（十）/ 王友三（十）/ 葛永高（十）/ 李永万（十）/ 曹国汕（十）/
庄头：殷右龄（十）/ 睢佑炘（花押）/
杜倒断正据 /

028 民国九年（1920）盛永林顶首约

顶首存照 /

立收顶首人盛永林，今收到 / 永华名下收得高田五亩整，计收顶 / 首大洋拾元整。当日言明，至民国十弍年 / 起，行租大洋伍元，不得多少。嗣后叁年 / 六熟为满。年限之后，两相再议。恐后无 / 凭，立收顶首存照。/

民国九年七月〇日 /

立收顶首人：盛永林（十）/

凭中：樊长福（十）/ 盛永国（押）/

029 民国十一年（1922）殷义标推断凭帖

推断凭帖 /

立推断凭帖人殷义标，今因原管王主人名下水高田 / 四十七亩五分，内拨出水田七亩正，与 / 王长福名下，自业耕种。所有长福原领七亩内，按季应完 / 之仓例、小管一切等项，自本年起，长福概不交纳。当日凭中 / 言明，得受过庄费大洋式拾叁元肆角正。比即亲手如数收讫，分 / 毫不欠。嗣后彼此两无关系。立此永远存照。/

中华民国十一年夏历十月〇日

立推断凭帖人：殷义标（十）/

凭族中：殷忠惠（十）/

030 民国十一年（1922）李恒良等合置屯田合同

立合置大粮屯田连民圩粮田地合同人李恒良、王长福、王友三，情因叁人合受王浩然出笔承分祖遗屯圩田壹处，坐落仪邑东区河南三乙前坊殷家大庄后圩地方，/ 计杜卖断大粮屯田连民圩粮田肆拾柒亩伍分正。照新墨、红契内，李恒良得受大粮屯田叁拾伍亩伍分正，/ 听其自行收租完粮，永远执业。又在新契内，王长福得受大粮 / 屯田柒亩正，听其自行耕种完粮，永远执业。又在新契内，王友三得受民粮田伍亩正，照新契叁亩伍分，仍照伍亩摊兑正价使费，听其自行耕种完粮，永远执 / 业。当日凭中言明，其田杜断正价，每亩大洋贰拾捌圆正，计共正价大洋壹仟叁百叁拾圆正，仍照合置叁人照田亩摊兑正价，及一切使费、用度，亦照田亩摊派。但/本田大粮屯田钱粮册名王道英、董守仁户内，推出官戥银上下全忙，夏季完壹两壹钱陆分捌厘正，秋季完白征册名肆分叁厘正；又民粮田册名王典、殷为政户内推出上下全忙银式钱捌分，漕米照科。当日/凭中言明，仍归李恒良承纳执串。及王长福本田上下全忙官戥银每亩肆分壹厘，共计应完银式钱捌分捌厘正。本田册名在王道英户内推出，听其自/行更名完纳。又王友三本田钱粮上下全忙屯粮田连漕米化银，每亩摊派肆分壹厘，共计应完官戥银贰钱零伍厘，在王典、殷为政册名户内推出，自行更名/完纳。当凭在契中证言明，杜断新契壹纸足备，存与李恒良处付执。又王浩然原买正契壹纸，存与王长福处付执。又有上上首契乙纸，存与/王友三处付执。连推粮在内，所凭在契中证言明，正契未曾批明，均系以合置合同为凭，亦以（绮）〔骑〕缝花押为证。设恐本田不清生异，听其合同内执业之人取新/契观看，无得推托他人。自立合置合同之后，永无异言。此系两相情愿，并非关中成交。恐后无凭，立此合置大粮屯田连民圩粮田此合同乙样叁纸，各执乙纸，大发存照。

中华民国拾壹年〇月〇日

立合置[大]粮屯田连民圩粮田合同人：李恒良（花押）/

同业：王长福（十）/王友三（十）/

凭中：姚一卿（花押）/睢佑炘（花押）/

031 民国十二年（1923）王立昌领种约

领种纸

[立]领种人王立昌，今领到/盛姓祖遗棋根公高沙田伍亩正，情因棋根公无/宗子，应派老二房次子永林承继。因永林在外资/生未归，将此田五亩代种。该田白领白种，当请凭/中言明，并无押租。此田春秋二季，行租大洋捌元正，/不得短少。倘有水涝旱荒，一应在内。如逢破圩，租价/减半。每年行租，九月终，凭盛姓族宗缴清。期限/三年六熟。年限已满，此田交出。今欲有凭，立此存照。/

此田每年行租，毋许个人私用，存储祭祖公用。又批。/

民国十二年阴历九月十四日

立领种人：王立昌（十）/

凭 中：樊长福（十）/

凭 保领：郭发（十）/

存照/

032 民国十二年(1923)□国馀杜卖阴地文契

立绝卖茔……[俱]系焦界，宽窄在内。此地上有□/茔两冢，[概]已合窆，□□□葬。尚有茔地一穴，情愿请中说合，立契绝卖与/〇〇〇名下，子孙永远在上绕坟耕种、栽插为业。凭中公估，当年时值，卖价拾肆元整。当日银/契两交，并无分文悬欠。其地未卖之先，预已尽过亲房原业。倘有外人争论，俱系出笔人理楚，与承业/人无干。并非外人引诱勒逼成交，此系两愿，各无返悔。今欲有凭，立此绝卖茔地文契存照。/

足收载契，不必另立再照。/

民国拾弍年十一月弍拾捌日

……国馀(十)/

中人：焦子云(十)/徐如玺(十)/徐琏(十)/

代笔人：游友仁(十)/

正契/

子孙永远存执/

033 民国十三年(1924)费元洪卖阴地文契

立卖荒山坟地文契人费元洪，今将祖遗坐落仪邑北门外陈公塘坊老费家茔西南首大塌山地方叁穴陆棺山地壹方，子山午向，/兼壬丙三分，圹堂弍丈肆尺，左右共宽叁丈肆尺，田边为界，前神路一道无阻，塘边为界。后有来龙壹条，本山不准取土。凭中卖与/曹〇〇名下，穿井做圹，盘坟栽树，另有承揽。时值估价，地价大洋贰拾捌圆整。眼同收清，毫无悬欠。自卖之后，听凭买主扦穴安葬，/以及前坟，无得阻碍。所有本山荒草，以抵钱粮。倘有亲族[外]人等争论，违碍不清，均归出笔人一面承当，均与买主毫无干/涉。恐后无凭，立此卖荒山地契，子孙永远兴隆存照。/

中华民国拾三年三月〇日

立卖荒山坟地文契人：费元洪(十)/

族：费元珠(十)/费元才(十)/

凭 亲：钱丙之(花押)/

中：张新甫(押)/周海泉(押)/费厚培(花押)/

坟地正契/

034 民国十三年(1924)盛永铸加典文约

立加典文约/

立加典文约人盛永铸，今将祖遗民圩芦课荒柴田拾亩正，坐落北薪洲二段 / 三圩二圹地方，由民国拾年典与堂兄永华执业，典价凭中言明，交 / 兑清楚，分厘不欠。本田钱粮，每年由永铸贴壹仟文与堂兄永 / 华，听其自行赴柜完纳。倘在年限之内，贴粮不足时，在赎田 / 价外加算。今因家中正用不足，请中说合，情愿在典期之 / 外，再加式年，由民国拾四年起，以田加典大洋拾四元正，凭中 / 交兑清楚，分厘不欠。倘期满赎田时，不得在清明之后，赎 / 价当一起兑足，并不得拖欠烂价分文，银到田交。今 / 欲有凭，立此加典文约存照。/

中华民国拾三年八月廿日

立加典文约人：盛永铸(十)/

凭中人：王立昌(十)/ 朱有华(十)/

存照 /

035 民国十三年(1924)陈学银杜卖田地文契

立杜断拨卖出芦课民圩荒熟田地文契人陈学银，今将祖遗正分民圩荒熟田地壹处，坐落仪邑南区 / 北薪洲坊二段课字号三圩三圹地方。其田四趾：东至盛姓子埂为界，西至王姓子埂为界，南至南划沟心 / 为界，北至坐身住基后洼心为界。四趾注明，踹交清白。随田住基、埂划、踏地，一切树木，均在其内。再有石磙壹条，/ 本圹官用。东北大涵壹道，同三段官用公修。本段南北小涵，均系本圩官用公修，出入通行无阻。该田银粮推 / 出官戥正银全忙应完柒钱捌分整，均在陈有德户内推出。当将原买红契壹纸及契尾，查交附执，馀 / 契未便查交。其地上有祖坟式冢，东边祖坟有圹，西边新坟无圹。嗣后准其陈姓西游，新坟内并墓 / 合封。该坟外，并无余地。倘有按时修理，听其北塘取泥，毫无阻止。其时言明，该坟地扣价大洋拾伍元正。/ 倘有陈姓将此坟墓迁移他处，应将此洋如数交出，两无异言。今因正用，自浼亲中说合，情愿将此祖遗 / 正分芦课民圩荒熟田地，寸土丘角不留，全行立契杜断拨卖出与 / 盛永华名下，听其在上执业，耕种收租，投税纳课。当日凭中言明，照时估值，杜断正价大洋壹伯肆拾圆整。彼时契 / 下，一并兑清，分厘不欠。酬亲、画字折席，交田小礼，一切使费，均在正价之内，并无外项生枝。自卖之后，永 / 断葛藤，拔根杜绝，不准增找，另生枝节。倘有上首不清及族亲内外人等争论，一切违碍不楚，俱系出笔 / 人一面承管，与新受主丝毫无涉。此系两相情愿，并非外人免强成交。今欲有凭，立此杜断拨卖出祖 / 遗正分芦课民圩荒熟田地文契，子孙永远存照。再批：足备推粮与契相同，毋庸另立。又照。/ 又批：当日凭中大分内拨出七亩五分整，卖与盛姓，永远执业。又照。/

中华民国拾叁年〇月〇日

立杜断拨卖出祖遗芦课民圩田地文契人：陈学银(十)/ 同孙陈玉才(十)/

亲：徐文奎（十）/
凭 中：余锦和（十）/ 刘德福（花押）/ 盛锡仁（十）/ 王品三（十）/ 周长贵（十）/ 周长发（十）/ 徐恩发（十）/ 余锦泰（十）/ 张正荣（十）/ 盛永林（十）/ 樊长福（十）/ 雍建章（十）/ 郭基庆（十）/ 刘恭荣（十）/ 薛雨楼（花押）/
正契 /

036 民国十五年（1926）黄翠源杜倒断卖水田文契

立杜倒断卖出民圩水粮田文契人黄翠源同弟黄翠宝，今将祖遗自置派定承分民圩水粮田壹处，坐落仪邑东区河南三乙 / 前坊殷家大庄土庙南首地方，计民圩水粮田壹亩整壹丘，其田每亩脚斗，夏脚小麦四斗，秋脚籼稻壹担捌斗整。小租、小管，悉照 / 上例，随田脚车自备，潮沟、水坞，水路上下，照旧出入，通行无阻。其田四至交清：东至汪姓埂心为界，南至沟边为界，西至殷 / 姓大埂心为界，北至现业埂心为界。四至注明，眼同中人指交明白，宽窄在内。此田寸土丘角不留。本田钱粮在于仪邑三乙前坊 / 册名黄翠源户内拨出，上下两忙官戥银捌分整，漕米照粮科派，听其受主更名过户，自行赴柜完纳。今凭中另立 / 推粮为据。但有上首红、墨式契老纸，存于黄翠峰处，未曾批明。今出笔人当时查出合同壹纸，现业附执。今又立 / 新契为凭。此田麦菁在田，老种存佃。今因正用，自愿央中说合，情愿将此田出笔，立杜倒断，卖出与 / 王长禄名下，听其在上收租纳粮，永远为业。当日凭中言明，当年土逢时值估价，得受杜断正价大洋蚨叁拾贰圆整。彼即 / 契下洋、纸两交，亲手壹趸收清，毫无挂欠分文，亦非货利准折等情。其田酬亲折席、族下画字、交田小礼，壹切杂费，俱在 / 正价之内。自卖之后，永断割藤，两无异说。倘有上首钱粮灾缓漏完不清，以及门族远近人等争论，重复包套，一切违 / 碍藤头不清，俱系出笔人乙面承认，与现业人毫无干涉。此系两相情愿，并非中人强屈成交。今欲有凭，立此杜断卖出 / 民圩水粮田文契，永远兴隆同发存照。/

民国拾伍年〇月〇日
立杜倒断卖出民圩水粮田文契人：黄翠源（十）/ 同弟黄翠宝（十）/
足备收附，与契 / 相同，故不另立。/
族中：黄翠山（十）/
亲中：耿永江（十）/ 黄翠和（十）/ 黄翠峰（十）/ 黄翠海（十）/ 黄翠茂（押）/
凭 中：殷忠信（十）/ 汪天庆（十）/
邻：殷忠和（十）/ 殷义标（十）/ 陈开智（十）/ 陈淦泉（十）/ 王仕顺（十）/ 眭茂源（押）/
墨契 /

【朱印】仪征县财政局关防

【墨戳】此纸于民国十七年十月/〇日验明，填给财字/第二二八九九号新契/为凭。/仪征县财政局验讫/

037 民国十六年（1927）黄翠源等倒断租田粪脚文约

立杜倒断出民圩水租田粪脚文约人黄翠源同弟黄翠宝，今将祖遗自置派定承分原领/〇〇〇主人台下民圩水租田壹处，坐落仪邑东区三乙前坊殷家大庄土地庙南首地方，计民圩水租田壹亩整壹丘。其田每亩/脚斗，夏脚小麦四斗，秋脚籼稻壹担捌斗整。小租、小管，悉照上例。随田脚车自备，潮沟、水坞，水路上下，照旧出入，通行无阻。其田四至/交清，东至汪姓埂心为界，西至殷姓大埂心为界，南至沟边为界，北至现业埂心为界。四至注明，眼同中人脚踏踩交明白，宽窄在/内。此田寸土不留，麦菁在田，老种自备。今因正用，自愿央中说合，情愿将此田出笔立杜断，出与/〇〇〇名下，在上耕种完租，永远为业。当日凭中言明，当年土逢时价，得受杜断正价大洋蚨伍拾圆整。即日洋、纸两交，/亲手壹趸收清，毫无挂欠分文，亦非货利准折等情。其田酬亲折席、族下画字、交田小礼，乙切杂费，俱在正价之/内。自倒之后，永断割藤，两无异说。倘有上首租斗不清，以及门族远近人等争论，重复包套，乙切违碍藤头不清，俱系出/笔人乙面承认，与现业无涉。此系两相情愿，并非中人强屈成交。今欲有凭，立此杜断出民圩水租田粪脚文约，兴隆同发，永远存照。

民国拾陆年拾贰〔月〇日〕

……租田粪脚文约人：黄翠源（十）/同弟黄翠宝（十）/

足备收附，与纸/相同，故不另立。/

凭
- 族中：黄翠山（十）/
- 亲中：耿永江（十）/黄翠和（十）/黄翠峰（十）/黄翠海（十）/黄翠茂（押）
- 中：殷忠信（十）/汪天庆（十）/殷忠和（十）/
- 邻：殷义标（十）/陈开智（十）/陈淦泉（十）/王仕顺（十）/雎茂源（押）/

断据存执/

038 民国十七年（1928）石文才验契纸

国民政府财政部验契纸

江苏财政厅印发

财字第式百柒拾柒万肆千肆百柒拾式〔号〕

仪征县〇市乡，所有者：石文才

不动产要项：

地目：水圩田

位置：□□坊

面积：□□亩

四至界限：

东：在契

南：在契

西：在契

北：在契

取得原由：

金额：□□五元

年月：〇

原有者：金遐材

居间者：盛宝璋

税银：〇

缴纳年月：〇

呈验凭证：墨契

区分种类：〇

沿革摘要：金卖

验明登注册籍号次：一万□千二百七十二

验契纸价：壹元伍角

注册费：壹角

教育费：贰角

〇〇县县长钟宪明

中华民国十七年七月〇日

【朱印】江苏财政厅印　　仪征县财政局关防

039 民国十七年（1928）盛发山旧港课田新契纸

江苏省新契纸

国税厅筹备处印发

仪字第壹万壹仟叁百拾柒号

仪征县〇〇市乡，所有者：盛发山

不动产要项：

地目：课田

位置：旧港坊
面积：二十五亩
四至界限：
东：在契
南：在契
西：在契
北：在契
取得原由：
金额：二十六千文
年月：同治七年
原有者：王□□
居间者：张殿元
税银：〇
缴纳年月：〇
呈验凭证：印契
区分种类：甲
沿革摘要：王卖与盛
验明登注册籍号次：一万一千三百十七号
手数料：
纸价：免收
注册费：一角
〔仪征〕县知事：郝炳章
中华民国〇年〇月〇日
【朱印】江苏国税厅筹备处关防　　仪征县印　　仪征县知事印
【墨戳】此契于民国十七年七月/〇日验明，填给财字/第41号新契/为凭。/仪征县政府验讫/

040 民国十七年（1928）盛发山验契纸

国民政府财政部验契纸
江苏财政厅印发
财字第贰百叁万壹仟柒百肆拾壹号
仪征县〇〇市乡，所有者：盛发山
不动产要项：

地目：课田
位置：旧港坊
面积：二十五亩
四至界限
东：在契
南：在契
西：在契
北：在契
取得原由：
金额：二十六千文
年月：〇
原有者：王孙氏
居间者：张殿元
税银：〇
缴纳年月：〇
呈验凭证：印契
沿革摘要：王卖
区分种类：〇
验明登注册籍号次：〇
验契纸价：壹元伍角
注册费：壹角
教育费：贰角
〇〇县县长：钟宪明
中华民国十七年七月〇日
【朱印】江苏财政厅印

041 民国十七年(1928)卜某验契纸

国民政府财政部验契纸
江苏财政厅印发
财字第肆百陆拾壹万叁千伍百玖拾玖号
仪征县财政局〇〇市乡，所有者：卜
不动产要项：
地目：圩田

位置：三乙坊
面积：乙亩
四至界限：
东：指交
南：指交
西：指交
北：指交
取得原由
金额：三十二元
年月：〇
原有者：黄翠源
居间者：殷忠信
税银：〇
缴纳年月：〇
呈验凭证：墨契
沿革摘要：黄卖
区分种类：〇
验明登注册籍号次：二万二千八百九十九
验契纸价：壹元伍角
注册费：壹角
教育费：贰角
中华民国十七年十月〇日
【朱印】江苏财政厅印　　仪征县财政局关防
【朱戳】财政局局长：正钟宪明/副徐宗彦/

042 民国十九年（1930）盛永铸推并杜断正契

推并杜断正契/

立推并杜断卖出芦课荒柴田地文契盛永铸，今将祖遗荒田地壹处，坐落仪邑北薪乡二段三圩中圹，计田拾亩正。/该田四址，均以老契为凭。水沟、水涵，通行无阻。本田钱粮，按照盛棋连册名科算，以辛未年上忙起，自行/赴柜完纳。今因正用，自浼族、亲、中等说合，情愿将此荒田地，寸土丘角不留，尽行立契推并，杜断卖出与/盛永华名下，听凭在上收割柴薪，收租执业。当日凭中言明，按时估值，得受推并杜断正价大洋蚨叁佰贰拾元正。比即席/下，一并兑交，分厘不欠。自推并之后，两无瓜葛异言。倘有

内外人等争论，皆系出笔人一面承当。恐后无凭，立此/推并杜断卖出芦课荒柴田地文契，子孙永远兴隆存照。/

中华民国拾九年冬月念弍日

立推并杜断卖出芦课荒柴田地文契人：盛永铸(十)/

盛锡仁(十)/雍铭佩(十)/张文庆(十)/王立昌(十)/陈纬山(花押)

永远兴隆存照/

043 民国十九年(1930)石文才田地注册证

第三区第壹柒玖壹号/

江苏省仪征县田地注册证/

为给证事。兹据本县第三区北薪人民石文才声称，有圩田一所，坐/落北薪，契载计田拾弍亩〇分〇厘，实计田拾弍亩〇分〇厘，四至/在契，地价每亩弍拾元〇角。请予发给注册证等情。查/核无误，合亟颁给此证，以凭执业。/

右发给石文才收执。/

中华民国十九年十二月〇日/

第壹柒玖壹号/

【朱戳】仪征县田地注册第三分处/

044 民国二十一年(1932)厉少宇等杜卖田地文契

杜断正契/

立杜断拨卖出民圩芦课粮田文契人厉少宇、厉履平、厉席氏，今将祖遗原置彭姓出笔民圩芦课粮田壹处，坐落仪邑第叁区永兴乡补薪洲/十三圩西南泡地方，在总契内拨卖出民圩高低芦课粮田拾亩整，计田壹丘。该田四址：东(址)〔至〕易姓埂心为界，南至王姓田埂心为界，西/至杨姓塌边为界，北至受户小沟心为界。四址均凭中眼同脚踏，踹交清白，并无违碍不楚。随田埂岸、沟洼塌地、柴草树木，/一应在内。其田水沟、水涵、水路、水坞，均系公用公修，照旧出入，通行无阻。该田钱粮，在于补薪洲王树荣户内，拨推出上下两忙计官/戥银叁钱零柒厘整。自推之后，悉听新业更名过户，自行赴柜完纳；掣串安业，由本年下忙起，推归现业承缴。自本年下忙以/上，粮赋设有漏完不清，仍归原业自理，即与现业丝毫无涉。推粮足备收付，与契相同，毋庸另立。该田民国叁年验单壹纸，/当时查交现业附执。又上首老契壹纸，批明存于王树荣附执。倘后查出余契及零星片纸未交，概作废纸。今以所立新契为/凭。亦靠大圩埂外，靠杨姓田私涵壹道，水路通沙河，出入通行无阻。今因正用，自愿央中说合，愿将所执该田壹丘，四址内寸土丘角不留，/一并出笔立契，杜断拨卖出与/谢宝洲名下，受主在上耕种、投税完粮，永远为业。当日凭中言明，照时估值，得受杜断正价大洋蚨肆佰圆整。当时银契两交清楚，一/ 戥兑楚，亲手收足，分厘未悬。既非利货准折，亦无重复包套。自卖之后，永断葛藤。其酬亲、画字、交田小礼、折席等费，一应俱/ 在正价之内。倘有上首赋税漏完、粮串不清，并族亲子侄、邻佑内外，一切人等争论，及一切违碍不楚，均归出笔人一面承管，与受/ 户毫无干涉。此系两相情愿，并非强屈成交，无得异说。恐后无凭，立此杜断拨卖出民圩芦课粮田文契，子孙永远存照。/

中华民国贰拾壹年四月〇日

立杜断拨卖出民圩芦课粮田文契人：厉少宇（押）/ 厉履平（花押）/ 厉席氏（十）/

族：厉朵臣（押）/

凭 亲：陈子卿（花押）/

中：周文轩（押）/ 倪锦福（十）/ 易永贵（十）/ 王德富（押）/ 易文昌（十）/

田邻：王树荣（十）/ 顾有财（十）/ 陶起春（花押）/

【朱印】仪征县政府印

045 民国二十一年（1932）杜卖阴地文约

阴地文约/

立杜卖阴地文约人魏开桃同子有和等，今将冯家茔系本邑北区古井乡西首杨家大山自执山地/ 凭同地理指向东南壬兼丙，辛山乙向，兼酉卯准。凭中说合，自愿杜卖与/ 郁〇〇名下。时估价值，言明三穴六棺。当下得受大洋陆拾圆整，酬亲、画字折席，均在正价之内，三/ 面指交。该地圹内，四面对量通直，归裁尺壹丈九尺五寸，开井盘坟做圹，圹归四五六裁尺。该地钱粮杂税，/ 均归卖主完纳，于受主毫无干涉。所该坟栽树、看树、碎修，均归卖主；倒塌、三年后大修，归受主。坟/ 前神道，新老坟地，卖主不得自行栽树阻塞。例年受主盘坟，在本山取土无阻。设该地有瓜葛不清，族/ 亲争论，均归出笔人一面承管，于受主毫无干涉。此系两相情愿，非中屈成。恐口无凭，立此杜卖阴地/ 文约存照。　　又批：随后并墓开井，言明大洋四元，无得争论等情。

中华民国二十一年六月〇日

立杜卖阴地文约人：魏开桃（十）/ 同子有和等（押）/

族：魏开鼎（十）/

凭 亲：杨文景（十）/

中：朱兆銮（押）/ 殷筱宗（押）/

代笔：周寿彭（押）

046 民国二十二年（1933）石文才抵押水田约

抵押文据存照/

立以田抵押文据人石文才，今因正用不足，请中说合，情愿将祖遗坐落本邑第三区北薪乡二段二圩头圹地方芦课/水田计拾式亩内，拨出南半，即陆亩整。该田四至：东至陈姓埂心为界，西至周姓埂心为界，北至该田中半节/为界，南至划心为界。四至注明，踩交清楚。本□水涵、水路，照旧出入，通行无阻。每届钱粮，按亩科派完/纳，白抵白种，并无青苗在田。当日凭中言明：期限三年，六（赎）〔熟〕为满。期满后，银到取赎，亦不得滥价拦青/取赎。自民国二十三年起上忙起，钱粮归受抵押人完纳。倘有上年钱粮漏完，与受抵押人无涉。今凭中自/愿立约，向/朱在成名下抵押得大洋捌拾元整。当日凭中，一并兑清，丝毫不欠。所收花息，以抵银利。此系两相情愿，/非中屈成。自抵押之后，听其受抵押人在上耕种。倘有亲族人等争论，均归立约人一面承管。恐后无凭，/立此抵押文据存照。/

再批：所有早年有伍拾元借条壹纸，取赎时一并〔赎〕出。又照。/

中华民国二十二年十二月〇日

立以田抵押文据人：石文才（十）/

凭
族中：石广明（十）/
亲中：陈万山（十）/

凭中：周家华（十）/景恒春（十）/陈月林（十）/朱有华（十）/盛祝三（押）/

代笔人：萧启诚（花押）/

047 民国二十四年（1935）魏有庆杜卖阴地文契

立卖出荒山坟地文契人魏有庆，今有祖遗〔壹〕处，坐落仪征北门外第一区永庆乡冯家茔北首魏家地方/扦壹穴壹棺，前有神路，后有来龙，穿心净堂，归壹丈交数，圹脚在外。圹工归二、三、四尺高为度，向系/癸山丁向，西南向大利。今因正用，央中说合，情愿亲手出笔立契，卖出与/郁〇〇名下，在上扦穴安葬，为坟茔。当日凭中言明，时值地与工并价大洋拾伍圆整，收清不欠。/其地穿井、盘坟、做圹、拨草垡，均在之内。自卖之后，永无异言。倘有族亲人等争论及界址阻向、违碍不清，均/系出笔人承认，与受主无相干涉。此系自愿，并非屈成。今欲有凭，立此卖出荒山坟地文契，永远平安存照。/

再批：坟圹坍塌，例保三年，培补无辞。三年之外，归受主修理，在本坊听其取土，无得推辞。又照。/

民国贰拾肆年即古历二月十二日

立卖出荒山坟地文契人：魏有庆（十）/

凭 族：魏有和（十）/
　 中：□□□/殷筱宗（押）/

坟山正契/

048 民国二十五年（1936）周寿鹏典出田地契

典契/

立典民水圩田文契人周寿鹏，今将祖遗承分民水圩田壹处，坐落仪邑泗源沟街后洪其□□/姓乡。其田两丘，计拾壹亩。其田脚斗，夏呆包小麦米斗，交纳两担捌斗；秋呆包碾米肆担陆斗。又场基壹/方外，包厢草佃房两间，脚车壹部、石磙壹条，听其居住使用。其田四址，东至小沟心，西至埂心，南至沟/心，北至沟心为界。四址注明，宽窄在内。今因正用，自央中说合，情愿将此田立契，出笔典与/许正元名下，听其在上耕种完租为业。凭中三面言明，随时估值，典得受正价国币陆拾圆整。即日/钱契两交，亦并兑楚，未欠分文。自典之后，毫无异说。倘有上首钱漕不清以及亲族内外人等争论，/并重复包套、一切违碍不楚等事，俱系出笔人一面承管，与受业人毫无干涉。其田典得三年六熟。/俟后期满之日，仍备原价取赎，分文不折不滥，白田白交。此系两相情愿，非关中人强屈成交。今欲/有凭，立此典民水圩田文契存照。/

民国贰拾伍年古历玖月初六日

立典民水圩田文契人：周寿鹏（十）/

将纸收回，作为废纸无用/

凭 亲：曹长宏（十）/龚开照（十）/龚开源（十）/
　 中：龚源桃（十）/夏长仁（押）/柳开德（花押）/大吉（花押）/

049 民国二十六年（1937）陈薛氏立议字约文

议字/

立议字人陈薛氏同子世和，兹因正用，今将祖遗/高田拾亩正，坐落仪邑第三区沙河乡第八保（原名/北薪洲二段四圩）地坊。该田四址、涵沟、埂岸，随后立契登/记清白。原议该田价值贰伯捌拾元正。当日比兑定/洋国币银叁拾元正。下余该价式伯伍拾元正，在古/古历八月二十四日成立新契，交兑壹伯柒拾元正。下/余价洋捌拾元，另立条期兑付。自立议后，双方继/续履行议约。倘若受主违约，甘愿将定洋/作废。卖断主如有反违，甘愿退还国币银/陆拾元。自立议之后，或有族亲内外人等争论，/概归原主负责。此系双方自愿，非为屈成。今欲/有凭，立此议字存照。/

中华民国式拾陆年巧月十三日

立议字人：陈薛氏（十），/ 同子陈世和（十）/
薛正书（十）/ 陶聚财（十）/ 盛祝三（押）/ 周仰之（押）/
廿七年□又付大洋拾元。/

050 民国二十八年（1939）陈薛氏卖田契

凭立陈姓老契文约人陈薛氏仝子世和，今将祖遗高沙 / 田拾亩，红、黑两契，以在国事战争失落。现因杜断 / 卖出，倘有以后外人检出本田契据争论，均归出笔 / 人负责承管，与受主无涉。今恐无凭，立此凭 / 据存照。/

中华民国二十八年九月吉日
凭立文据人：陈薛氏（十）/ 同子陈世和（十）/
族：陈明华（押）/
亲：何李氏（十）/
凭中在契 /

051 民国二十八年（1939）石刘氏杜卖田地文契

杜断正契 /

立杜断拨卖出民圩芦课水田文契人石刘氏同胞侄文龙，今将自置水田拾式亩内，拨卖出陆亩南（集）〔截〕，坐落本邑□□□□□ / 乡第八保五甲，又土名二段二圩地方。该田四址注明清楚，东至陈姓田埂心为界，西至周姓田子埂心为界，南至南洼心为界，/ 北至石姓中埂心为界。四址踩交清白。其田水涵水路，照石姓老契，出入通行无阻。该田钱粮在课字号册名林兆贵户 / 内拨出，上下两忙官戥银伍钱陆分式厘，由民国二十九年起，现业自行更名过户，赴柜完纳。其田另有基地壹方，在金庄 / 壹百陆拾式亩半内，照亩科派。该基地顶头直界。情因氏子文才外出，年久未归，我等生活无出，氏同胞侄文龙商 / 量，央请中、邻说合，愿将自置拾式亩内，拨卖出陆亩南（集）〔截〕，尽行寸土丘角不留。凭中、邻立新契为凭，卖与 / 盛祝三名下，在上执业，耕种招佃无阻。当日凭中言明，时值估价，得受正价国币贰百圆整。即日凭中席下兑 / 清，分厘不欠。自断之后，永断葛藤，俟后不得增找分文。当日凭中、族、亲画字，一切使费均在正价之内。倘有（在）〔再〕生枝节，/ 在正价扣除。其田上年钱粮漏完及族亲争论，一切（未）〔违〕碍不清，均系出笔人承管，与现业人无涉。该田上首石姓红契，凭中 / 查交负责。嗣后查出本田契据，以作废纸无用。此事两愿，非中屈成。今恐无凭，立此杜断，子孙永远存照。/

中华民国二十八年八月〇日
立杜断拨卖出民圩芦课水田文契人：石刘氏（十）/ 同胞侄石文龙（十）/

族：石文学（十）/
凭 亲：宋士贵（十）/陈万山（十）/吕长富（花押）/金喜华（十）/
中：张永兴（押）/曹铭喜（押）/夏恩钰（押）/张文庆（十）/
邻：周荣陞（十）/朱俊（花押）/
永远兴隆存照/

052 民国二十八年（1939）陈薛氏杜卖田地文契

立出杜断民圩芦课高沙田文契人陈薛氏同子陈世和，今将祖遗已份高沙田拾亩整，坐落仪邑第三区沙河乡第八保二甲，又土名/北薪洲二段四圩地方，其田四址：东至樊姓田埂心为界，西至本段火星会田边为界，南至南江岸埂外壹丈五尺为界，北至北洼心为/界。四址注明清白。其田顶头直界，随田直埂，沟洼塘涾，场基树木，壹应在内。该田钱粮在课字号陈长如户内，官戥银全忙壹两/零壹分整。自断之后，听其现业自行赴柜完纳，更名过户执串。当日凭中言明，本田契据，情因日军到仪，被贼偷窃。以后查出，作/为废纸无效。情因正用不敷，央请中亲说合，愿将祖遗同子拾亩，尽行寸土丘角不留。现立新契为凭，与/盛锡纯名下，在上执业耕种，招佃收割无阻。当日凭中言明，时值估价，得受正价国币贰百柒拾圆整。即日凭中席下/壹并兑清，分厘不欠。自断之后，永断葛藤，嗣后不得增找分文。该田上年钱粮漏完、族亲争论，一切违碍不清，均系出笔人/承管，与现业无涉。酬亲、画字，交田小礼，均在正价之内。倘有另生枝节，在正价扣除。当日凭中，早年陈姓粮串，查交现/业负责。此事两愿，非中屈成。今恐无凭，立此杜断，子孙永远存照。（再批：本田水涵、水路，照旧出入，通行无阻。）

中华民国二十八年九月吉日
立出杜断民圩芦课高沙田文契人：陈薛氏（十）/同子陈世和（十）/
族：陈明华（押）/
亲：何李氏（十）/
邻：张文庆（十）/陶聚财（十）/
凭 乡：周承基（十）/
中：卫儒珍（十）/王在科（花押）/曹铭喜（押）/
保：张永兴（名章）/朱俊（花押）/
三十五年沙河乡乡长：李学富（名章）/
永远兴隆存照/

053 民国二十九年（1940）盛永铸让期约

让期/

立让期文约人盛永铸，今让到/盛永华名下，情因凭中言明，赎田之期未到，暂/将铸记瓦房基地三间，让与永华栽菜。期以/四年为限，场基官用。限满之后，此据作废。/今欲有凭，立此为证。/

民国二十九年二月二十九日

立让期人：盛永铸（押）/

凭中：张文庆（押）/夏恩钰（押）/

如意/

存照/

054 民国三十一年（1942）焦吴氏允佃文约

立允佃垦洲地文约人焦吴氏，情因长子外出，不幸夭故，正用不足，特央中说合，愿将自置江宁县第七区宜/昌乡秦棚民洲南滩式号洲地，市尺式拾亩内，劈出东半份拾亩整，允垦与/叶守炳名下，执业佃种。当日得受押佃金国币洋壹万壹仟圆整，于席面一并兑足，亲手收楚，分毫不欠。言明/期以拾伍年为限。自立允佃文约后，该地即由承佃人随意耕种，改丘换段，挑塘挖沟，建基造屋成田，或另招代耕/人，均与原业主无涉。至于钱粮国课及地方杂费等，亦由承佃人缴纳。期满后，主佃间租谷及其他一切手续问题，均遵/照崇善堂棚上段洲地规章履行。该地倘有不清手续及其他一切纠纷之事，概归出笔〔人〕一律负责，与佃垦者无涉。以上皆系/双方自愿，并无勒逼成交之意。恐后无凭，特立此允佃垦洲地文约为证。/

民国三十一年八月二十二日

立允佃垦洲地文约人：焦吴氏（十）/长子新成（十）/次子复成（十）/

中证：朱兆銮（押）/王永庚（十）/孙文义（十）/刘文燮（刘汉林章）/张觉民（押）

该允垦地拾亩，于民国三十七年十月初九日/凭在契原中，以拾亩垦价折合杜断/地陆亩。是日凭中立契，与叶姓存执。/凭中朱德修、王永根、孙文义、郭谢书、/高有禄等征得双方同意，议决。此注。/

允〔契〕两纸，各执壹张为证。/

存照/

055 民国三十三年（1944）谢周氏杜卖田地文契

立拨卖出民圩芦课粮田文契人谢周氏，今将夫遗自置、厉姓出笔民圩芦课粮田，坐落仪征县/第三区补薪洲沙河乡十三圩第二保五甲地方，在总契内拨出，卖高低芦课粮田五亩正，/计田壹丘。情因婶母生活不（计）〔济〕，愿将此田拨卖出与/谢宝茂名下，凭亲族言明，照时估值，得受拨出卖国币拾式万圆正。当时/银契两交清楚，红、墨二契，各执一纸。完粮纳税，各备一半。一趸兑楚，亲手收足，分厘不/悬。既非利货准折，亦无重复包套。自卖之后，永断葛藤。其酬亲、画字，交田小礼，折席等，/一应俱在正价之内。倘有上首赋税漏完、粮串不清，并族亲子侄、邻佑人等争论，/及一切违（得）〔碍〕不楚，均归出笔人一面承管，与受户毫无干涉。此系两相情愿，并非强屈成（变）〔交〕，无得异说。恐后无凭，立此拨卖出民圩芦课粮田文契，子孙永远存照。/

中华民国叁拾叁年古历十二月十二日

立拨卖出民圩芦课粮田文契人：谢周氏（十）/

族：谢长庚（十）/谢宝山（十）/谢宝盛（十）/

亲：周家福（十）/杨金顺（十）/

056 一九五二年蔡文宝杜卖田地文契

立杜卖旱田文契人蔡文宝，情因正用，今将应得所有丹徒县高资区世业乡第五村还青圩西/首旱田五亩整，并连随田直口埂岸洼湣、高低塌地，壹应在内。水（樋）〔涵〕、水路，照旧通行无阻。谨将/四址注明：东至向维宝，西至王步华，南至出笔人，北至岸外港心为界。今自愿央中说合，立/契杜卖与/王宽松名下，在上执业耕种，收取花息，完税当差，过户入册为业。当日凭中言明估值，时价/每亩杜卖得中熟米壹担正。以亩合共计成，杜卖得中熟米五担整。即日米契两交清白，归身/收用，并无升合拖欠。其田未杜卖之先，仅过亲族邻友，并无受分，亦非公私债准，勒逼成交/等情。倘有上首农业税不清以及内外人等争论情事，俱归出笔人一面承当理质，与/受业人毫无干涉。此系两愿，非中屈成。其田荒白，并无异言翻悔。今欲有凭，立此杜卖旱/田文契存照。

公元一九五二年八月〇日

立此杜卖旱田文契人：蔡文宝（押）/

亲：顾弥则（顾崇章名章）/黄永年（押）/顾元厚/

邻：向维宝（十）/王步华（十）/

乡长：张宏业/

凭 村长：郭其松（名章）/

农会：朱维宽（名章）/林正方（十）/潘学成（名章）/高永住（高永柱名章）/朱启武（名章）/王学贵（十）/高永金（名章）/

组长：窦立山（名章）/陈锦福（名章）/孙洪顺/胡元其（十）/大吉（十）/

卖契存照/

057 一九五六年王有才等杜卖阴地文约

杜卖文约/

立杜卖坟地人王有才、王氏，今卖到 / 自地座落仪征县古都乡旧港选区街东高地壹丘，壹穴壹 / 棺，向口座北朝南。两相凭中言明，地价人民币伍元正。两相 / 自愿，地价交清，无得异言。恐口无凭，立此杜卖文契，/ 交与汪云名下存照收执。/

公元一九五六年农历二月二十二日

立杜坟地人：王有才（十）/ 王氏（十）/

凭中：宏莲（押）/

058 □□年魏开涛杜卖阴地文契

…… 山地文契人魏开涛，今将祖遗己份派〔定〕高田乙丘，坐落仪邑北门外冯家茔西首杨家山地方，其地 /…… 右砂水抱环，乃真山正穴。向宜丑，山未兼癸丁三分。今因正用，自愿出笔杜卖与 /…… 自今杜断之后，听凭受户卜吉安葬。其地只拨出壹圹壹穴之地，当日凭中，三面言明，照时估定□ /…… 洋契交清，分毫不欠。穿井搬坟，拜台做圹，均归正价之内。该圹身高归二、三、四之营造，/…… 不倒不塌。限年之外，归郁姓自行兴工。倘有魏姓内外族亲人等争论情事，及邻坟界址不清，/…… 系出笔人一面承当。恐后无据，立此杜卖阴宅坟山地，永远兴隆存照。/

□□年三月十三日

立杜卖阴宅坟山地文契人：魏开涛（十）/

凭族：魏开鼎（十）/

凭中：李干权（押）/

契明价足 /

房产契约

059 光绪二十四年（1898）萧福沅房基租约

租约 /

立出租地基人萧福沅，今租到 / 焦永安名下，在上居住为业，凭中租得永兴洲圩地浦薪 / 洲大埂向南，东边空地，自行起造，四址不开。当日三面言 / 明，公议押租英洋伍圆正。又议行租九八大钱玖伯文正壹节，/ 按节支付，毋许拖欠。如行租不足，仍将押租扣除。如地主要 / 地之日，听其大市。如租户另迁，即行搬让。日后仍将押租 / 退交租户。言之在先，并无异言。今欲有凭，立此租 / 约，兴隆存照。/

光绪二十四年八月二十日

立出租地基人：萧福沅（十）/

凭证：包余太（十）/ 孔昭信（十）/
笔中：史吉安（十）/
焦永安存执。/
再议：地基加扛，挑土高五寸，再照。/
各执乙纸 /

060 光绪二十五年（1899）吴祝氏杜卖基地官契

立杜断拨卖出民圩基地文契人吴祝氏同子光富，凭弟祝志忠、志泰，今将夫遗原置仪邑旧港坊补新洲十一圩宝善巷内基地壹处在内，拨出……/ 基地叁间，由南至北，计叁丈整，南至山墙外脚买姓、北至山墙外脚都姓为界；由东至西，丈尺不计，东至吕姓，西至巷心为界。随地上有北首前面被毁山墙壹道在地，墙……/ 沿，一应在内。四址眼同指交清白，钱粮在吴大兴册名内，拨出上下忙共官戥银壹分陆厘，听其受主更过完纳。所原置总契，当即批……/ 便交执，今以新契为凭。情因正用，自浼亲中说合，愿将此地……不留，并出笔立契，杜断卖出与 / 吕〇〇名下，听其在上起造，子孙永远执业。当日凭中，〔照时估值〕，得受杜卖地价曹纹银捌拾伍两整，酬亲、画字、交地折席，均在……/ 即日契下，一并兑楚，毫厘不欠，并非货利准折等情。此系永断〔葛〕藤，拔根杜绝。两相情愿，并非强屈成交。自拨卖之后，永无增找异言。……/ 有重复抵质，一切纠葛不清，以及亲族内外人等争论，均是出笔人承管，与受业毫无干涉。今欲有凭，立此杜断拨卖出民圩基……/ 文契，子孙永远存照。/

光绪二十五年四月〇日
立杜断拨卖出民圩基地文契人：吴祝氏 / 同子吴光富 /
祝志忠 / 祝志泰 / 吴少堂 / 杨大兴 / 刘有福 / 康棣如 / 都湘亭 / 沙阜才 / 刘克钦 / 吴照人 / 马献图 / 杨聚昌 /
官契 /
礼字第壹百零肆号 /
仪征县正堂给田房官〔牙〕高礼亭准此 /
【朱印】仪征县印（满汉双文）
【墨戳】仪征县正堂张（花押）/ 给补新洲坊田房 / 经牙高礼亭戳记 /

061 民国十二年（1923）方玉春、张士云市房合同

此系合置瓦市房合同，一样二纸…… /

立合同人方玉春、张士云，情因双方出资，凭中合置仪邑十 ……/ 出笔，头帮瓦市房壹所，坐西朝东。其房四址……/ 价大洋〇〇元正。本房正契，现存方玉春……/ 立

此合同，一样式纸，各执壹纸……/

中华民国十二年三月……/

凭中……

062 民国十二年（1923）张士云、方玉春市房合同

此系合置瓦市房合同，一样二纸……/

立合同人张士云、方玉春，情因双方出资，凭中合置仪邑十二圩张□□/出笔，头帮瓦市房壹所，坐西朝东。其房四址，注明在契，正/价大洋〇〇元正。本房正契，现存方玉春处。恐后无凭，/立此合同，一样式纸，各执壹纸存照。/

中华民国十二年二月廿□日。

□□□□市房合同人：张士云（十）/方玉春（十）/

熊瑞符/秦竹西/赵涤清/姜传林/王贵福/同见/

063 □年秦振廷杜卖地基文契

……刘许氏，今将前同翁、刘、吴姓公置陈、赵姓民课圩田壹处，□□□□□，坐落补新洲十一圩头圹善□码头新盛街内地方，计坐东朝西，民空基地叁开间，由南至北，计宽/……墙脚为界，西至街心为界，北至郭姓地边芦芭为界。四至凭中，眼同指交清白。本地应完芦课，册名赵德顺户内拨出，上下忙官戥银壹钱整，推听受主更/……据批明拨卖，未经查附。今因正用，自央亲中说合，秦姓愿将此地拨卖壹间，刘姓愿将此地拨卖贰间，公同立契，杜断卖出，与/……业。当日凭中，照时估值，杜断正价曹平关纹银贰拾伍两整。酬亲画字、交地小礼，均在正价之内。秦姓得受地价叁股之壹，刘姓得受地价/……并非利货准折，亦无重复包套。自卖之后，永断葛藤。倘有上首不清，以及族亲争论，一切违碍，俱是出笔人一力承管，与受主无涉。此系/……拨卖出民空基地文契，永远存照。/

……注明。又照。/

……十二月〇〇日

立杜断拨卖出民空基地文契：秦振廷（花押）/

同同业刘许氏（十）/

凭同业翁廉伯（花押）/刘尧封（花押）/吴镜蓉（花押）/

凭　族亲：□心斋（花押）/□叙九（花押）/许蓬樵（十）/晏矩斋（花押）/

中：张颂卿（花押）/□圣符（花押）/郭问山/李兆坦（十）/洪金生（十）/伍文辉/

牙：韩锦彰（花押）/

【墨戳】(花押)……驿街坊田房/〔经牙〕韩锦彰戳记/

064 一九五五年魏殷氏卖出砖山墙据

卖据/

立卖出砖山墙文据人魏殷氏同子绍富,情因执有坐落仪邑十二□□/湘乡街(原为玉茗泉巷东首)坐东朝西瓦住房北首,由东到西砖□□□/墙壹道,东与江姓朝南接砌小山墙衔接。今因正用,浼中说合,愿将/此山墙东由江姓小山墙向西起,至东已执厨房墙根为止,计裁尺壹丈陆尺/(在江姓后进正房间小单墙排山外),上自墙顶,下至墙脚,砖石桩木,一并/立据划卖出与/江○○名下,悉听修理、安居执业。当日凭中照时估值,得受正价计/人民币拾弍万圆整,比即据下款清。自划卖之后,毫无返悔/增找异言。今欲有凭,立此卖出砖山墙文据存照。/

公元一九五五年壹月○日

立卖出砖山墙文据人:魏殷氏(十)/

同子:绍富(十)母代/

婿:乔东城(押)/

中证人:朱士富(名章)/

街代表:蔡万全(名章)/

借贷契约

065 光绪三十三年(1907)王鸿德借洋约

立借约人王鸿德,今借到/名下,凭中言明,借龙洋四拾/柒元正,照典行息。恐后无凭,立/此存照。/

凭中人:王殿美(十)/

光绪三十三年九月廿日

立借约:王鸿德(十)/

又批:由民国四年阴历四月卅日,当凭中证、水保,从场解决。/此系两相情愿,准于期限本年拾月终归还四十柒/元,利息全无,各无异说。今欲有证,立批借约后为据。/本年四月卅日,当凭中收过大洋捌元正。/

凭证保:马春林(十)/汪筱斋(十)/马德/杨家和(十)/

066 宣统元年（1909）五月王鸿德借约

立借约人王鸿德，今借到/名下，凭中言明，借叁拾元正，言明照/典行息。恐后无凭，立此约存照。/

凭中人：王殿美（十）

宣统元年五月初五日

立约人：王鸿德（十）

又批：由民国四年阴历四月卅日，当凭中证、水保，从场解决。/此系两愿，期限五年拾月终，归兑叁拾元正，利息全/无。今欲有凭，立批借约后为证。/

凭证保：马春林（十）/汪筱斋（十）/马德/杨家和（十）/

067 宣统元年（1909）五月王鸿德借洋约

立借约王鸿德，今借到/名下，凭中当面言明，龙洋陆拾元，/照典行息。恐后无凭，立此为证。/

宣统元年五月十五日

立借约人：王鸿德（十）/

凭中人：王殿美（十）/

068 宣统元年（1909）七月初十日王鸿德借洋约

立借约人王鸿德，今借到/名下，凭中言明，借龙洋拾元正，/照典行息。恐后无凭，立此存照。/

宣统元年七月初十日

凭中人：王殿美（十）/

立约人：王鸿德（十）/

又批：民国四年阴历四月卅日，当凭中证、水保，从场解决。/此系两愿，期限七年四月终，归兑拾元正，利息全无。/今欲有凭，立批借约后为据。/

凭证保：马春林（十）/汪筱斋（十）/马德/杨家和（十）/

069 宣统元年（1909）七月二十日王鸿德借洋约

立借约人王鸿德，今借到/名下，凭中言明，借龙洋叁拾/元正，照典行息。（巩）〔恐〕后无凭，立此/借约存照。/

宣统元年七月廿日

凭中人：王殿美（十）/

立借人：王鸿德(十)/

又批：民国四年阴历四月卅日，当凭中证、水保，从场解决。此/系两愿，期限六年拾月终，归还叁拾元正，利息全无。/今欲有凭，立批借约后为据。/

凭证保：马春林(十)/汪筱斋(十)/马德/杨家和(十)/

070 民国戊午(1918)刘得福借洋约

立借约人刘得福，今借到/名下，借得大洋叁元整。当日凭中言明，照典/行息，不得短少。期至次年完还。今欲有/凭，立此借约存照。/

戊午年六月〇〇

立借约人：刘得福(十)/

凭中人：熊开富(十)/王大嫂(十)/

071 民国九年(1920)盛永铸倚田质借存执

倚田质借存执/

立倚田质借文约人盛永铸，今将本分/荒柴田拾亩整，此田四址照旧，坐落北薪洲二段三/圩地坊。此田质借到〇〇堂兄永华名下，借/得美洋肆拾陆元整，当日凭中言明，/此田柴薪以抵利息，期限四年八熟为满。/年满之后，还洋收田，不得短少分文。今恐/无凭，立此倚田质借文约存照。/

民国九年十月初二日

立倚田质借人：盛永铸(十)/

凭中：雍建章(十)/盛永国(押)/盛永林(十)

072 民国十四年(1925)张恒富借洋约

借约存照/

立借约人张恒富，今借到/夏名下，借得大洋(抬)〔拾〕元整。当日凭中/言明，利息每月三分，不得多少。期限/来年伍月终，本利归还，不得过期。/今恐(有)〔无〕凭，立纸存照。/

民国十四年冬月廿日

立借约人：张恒富(十)/

凭中：(圣)〔盛〕永华(十)/

073 民国十五年(1926)陈玉才情借文约

凭立找价文约人陈玉才,今因祖遗坐落北薪洲式段三圩课/田七亩五分,因早年杜断盛姓名下,杜断正价,凭中交兑清楚,分厘不欠。/民国十五年,家中生计不敷,请中说合,情借铜元四仟。因有以后先祖/病故西游,家内无法,央中与盛姓情借大洋拾元。倘有以后再有异见/生枝,将原洋凭中归还,无得异言。今欲有凭,立此情借一纸/为据,存执。

民国十伍年冬月廿八日

立借找加文约人:陈玉才(十)

凭中:徐文奎(十)/陈照金(十)

074 民国十六年(1927)雎成如借洋约

借约/

立借约人雎成如,今借到/名下借得大洋式拾元正。当日凭中言明,/此洋利息每月三分,不得短少。该洋/来年麦季归还,不得过期。今恐/无凭,立纸存执。

民国十六年九月念日

立借约人:雎成如(十)/

凭中人:盛祝三(押)/

存执/

075 民国十六年(1927)李永和借洋约

借约/

立借约人李永和,今借到/名下,借得大洋伍拾元整,当日凭中言明,/其利照典行息,不得短少。当日凭中将会/书执业期至来年完还,不得短少。恐后/无凭,立此借约存照。/

民国十六年十月十五日

立借约人:李永和(十)/

凭中:曹明喜(押)/雍贵章(十)/

存照/

076 民国十六年(1927)雍贵章借洋约

借约/

立借约人雍贵章,今借到/名下,借得大洋蚨拾元正。当日凭中,三面言明,每/洋

利息照典行息，不得短少。期限(耒)〔来〕年六月/终，本利归还，不得过期。今恐无凭，立纸存照。/

民国拾陆年阴历阳月念五日

立借约人：雍贵章(十)/

凭中人：盛祝三(花押)/

存照/

077 民国十八年(1929)李永和借洋约

借约/

立借约人李永和，今借到/名下，借得大洋蚨伍拾元整。当日凭中言/明，其洋利息照典行息，其洋期至次年，本/利乙并归还，不致短少分厘。恐口无凭，立此/借约存照。/

民国拾捌年拾月初十日

立借约人：李永和(十)/

凭中人：曹明喜(押)/

存照/

078 民国二十一年(1932)徐恩才支付凭条

凭条付大洋伍元正。/

期限古历五月终，照付。/

民国弍十壹年阳历五月念八日

立条人：徐恩才(十)

凭中：(圣)〔盛〕祝三(押)/

079 民国二十一年(1932)石文才会条

凭条收付会洋弍拾元整。/

期至乙亥年六月初十照得。/

民国贰拾壹年六月二十六日

立会条人：石文才(十)/

080 民国二十一年(1932)盛永铸倚田质借文约

存照/

立倚田质借文约人盛永铸，今借到/堂兄永华名下借得大洋弍伯叁拾元整。当日凭言明，祖遗己份高沙田拾伍亩，坐/落本段四圩庄基门面。该田界址，照老契为凭，场基壹应在内。该田麦菁在田。当日/言明，该田期限四年八熟。期满之后，抵期交生，备原价取赎。倘有过期，次年交生，备价/取赎，不得烂价，拖欠分文。即日凭中价洋弍伯四拾元，壹并兑清，分厘不欠。该田至典之后，本田钱/粮由民国二十弍年上忙，均归永华赴柜完纳。倘有上年漏完，一切不清，均归永铸负责，/于永华无涉。此事两愿，非中屈成。今恐无凭，立纸存照。/

民国弍十一年国历拾弍月十三日

立倚田质借文约人：盛永铸（押）/

张文庆（十）/雍贵章（十）/睢成如（押）/徐在荣（十）/盛锡仁（十）/陈开祥（十）/方文荣（押）/

倚田质借/

081 民国二十三年（1934）彭晋唐支付凭条（一）

凭条付大洋壹伯元正。/

此款以该万顺米厂为基金，/期限十月卅日，照兑。/

民国廿三年古历九月拾六日

立条人：彭晋唐（押）/

凭中证：秦竹西（押）/

082 民国二十三年（1934）彭晋唐支付凭条（二）

凭条付大洋伍拾元正。/

此款以该厂兴隆发达，照兑。/

民国廿三年古历九月拾六日

立条人：彭晋唐（押）/

凭中证：秦竹西（押）/

083 民国三十二年（1943）陈薛氏找价暨情借凭帖

凭帖存执/

立凭帖人陈薛氏同子世和，情因于早年卖出沙/河乡六保地方高田拾亩。今因生活程度高昂无/限，不得已，请中向盛姓在该拾亩争找田价/国币壹仟元外，情借壹仟元，无利，随后兴隆发/达，照还。由此找价之后，永断葛藤，再不得有争/找情事。今凭在约人等，立此找价暨情借凭帖，/与盛姓收执。恐口无凭，立此凭帖为证。/

民国三十二年阴历十二月二十八日

立凭帖人：陈薛氏（十）/ 同子陈世和（十）/

中：陶聚才（名章）/

乡长：丁灏（押）/

保长：张启富（名章）/

凭：梁有鑫（梁友星名章）/ 江镇潮（名章）/ 周寿彭（大吉）/ 夏玉（押）/

084 民国三十五年（1946）陈世和情借凭帖

情借凭帖 /

立情借凭帖人陈世和，今因昔年出售杜断 / 高田拾亩，亦以价清契楚。现因家母归西，用费无 / 着，特央人证向受主 / 盛〇〇名下情商义借，得国币拾万元整。/ 彼即收清，毫无蒂欠。一俟兴隆发达，准于如数归 / 还，无得异说。欲后有凭，立此情借凭帖存照。/

中华民国三十五年九月〇日

立情借凭帖人：陈世和（十）/

凭中：高乐贤（名章）/ 徐贵（徐德贵章）/ 蒋陵春（名章）/

085 民国三十七年（1948）袁章信便条

发奉 /

上板油伍斤，（伝）〔价〕式佰卅万元，/ 共扣国币壹仟壹佰伍拾万元整。/ 中国盐茶公司升 / 卅七年八月廿六日，屠商袁章信（名章）条 /

如数收讫。/

【蓝戳】主管员：林可煊（名章）。□□□：李国华印（名章）。经手人：秦祥生印（名章）。

经营契约

086 民国十二年（1923）钟秀记押租契约

[顶]字 /

□□[替]□□嫁娼字人钟秀记，今在十二圩中新街 / □□[衡]泰秀记油号，情因无（立）〔力〕创办，愿将店底 / 嫁娼押租等件，顶付朱、唐、孙三君名下，计洋壹百元，/[款]已领讫。后改换（片）〔爿〕名，听该君等议。所有前 / 衡泰秀记内该外欠，均归钟秀记自理，不得异言。/ 恐后无凭，立此顶替为据。/

凭中人：沈正卿/
民国十二年十月廿四日立/

087 民国二十一年(1932)张鸿发允租义记汇源米号约

允租/
立允租人张鸿发，今允租到/义记汇源米号，允租得前面瓦市房弍间，后面瓦〔房〕□/间，白铁房弍间，坐落第三区博爱镇地方。当日三/面言明，押租大洋壹百元整，如数收清无讹。期/限三年，期内决不迟租。期满后，再行酌议/办理。恐口无凭，立此允租约存照。/
附抄店底各物，开列于后备查。/
计开：/
主牌壹座，柜台壹张，米盘壹个，/账桌壹张，钱筒壹个，钱柜壹个，/铁笆斗壹个，戽笆壹个，米斗壹个，/白米匾四个，米桶弍个，小米盘壹个，/粉牌壹个，商会牌壹个，钱笼壹个，/伯戽弍张，钱板不计，算盘壹把。/
大小共计弍拾弍件(钱板另外)/
中华民国弍拾壹年国历九月十六日
立允租约人：张鸿发/
凭中：秦子俊(秦贤庸名章)/赵增禄(名章)/江志强(江仁麟名章)/
存照/
【圆章】十二圩张永兴□木作

088 民国二十一年(1932)张鸿发、焦永康经营合同

立合同人张鸿发、焦永康，缘因彼此知友，意气相孚，今议在博爱镇地方/合创义记汇源字号，经营米铺及砻坊事业。各出资本银/洋伍百元，两股共计大洋壹仟元整。当时议定官利八厘计算，/每届年终结帐。获有盈余，酌提十分之一，分给伙友，/以作花红；余则照两股均分。倘或亏缺，仍照资本股数/听派。各相允洽，永无异言。恐后无凭，立此合同两纸，各执壹纸，永远存照。
一、议官利八厘，至年终结算，不得预支。/
一、议年终结帐，盈余则按股分派，亏缺则按股照认填足。/
一、议股东如有拆股及加添资本，必须在年终结帐后，方可陈/述意见。/
一、议推定焦永康为木店经理，并无薪俸。举凡伙友进退/及银钱出入，均归该经理主持一切，毋得徇情积弊。但遇有特/别事故，临时亦得招集股东商议，决定后行。/
一、议店房、店底及砻坊房屋，均系张股东创造，照赁租性/质；店底动用各物，另

立点单壹纸为凭。店房、店底押租洋/肆拾元,每月行租洋叁元,后面砻坊房屋押租洋陆拾元,每月/行租洋壹元,另立租约为凭。致店底各物,倘有损坏等情,照/数赔偿。嗣后陆续添置各物,在店内开支。折股时,照两股均分。/

一、议定期限三年,无论盈亏,不得中途分拆。三年后,再行商酌办理。/

中华民国式拾壹年国历九月〇日

立合同人:张鸿发(名章)/焦永康(名章)/

见议人:赵涤清(赵增禄名章)/秦子俊(秦贤庸名章)/

代笔人:江志强(江仁麟名章)/

存照/

089 民国二十二年(1933)彭晋唐、焦永康经营合同

合同壹样两纸,各执壹纸,永远存照/

立合同文约人彭晋唐、焦永康,情因晋唐在本圩电灯厂南首,开设万顺机/器米厂,历有年所。近来时运颠沛,开支浩繁,将现金消耗殆尽。非添股/本,难期发展。兹有永康有志经商,凭同中证,加入股本大洋壹千元正。/晋唐以店底生财(另有点单为凭),估价壹千元之数。股本平均,盈亏亦/当各半担负,无得偏倚。本号内外经理,外交晋唐担任,内务由永康担/任,牌号加添"义记"两字。在未加"义记"之先,所有人欠、欠人,均归晋唐自理,与义记/无涉。期以一年为限,限满后,彼此相宜,再行立约,继续进行。至于开口,/只有晋唐按月支付大洋拾元,不得过付。其官利子情,概不动支分文。所有/用人一切,彼此合商办理,无得异言。今欲有凭,立此合同,一样两纸,存照。/

计点单壹纸。/

中华民国式拾式年捌月〇日

立合同文约人:彭晋唐(花押)/焦永康(押)/

凭中:熊庚甫(押)/丁焕廷(押)/江志强(押)/赵涤清(押)/陈明顺(押)/秦子俊(押)/秦竹西(押)/熊瑞符(押)/

析产契约

090 民国二十八年(1939)刘氏兄弟分书

立兄弟分书人刘有经、刘有纶、刘有纯,盖闻江河列派,〔同分〕银汉之源;花萼联辉,实共蟠桃之本。乐虽殊,而埙篪之音〔口〕合;〔口〕虽分,而手足之情实亲。切念一

脉派分，人口众多，心力／不齐。不依条款，就有勤惰不一。即欲勉强相依，诚恐反生嫌隙。趁此和好，邀请族亲邻友，同商公议，将祖遗及续置田地房屋、牛犁物件、动用家／伙，评配三分于神主之前，各房拈阄为定。水脚车两部、车轴壹条，三项公用；老住宅瓦房，各执壹间，尾间派四房承执；堂屋、厢房，前进雨搭，完／全公用；西首草房叁间，亦系公用。场基、菜园余地，俱概公用。沟塘、树木，各随地段。又下圩三连塘中间壹段，大、四两房官用。对于家庭亏折、债务，／共欠国币叁佰玖拾伍圆整，归二房、三房两下偿还，与四房丝毫无涉。但二房公议派应三房多还式拾圆，二房派还壹佰捌拾壹圆伍角，三房派还壹／佰肆拾壹圆伍角。公共提出猪两口、水牛壹条，并滩田玖亩。该滩田上价顶首洋柒拾式圆，公评推抵债务。……／纳，水路、水坞，均照古例；住宅前后，通行无阻。自分之后，各执各业，永无返悔。倘后消长不一，各听天命。今欲有凭，立此兄弟分书，一样三纸，各执壹纸，永远兴隆存照。

一、派定四房下圩水田柒亩，内有叁亩伍分，额归大房，备价赎回。该价洋壹佰肆拾捌圆，完全四房收受。临时各无异说，四房执业。／

一、派定二房水圩田上叁亩壹丘；又派执南首水圩田式亩陆分式厘伍毫，执南首半截。又派执蔡姓当产下圩水田壹亩伍分，该田当价，二房独受。又派执滩田玖亩，该／滩田倚抵债务，三、四房无得过问。但南首洼塘，麦季除麦壹斗式升半，秋季除稻式斗伍升。又派码头口沟壹段，与三房官用。又派后大塘、小塘罱泥独用，二房执业。／

一、派定三房水圩田中叁亩壹丘；又派南首水圩田式亩陆分式厘伍毫，执北首半截。又派执蔡姓当产下圩水田壹亩伍分，该田当价，三房独受。又南首洼塘，麦季／除麦壹斗式升半，秋季除稻式斗伍升。又派四撩沟壹段，执北首半截；又派码头口沟壹段，与二房官用，三房执业。／

又公议载明，猪圈壹口，毛缸叁口，归二房独执。又锅灶、水缸，归四房承执。又照。／

中华民国二十八年古历二月〇日

立兄弟分书人：刘有经（十）／刘有纶（十，刘万益印）／刘有纯（十）／

胞兄：刘有绪（押）／

凭　族中：刘雨人（押）／刘汉卿（刘有江印）／刘万海（十）／刘万洲（十）／

亲中：刘长坤（花押）／夏仁臣（十）／邓品山（押）／周德培（押）

刘有纯执／

兄弟分书，永远存照／

091 一九五〇年盛氏分书

分书／

立分书人盛祝三所生三子锡纯、锡遐、锡麟，情因年成荒歉，生活不周，三子自/愿各居。长、次子已完姻，三子已订婚、未完姻。共有自置、祖遗水旱田计/[弍]拾九么，凭地方公证人及公亲族长评议，自应收执西首南截高/[田]陆亩，计壹丘。住宅外，包厢内住次子锡遐，暂住北薪村岳母处，本田产未分派给伊。如该家下发生问题，以本人（盛祝三）/□□窝田六么，给锡遐收执。兄弟三人，公养□□。在生公养，死后公葬公评。公派。长子锡纯收执水旱田拾壹亩/外，[耕]田叁亩，西头南首田叁么，后三圩水田叁么，荒草田弍么，计四丘；本宅/□草住房，东首壹间壹厢半；对出堂屋，公修公用。三子锡麟公派旱田弍么、/[后]三圩荒草田拾么，计田弍丘。本住房西首壹间壹厢半；对出堂屋，公修/〔公〕[用]。此系凭地方公证及亲族人等自愿分派，并非屈成。嗣后各/〔安天〕命，无得异言。立此分书存照。/

〔一九〕五〇年十二月廿四日

立分书人：盛祝三（十）盛锡纯（十）/盛锡遐（押）/盛锡麟（押）/

族：盛锡仁（十）/

亲：王金河（十）/丁大贵（花押）/

邻：徐在发（十）/

亲：江开庆（十）/

代笔：阮永龄（十）/许抱根（十）/

092 一九五〇年盛锡纯负责债务约

立负责人盛锡纯，今负责分家已前/所有债务，均归自理，与锡遐、锡麟无/涉。恐口无凭，立此存照。/

一九五〇年十二月廿四日

立负责债务人：盛锡纯（十）/

凭中在据/

税收契票

093 民国六年（1917）张王氏推粮文约

推粮/

立足备推粮文约人张王氏，今收到/盛〇〇名下，凭中收得课田伍亩整，正价大洋叁拾五/元整，契下一并收清，分厘不欠。本田课粮在于北薪/洲册名周文学户内，应完全忙官戥正银四钱九分/九厘，从民国六年〇忙起，推归现业，自行更名过/户，投柜完纳。设有上年灾缓不清，俱归出笔人自认，/与现业无干。今欲有凭，立此足备推粮

文约存照。/

民国六年贰月〇日

立足备推粮立约人：张王氏（十）/

凭中在契/

存照/

094 民国十年（1921）黄翠源推粮文约

推粮文约存执/

立推粮文约人黄翠源同弟黄翠宝，今推到/〇〇〇名下，推得仪邑三乙前坊册名黄翠源户内，拨出上下两/忙每亩官戥银捌分整，漕米粮科派，听其受主更名过户，/自行赴柜完纳。但有上首钱粮、漕米灾缓漏完不清，俱系出/笔人承认，与受主无涉。此系两愿，并非强屈。今欲有凭，立此推/粮文约，兴隆同发，存照。/

民国拾年〇月〇日

立推粮文约人：黄翠源（十）/同弟黄翠宝（十）/

凭中载契/

095 民国十六年（1927）陈长如芦课下忙版串

仪征县芦课钱粮版串/

下忙版串/

仪征县知事为征收钱粮事。今据北新洲/花户陈长如，完纳民国十六年分/下忙芦课银伍钱伍厘。/

中华民国十六年〇月〇日给。/

如有舛错，应请更正。

县第一〇九十三号

仪征会云斋刻印/

【朱印】仪征县印

096 民国十七年（1928）陈长如芦课上忙版串

仪征县上忙版串〇字第九五四号

芦课上忙版串

逾限罚金及/手数料及其/他带征专款，/临时加戳注/明，此外不准/浮收分文/

仪征县财政局今据北薪洲坊陈长如户，完纳民国十七年/上忙钱粮银伍钱伍厘。

每两/应征/银洋/如下：/

正税壹元伍角/
省税贰角伍分/
县税叁角/
自治叁角/
公安队玖角/
警察陆角/
建设贰角/
积谷陆角/
公安队不敷叁角/
学费壹角/
教育不敷壹角伍分/
共每两折征大洋肆元陆角陆分。/
如有舛错,应请更正。
中华民国〇年〇月〇日
【朱印】仪征县财政局关防(两方)

097 民国十七年(1928)陈长如芦课下忙版串

仪征县下忙版串〇字第〇号
芦课下忙版串
逾限罚金及/手数料及其/他带征专款,/临时加戳注/明,此外不准/浮收分文/
仪征县财政局今据北薪洲坊陈长如户完纳民国十七年/下忙钱粮银伍钱伍厘。/
每两/应征/银洋/如下:/
正税壹元伍角/
省税贰角伍分/
县税叁角/
自治叁角/
公安队玖角/
警察陆角/
建设贰角/
积谷陆分/
公安队不敷叁角/
学费壹角/
教育不敷壹角伍分/

共每两折征大洋肆元陆角陆分。/

如有舛错,应请更正。

中华民国十七年〇月〇日九五四

【朱印】仪征县财政局关防(两方)

【墨戳】贰钱伍分式厘/贰钱伍分叁厘/

098 民国二十二年(1933)盛永华营业税收据

□字第玖仟玖百柒号银贰元/

营业税收据/

江苏省财政厅/

今据仪征县临江镇地方永丰华记号米营业商/人盛永华,按照营业额银式千元、千分之二,缴纳二十一/年秋冬季营业税银式元,合填收据给执。/

中华民国二十二年一月十七日/

征收机关于本联加盖钤记/

此联给营业人收执/

查验证/

仪征县永丰华记商店二十一年秋冬季/营业税银式元,业已缴讫。/此证。

(缴纳税款,另给收据为凭。)/

中华民国二十二年一月十七日/

此联粘贴商店门口/

【朱印】江苏省财政厅印　　仪县营业税征收局钤印

099 民国二十二年(1933)盛祝三完纳春季营业税收据

金字第捌仟柒百肆拾号银壹元/

营业税收据/

江苏省财政厅/

今据仪征县临江镇地方永丰华记号米营业商/人盛祝三,按照营业额银式千元、千分之式,缴纳廿式/年春季营业税银壹元。合填收据给执。/

中华民国二十式年十一月十一日/

征收机关于本联加盖钤记/

此联给营业人收执/

查验证/
仪征县永丰华记商店弍十弍年春季/营业税银壹元正,业已缴讫。/此证
(缴纳税款,另给收据为凭。)/
中华民国二十弍年十一月十一日/
此联粘贴商店门口/
【朱印】江苏省财政厅印　江苏省第四区仪县营业税征收局钤记

100 民国二十二年(1933)盛祝三完纳夏季营业税收据

金字第捌仟柒百肆拾壹号银壹元/
营业税收据/
江苏省财政厅/
今据仪征县临江镇地方永丰华记号米营业商/人盛祝三,按照营业额银弍千元、千分之弍,缴纳廿弍/年夏季营业税银壹元。合填收据给执。/
中华民国二十弍年十一月十一日/
征收机关于本联加盖钤记/
此联给营业人收执/

查验证/
仪征县永丰华记商店弍十弍年夏季/营业税银壹元正,业已缴讫。/此证。
(缴纳税款,另给收据为凭。)/
中华民国二十弍年十一月十一日/
此联粘贴商店门口/
【朱印】江苏省财政厅印　江苏省第四区仪县营业税征收局钤记

101 民国二十三年(1934)征收盛永铸田赋执照

仪征县征收田赋执照/
第一期/田赋执照/
仪征县政府为掣给执照事。今据北薪洲坊粮户盛永铸,/额完二十三年份银弍两四钱八分四厘。应征一期四成,银〇两九钱九分四厘,/合国币银拾乙元〇角〇分四厘。除留存根备查外,合掣印照/给执。/
如有舛错,/呈请更正。/
中华民国二十三年〇月〇日给,第九二号/
【朱印】仪征县征收印

【朱戳】循照旧案，工银每两带征，征收□□大洋式角□厘；漕米每石带征，/ 征收□□大洋五角/

奉令：自本年十二月十一日起，/ 每□□□□滞纳金/ 大洋□□□厘/

102 民国二十三年（1934）征收盛永华田赋执照

仪征县征收田赋执照/

第一期/ 田赋执照/

仪征县政府为掣给执照事。今据北薪洲坊粮户盛永华/ 额完二十三年份银乙两〇钱〇分五厘，应征一期四成，银〇两四钱〇分式厘，/ 合国币银四元四角五分〇厘。除留存根备查外，合掣印照/ 给执。/

如有舛错，/ 呈请更正。/

中华民国二十三年〇月〇日给，第二五四号/

【朱印】仪征县征收印

【朱戳】循照旧案，工银每两带征，征收□□大洋式角五厘；漕米每石带征，/ 征收□□大洋五角/

103 民国二十四年（1935）征收盛永华第一期田赋执照

仪字第贰肆柒号/

江苏省仪征县/ 征收田赋执照/

民国二十四年度第一期/

册名：盛永华

坊分：北薪洲

现业主姓/ 名或户名：〇

住址：第〇区〇乡〇村/ 〇镇〇街/

额征银数：银〇两七钱〇分式厘/

本期四成/ 应征银数：银〇两式钱八分乙厘/

本期应完/ 正附税额：国币银三元乙角六分八厘/

前项税银内，省税占百分之一/ 九．九五六，县税占百分之八/ 〇．〇四二/

中华民国〇年〇月〇日，管串员：高宗凯（名章）签名/ 盖章/

此联交业户收执/

【朱印】仪征县政府印

【朱戳】奉令：自七月一日起，忙银每两/ 加收滞纳罚金大洋四角一分/

104 民国二十四年(1935)征收盛永华第二期田赋执照(一)

仪字第贰肆柒号

江苏省仪征县/征收田赋执照/

民国二十四年度第二期/

册名:盛永华

坊分:北薪洲

现业主姓/名或户名:〇

住址:第〇区〇乡〇村/〇镇〇街

额征银数:银〇两七钱〇分式厘/

除本年秋勘核减〇成/〇厘外,本期实征银数:银〇两四钱式分乙厘/

本期应完/正附税额:国币银四元七角四分七厘/

前项税银内,省税占百分之一/九.九五六,县税占百分之八/〇.〇四二/

中华民国〇年〇月〇日,管串员:高宗凯(名章)签名/盖章。/

此联交业户收执/

【朱戳】奉令:自七月一日起,忙银每两/加收滞纳罚金大洋四角一分/

105 民国二十四年(1935)征收盛永华第二期田赋执照(二)

仪字第贰伍肆号/

江苏省仪征县/征收田赋执照/

民国二十四年度第二期/

册名:盛永华

坊分:北薪洲

现业主姓/名或户名:〇

住址:第〇区〇乡〇村/〇镇〇街/

额征银数:银乙两〇钱〇分五厘/

除本年秋勘核减〇成/〇厘外,本期实征银数:银〇两六钱〇分三厘/

本期应完/正附税额:国币银六元七角九分九厘/

前项税银内,省税占百分之一/九.九五六,县税占百分之八/〇.〇四二/

中华民国〇年〇月〇日,管串员:高宗凯(名章)签名/盖章。/

此联交业户收执/

【朱戳】奉令:自七月一日起,忙银每两/加收滞纳罚金大洋四角一分/

106 民国二十四年（1935）征收盛锡纯田赋执照

仪字第捌叁贰号

江苏省仪征县/征收田赋执照/

民国二十四年度第二期/

册名：盛锡纯

坊分：北薪洲

现业主姓/名或户名：〇

住址：第〇区〇乡〇村/〇镇〇街/

额征银数：银乙两弍钱四分弍厘/

除本年秋勘核减〇成/〇厘外，本期实征银数：银〇两七钱四分五厘/

本期应完/正附税额：国币银八元四角〇分〇厘/

前项税银内，省税占百分之一/九.九五六，县税占百分之八/〇.〇四二/

中华民国〇年〇月〇日，管串员：高宗凯（名章）签名/盖章。/

此联交业户收执/

【朱印】仪征县政府印

【朱戳】奉令：自七月一日起，忙银每两/加收滞纳罚金大洋四角一分/

盐运契约

107 光绪二十一年（1895）窦汝琳豫省官盐发票

豫省官盐发票/

昌字卅四号，今由保头窦汝琳雇到赵庄村/脚户陈喜娃一联〇人，领运官盐陆装，/送至茅津渡德慎和记（朱戳）店交卸。如有搀沙搅土、短少/盐斤等弊，照定价赔补。须至发票者。/照随〇字口袋〇条/二十六两，上付钱〇文，下欠钱〇文/光绪廿一年三月十六日发，限二日到/三月十八日收盐陆装，收口袋全条。/

【朱戳】验讫/

德慎和记（满汉双文）/

安邑盐发豫商/官盐出省戳记/

平陆县征验发/官盐钱清戳记/

108 光绪二十二年(1896)卢章林承揽江船契约

立承揽江船户卢章林,系衡州府衡山县人。今有自置钓钩船一只,在十二/圩河下,央保揽装到/瑞泰昌宝旗办运湘岸引盐一载,计一百五十五引,共一千二百四十包,装运至益阳交卸。/凭保言明,每盐壹包,水脚银三钱正分,共计纹三百七十二两正,九八实兑/纹叁百九十三两四钱。先付〇成,计实银式百十三两四钱;扣存〇成,计实银壹百四/拾两,俟到岸交卸清讫时找付。所有舵水、开舱神福、到岸酒资、百色等项,每包/关纹壹分陆厘,九八实兑纹十八两八千四八,均于圆载日,照数领足。每逢船关,在/船;每逢厘卡,在客。自领装之后,沿途小心笘盖,不致上漏下湿。倘有盗卖、短斤、(挽)〔搀〕和、/发水、灌包等弊,查出,照岸售时价罚赔,并惟(耽)〔担〕保、互保是问。如敢故违,送/官照例究办。均系三面言明,各无异说。一切未尽各情,开呈于后。今欲有凭,立/此承揽存照。/

临坝收斤,每包新章坝秤八拾六斤。兹届春令装载,议每包去消耗并驳坝撴撒/二斤。到岸交卸时,每包卸新章坝秤盐八拾四斤足。若装碱盐,本无卤耗,照原/装坝秤包卸。每包〇拾〇斤,不得短少,致萌他念。如有短少,甘愿赔偿。/

一、到岸四十日以后,盐未卸清,每日每包照原装包数领住日钱。/

一、船户装盐,不比别货。长江远水,定要家伙齐备,板料坚固。未装之先,宜自/仔细看明修整。倘行至路上,有发漏去盐等情,甘愿照官价赔偿,客不认。/

一、在船盐斤,均于装舱时,三面眼同,逐包秤收,检点明白入舱。到岸之日,遵/议交卸,不得借词取巧。/

一、本船及舵水人等,颗粒不敢夹带。如有灌包、撒装、舱底隐瞒等弊,一经沿/途各卡查出,船户听凭严办,与客无涉。或被本客搜出,亦听送官惩治。/

一、船户装盐,不敢另带货物,载重难行,致误公款。如有别带载重等/情,听客处治。/

一、开江以后,自当小心撑驾,顺利趱行,不得有意逗(遭)〔遛〕,致误要公。现当军务/未竣,设遇惊恐以及本客盘费不敷,任从客便,不敢挟制阻掯。/

一、船凡几只一帮,定要同开同行,不准前后停泊。如有另泊等情,任客处治。

一、船户、水手等,不准打牌赌钱以及滚老坐船等情。如有,听客送究。/

到岸既已包斤,交卸如遇各卡查掣斤两不符,提去盐斤,不与包交正数干/涉。如有短斤,自甘遵照岸价填偿。/

一、船入〇〇湖上,至内河到省、到埠,倘有提滩驳浅,所费船认〇分,客认〇分。/倘系行船不慎,自浅提驳,客不认数。/

光绪二十二年二月初十日

立承揽江船户：卢章林（押）/

（耽）〔担〕保：赵恒官（押）/

互保：郭长富（押）/

109 民国十年（1921）公举堆工代表

立公议公推公举堆工伙全体等，俟因杂乱无章，与事忙无头绪，我业实难兴创。而民国成立，无论何行何业，/非结团体，推举数人，均要能言公正，何虑兴旺？今邀我业全体，切实参议，公推全体代表姜步盛、丁万方兼外务、稽账、催款，外交/调查朱兆銮、□□□，司账孙楚善、□□康，财政史洪俊、谢宝有八人，为我全体之主正，无论何事，只得一邀均至。大凡与事，只要与公〔有〕益，只可前进。/……相应，无得伸前宿后。如有奸猾之人，在中途……/款……签字杵绝，情甘瞑服。恐口无凭，立此公议公举笔……/

民国十年夏历五月〇日

立公议公推公举堆工伙全体人：/

包德信（十）/陶洪如（十）/徐加雀（十）/朱兆龙（十）/朱兆才（十）/谢广仪（十）/唐宝珠（十）/许广盛（十）/顾大伦（十）/萧长寿（十）/张奎庆（十）/孔庆来（十）/孙福元（十）/谢长发（十）/姚学富（十）/高永祥（十）/刘加银（十）/高永桂（十）/王红开（十）/梅岭书（十）/曹颂尧（十）/梅宝（十）/薛松旺（十）/翟全树（十）/万学富（十）/朱兆发（十）/朱兆喜（十）/邹金山（十）/周有福（十）/刁朋宾（十）/周有余（十）/周家福（十）/周庆丰（十）/谢宝童（十）/张如毕（十）/刘朋贵（十）/王明仁（十），/公共押齐，永为存照。/

内务收执/

110 民国十一年（1922）盐工承认增资契约（一）

承认字公给萧君长寿、孔君宪芝、朱君兆喜、焦君永康、丁君有林收执/

立承认字人黄守诚、朱兆銮、谢广和，缘因近两年来，柴米甚贵，工价不敷，迭经/贵五班代表，公推我等，向场、运两方请求加价，以便敷度/资生。我等因鉴于时势所趋，故不避艰巨，积极进行。去岁间，幸将济南上堆每千引加给工价五千，船交加给十千，/南盐上堆，加给四千捌百文，运盐下堆、船交各加二千文。本年/又因柴米奇贵，各伙工仍〔不〕敷资生，复经/贵代表公推我等，继续进行□，均达到要求之目的。现在/济南上堆，每千引加给工价七千，连同前加之钱，共合二/十六千文；船交又加给七千，连同前加之钱，共合二十四千文。/当于加定后，公议：上堆工价九五四钱，除仍归上份一千九百/文不计外，余归工钱十二千，入股八千，放瓮一千二百文，中/班五百文，二毫二百文，会厘一百文，共计入公堂九五四钱二十/二千文。船交工价归入股二十一千四百文，二毫四百文，会厘二/百文，共计包入公堂九五四钱二十二千文。此外，无论向公司/付给工价或多或少，概归承首人完全负责，不得短少公/堂分文。更有入股之钱，公议照六十七股分摊。经此承认之/后，永无异言。恐口无凭，特凭中证，立此承认字，永远存执。/

民国十一年夏历六月〇日

立承认〔字人：黄〕守诚（十）/朱兆銮（十）/谢广和（十）/

凭中人：大吉/

赞成人：中班缪广林（十）/

111 民国十一年（1922）盐工承认增资契约（二）

承认字公给萧君长寿、孔君宪芝、朱君兆喜、焦君永康、丁君有林/

立承认字人黄守诚、朱兆銮、谢广和，缘因近两年来，柴米甚贵，工价不敷，迭□/贵五班代表，公推我等，向场、运两方请求加价，以便敷度/资生。我等因鉴于时势所趋，故不避艰巨，积极进行。去岁/间，幸将济南上堆每千引加给工价五千，船交加给十千，/……捌百文，运盐下堆、船交各加二千文。本年/……资生，复经/……达到要求之目的。现在/□□□堆，每千引加给工价七千，连同前加之钱，共合二/十六千文；船交又加给七千，连同前加之钱，共合二十四千文。/当于加定后，公议：上堆工价九五四钱，除仍归上份一千九百/文不计外，余归工钱十二千，入股八千，放瓮一千二百文，中/班五百文，二毫二百文，会厘一百文，共计入公堂九五四钱二十/二千文。船交工价归入股二十一千四百文，二毫四百文，会厘二/百文，共计包入公堂九五四钱二十二千文。此外无论向公司/付给工价或多或少，概归承首人完全负责，不得短少公/堂分文。更有入股之钱，公议照六十七股分摊。经此承认之/……无凭，特凭中证，立此承认字，永远存执。/

……/守诚（十）/朱兆銮（十）/谢广和（十）/

凭中人：大吉/

赞成人：中班缪广林（十）/

112 民国十三年（1924）焦永康等提成合同

立合同字据人：焦永康、黄守〔诚〕、〔朱〕兆熙、孙楚善、朱兆銮、谢长林等，情因自民四以来，/生活程度日高，凡属堆工人等，逐日纵得工资，数甚轻微。以此轻/微度日，其势岌岌可危。/敝同人有鉴于斯，虑难支持，遍集意/见，奔走各方，向济南场运诸商陈诉堆工困苦情由。重承济南/场运诸商，准予南大盐船、交，概允加价，而我各堆工生计，始有依/赖。我等六人，不辞大难，提倡之力匪轻。并荷业中五班代表，鉴于/加价不易，各愿立据，在加价中提给常年酬劳，以慰提倡初衷。自加/价告成后，所有收入济南南盐堆盐工价，及船、交运商所给工/资内，除开销正项工资及因公费用、酬应、会厘等外，余多之款，/公议照六股摊派。守诚得一股，兆銮得一股，长林得一股，楚善/得一股，永康得一股，兆熙得一股。公议派定，我等六人，永远遵守。/设有提议场运船交界限，借□□乱，攫取财政而饱私囊，/即是破坏份子，公议对付除名，不□享受摊派此项酬报利权。/盐务长此兴隆，传于子孙，固属永远有效。或六人中有异议，私/相授受，让与外人、推并等事发生，均作无效。兹立合同字据成立，/各人存执以后，凡从前各人出立文据诸约，作为废纸，效力完全/消灭。似此定议各节，乃六人所愿，决非逼迫而成。恐后无凭，特立/合同字据，存执。/

民国十三年古历十一月〇日

立合同字据人：焦永康（十）/黄守诚（押）/孙楚善（十）/朱兆銮（十）/朱兆熙（十）/谢长林（十）/

凭〔议〕中人：黄凤山（押）/王素滋（花押）/包德恺（十）/唐宝珠（十）/谢宝友（十）/姜普盛/萧长寿（十）/史宏俊（十）/刘朋贵（十）/

书记人：华颂南（花押）/

113 民国十三年（1924）朱兆熙等提成合同

……焦永康、〔朱兆〕銮、〔孙〕楚善、朱兆熙等，情因自民四以来，/生活程度日高，凡属堆工人等，逐日纵得工资，数甚轻微。以此/轻微度日，其势岌岌可危。敝同人有鉴于斯，虑难支持，遍集意/见，奔走各方，向济南场运诸商陈诉堆工困苦情由。重承济南场运/诸商，准予南大盐船、交，概允加价，而我各堆工生计，始有依赖。我等/六人，不辞大难，提倡之力匪轻。并荷业中五班代表，鉴于加价不易，/各愿立据，在加价中提给常年酬劳，以慰提倡初衷。自加价告成后，/所有收入济南南盐堆盐工价，及船、交运商所给工资内，除开销正项/工资及因公费用、酬应、会厘等项外，余多之款，公议照五股四摊派。守诚/得一股，兆銮得一股，广和得一股，楚善得一股之八，永康得一股之八，兆熙/得一股之八。公议派定，我等六人，永远遵守。设有提议场运船交界限/……即是破坏份子，公议对付除名，不/……盐务，长此兴隆，传于子孙，固属永远/有效。或六人中有异议，私相授受，让与外人、推并等事发生，均作无/效。兹立合同字据成立，各人存执以后，凡从前各人出立文据诸约，/作为废纸，效力完全消灭。似此定议各节，乃六人所愿，决非逼迫而成。/恐后无凭，特立合同字据，存执。/

民国十三年古历十一月〇日

立合同字据人：朱兆熙（十）/谢广和（十）/黄守诚（十）/朱兆銮（十）/孙楚善

(十)/焦永康(十)/

〔凭〕议中人:黄凤山(十)王素滋(押)/包德恺(十)/唐宝珠(十)/谢宝友(十)/姜普盛(十)/萧长寿(十)/史宏俊(十)/刘朋贵(十)/

监　照

114 光绪二十五年(1899)盛宝璋监照

监照/

湖北□字第捌仟玖伯贰拾号

国子监为发给执照事。前于咸丰叁年,准户部咨称,御史何其仁奏请,将部监空名印照颁发/各省收捐,并酌减银数一折,本部酌议颁发部照、监照数目,并将监银壹百零捌/两之数,每名减银贰拾两,止交银捌拾捌两整。向来每百两内,加□余银肆两,免其/交纳。由顺天府暨各藩司将照均散各厅州县,协同绅士劝谕收捐。该捐生一面交/银,立即发部照并监照各一张,填名给领,准其一体乡试,并报捐官职。至应交解部/饭银,每百两交饭银壹两伍钱。每捐监一名,交部照费贰钱、监照费壹钱伍分,均较/从前酌减,以示鼓励,等因。于咸丰叁年捌月拾柒日□奏,奉/旨:"依议,钦此。"钦遵,行知各省在案。今据俊秀捐生盛宝璋,江苏扬州府仪征县人。/年式拾五岁,身〇面白〇须,于光绪式拾五年八月〇日/在〇〇捐纳监生,相应给予监照,以杜假冒顶替等弊。须至监照者。/

三代:曾祖□山,祖棋恒,父祥泰/

右照给盛宝璋收执/

光绪式拾五年八月〇日给

监:行。

【朱印】国子监印(满汉双文)